跟着信仰走

——我们家的长征故事

《军嫂》杂志社 编著

人民出版社

《跟着信仰走——我们家的长征故事》
编辑委员会

出版说明

2016 年是中国工农红军长征胜利 80 周年，为纪念中国革命历史上的这一伟大胜利，宣传落实习近平总书记关于：“我们要铭记红军丰功伟绩，弘扬伟大长征精神”的重要讲话，我们邀请《军嫂》杂志社策划编辑了本书。

本书共收录 28 个红军家庭、31 名老红军的长征故事，以家庭回忆录的方式，通过老红军自述、红军家人及身边工作人员口述的方式，讲述了长征途中红军将士坚定信念、紧密团结、浴血战斗、不畏艰险的英勇故事，讲述了长征精神对红军家庭、对部队官兵的深远影响。从特定角度，反映了长征的历史和长征精神的传承。需要说明的是，书中还收入了两位分别在南方坚持游击战斗、在红军到达陕北尚未改编时入伍的红军，他们虽然没有走过长征，但在同一时期的不同战线上，为中国革命流血牺牲，他们同样是长征精神的传承者。

本书的出版，不仅是为纪念“长征”，更是为发扬长征精神，鼓舞全党全国人民在实现“两个一百年”奋斗目标、实现中华民族伟大复兴的中国梦的新长征路上，万众一心、奋勇前进。

人民出版社

2016 年 10 月

序

刘华刚

为纪念中国工农红军长征胜利 80 周年，由《军嫂》杂志社主编、人民出版社推出的《跟着信仰走——我们家的长征故事》一书即将面世了。长征本身是开天辟地的壮举，其间有太多可歌可泣的人和事。

每当谈及长征我总想起这样一个故事——

红军曾翻越一座叫党岭的雪山，那是长征中最高的雪山，很多人因为缺氧和劳累死去了，被埋在雪堆里。后面的部队上来时，在山上发现一只胳膊伸出雪堆，拳头紧握。战友们掰开这只手一看，攥着的是党证和一块银元。党证上写道：刘志海，中共正式党员，1933 年入党……

队伍出发时有 8.6 万人，到陕北时只剩下不到 6000 人。然而，无论是历经千难万险活下来的人，还是因为战斗、饥饿、寒冷而倒下去的人，他们都具有撼天动地的精神力量。

长征，被美国作家索尔兹伯里比作犹太人出埃及、汉尼拔翻越阿尔卑斯山和美国人征服西部，他认为："本世纪中没有什么比长征更令人神往和更为深远影响世界前途的事件了。"究竟是什么力量支撑着衣衫褴褛、食不果腹的红军，走过二万五千里的漫漫征途呢？我认为此书书名便是简单的答案：跟着信仰走！

长征的胜利表明，中国共产党领导的、由坚定的信仰武装起来的红军是一支不可战胜的强大队伍，正是信仰使他们那样英勇、大无畏，那样藐视死亡和苦难。红军登上长征途中的最后一座高峰六盘山，毛泽东写下大气磅礴的诗句“今日长缨在手，何时缚住苍龙?”信仰，便是我们克敌制胜的法宝。

于建党95周年之际，回顾长征这段壮烈的历史意义格外重大。习近平总书记在“七一讲话”中强调“不忘初心，继续前进”。2016年7月18日，习近平总书记在宁夏回族自治区考察时，向红军长征会师纪念碑敬献花篮并参观三军会师纪念馆，他指出：“长征永远在路上，今天是实现‘两个一百年’奋斗目标的新长征，我们这一代人要走好我们这一代人的长征路。”

在这本书中，读者可欣喜地看到红色基因代代相传。“我们家的长征故事”，老一辈回首长征途中见闻，第二代、第三代甚至第四代人讲述着对于父辈、祖辈、曾祖辈的记忆，对长征的理解和向往。那些走过的路，如同一道道痕迹留在后人心中。

一个家庭中，子孙继承的不仅是血脉，更是品格和精神。我自己也有这样的体会。我父亲在1948年淮海战役期间任二十一军六十三师一八七团三营教导员，率部阻击国民党邱清泉兵团。邱清泉号称“邱疯子”，指挥部队拼命进攻，当时守在一个小村庄里的八连打得只剩下6个人，连长张春礼领着这6个战士仍与敌人拼刺刀。在最紧要的关头，我父亲领着人增援上来，打退了敌人。八连后来被命名为“英雄八连”，我参军时，就被父亲送到了这个连队。

20世纪50年代末，《解放军报》上刊登了一块巴掌大的文章《血战王塘》，其中有一句提到了父亲：“战斗打到关键时刻，营教导员刘建德带着队伍上来了……”这张报纸被父亲一直保存着，搬了无数次家，丢弃了无数东西，发黄的报纸却始终被他珍视。父亲保存的是什么？是对党的忠诚，是对革命事业的信仰。而我每见到它，都有一种心酸的感觉和深深的触动。

人类用书籍保存记忆、记录过去、勾勒历史的面貌，而更鲜活的历史是我们一代代走出来的、用行动创造出来的——我们在新的长征路上！

刘亚洲：上将，中国人民解放军国防大学政委

目　录

无坚不摧——浴血战斗的英雄主义

不畏艰险——视死如归的牺牲精神

无限忠诚——坚定不移的革命信念

前敌总指挥徐向前

徐向前，山西五台人，1901年11月8日出生，1924年4月进入黄埔陆军军官学校，毕业后留校任排长。1927年3月，加入中国共产党。1931年11月，中国工农红军四方面军成立，徐向前任总指挥，组织指挥了黄安战役等多起战役，粉碎了敌人的“围剿”，开辟川陕根据地。1935年春，为策应中央红军长征北上，指挥部队发起嘉陵江战役。6月与中央红军在川西会师后，兼任红军前敌总指挥部总指挥。1936年10月，率部抵达甘肃会宁，实现红军三大主力会师，标志着长征的胜利结束。

新中国成立后，任中央人民政府委员会委员，人民革命军事委员会副主席，解放军总参谋长，中央军委委员、常委、副主席，国务院副总理兼国防部部长等职。当选为第三届、第四届全国人大常委会副委员长。第一至第三届国防委员会副主席。1955年9月被授予元帅军衔。中共第七至第十二届中央委员，第八届、第十一届、第十二届中央政治局委员。

1990年9月21日在北京逝世，享年89岁。

长征路上

1935年5月初，中央红军胜利渡过金沙江，继续北上，准备在川西北建立新的革命根据地。

这时，红四方面军主力集中在涪江地区，就地休补，发动群众，筹粮扩红。我还记得，我们的电话机工作人员本来就不少，三天中又扩进一百多名新兵。因电话机有限，用不上这么多人，只好把他们分配到部队中去。四军十师第二十八团，强渡嘉陵江战役中减员二百来人，但扩红近九百人，全团人数达一千七百余人。武器、弹药、粮食、被服、经费等，各部队亦获得较大补充，比在川陕根据地后期的日子，要好过得多。全军共八万多人，加上从川陕根据地撤出的党政机关人员和革命职工，总计不下十万之众。

土地革命时期的徐向前

蒋介石为防止红一、四方面军会合，实行各个击破，正调遣兵力，企图以江油、中坝为中心，对我实施东西堵截，南北夹击。敌人的部署是：以刘湘主力王缵绪部十三个旅为右路纵队，由罗江地区出绵阳、魏城，沿涪江东岸向彰明、两河口、重华堰进击；以邓锡侯第二十八军和孙震第二十九军各一部为左路纵队，由三台、绵阳出动，沿涪江西岸经香水场，双合场向中坝、江油进攻；以胡宗南部南下青川、平武，配合左、右两纵队的夹击；广元以北的邓锡侯一部南下，向剑阁推进；唐式遵一部守备昭化至阆中一线，防我东返；邓锡侯另一部封锁土门及北川河谷，防我西进；李家钰部防守阆中及其以西左壁垭、店子垭一线，阻止红军南下。

涪江流域的江油、中坝地区，枕山面水，紧邻川西平原，物产丰富，利于我军休养生息。然而，“梁园虽好，终非久恋之乡”。要打破蒋介石的合围部署，要策应中央红军北上，我军不能在这里久留。……西向岷江地区，建立川西北根据地，迎接中央红军北上，实现两个方面军的胜利会师，成了动员和鼓舞部队的巨大动力。全军指战员，士气高昂，精神焕发，纷纷表决心，做准备。我们计划，首先突破邓锡侯在土门、北川河谷设置的防线，占领岷江流域的松潘、茂县、理县、汶川。5月上旬，部队先后撤出彰明、中坝、青川、平武等地，向西进发。松、茂、理、汶一带，是邓锡侯的地盘。境内高山连绵，河谷错列，地形险要，为汉、藏、羌、回等民族杂居区域，盛产黄金、木材、烟土、药材、牛羊、兽皮等。为防止我军西进，邓锡侯在进入川西北的咽喉要地北川至茂县的土门险关，设置了三道防线，陈兵三万余人，凭险筑垒，封锁土门，全力守备北川河谷。

5月12日，我先率九军、三十军主力，由北川西进，翻山越岭，直抢土门。沿途多原始森林，人烟稀少。我军经激烈战斗，连续击溃邓锡侯部十一个团和各地民团的防堵，强占北川河谷，夺取土门险关。

十五日，先头部队占领茂县。我和前线指挥部在土门住下，指挥部队消灭附近顽抗的残敌，扼住南面的制高点，接应后方机关转移。从成都、绵竹方向来援之敌，拼命向我进攻，想把红军的通道截断。我掩护部队在土门以南的山上，抢筑工事，顶住敌人。敌人处于仰攻的不利地位，死伤惨重。我后方机关包括从川陕根据地撤出的兵工厂、被服厂、造船队、医院、妇女组织、地方干部等，相当庞大。男男女女，抬着机器、粮食、担架、物资，走了几天，才转移完毕。伺后，方面军总部进驻茂县。先头部队一部沿岷江南下，控制了文镇关、雁门关、威州等要点；一部直逼汶川，占领理番（今理县）。后续部队四军、三十一军一部，则北进至松潘、平武以南的镇江关、片口等地。北进的这一路，本想占领松潘县城，扼控从川西北通往甘南的咽喉要地，屏障茂、理。但胡宗南部先我一步，进驻松潘。松潘是座古城堡，城墙厚达二三十米，周围皆崇山峻岭，敌筑有坚固防御工事。我们的部队缺乏炮火，攻也攻不动，遂退至松潘以南的镇江关，与胡敌对峙。从镇江关、片口、北川、观音梁子、千佛山至汶川一线，敌我双方，不时发生激战。

方面军总部住地茂县，即现今的茂汶自治县。县城内有几百户人家，全县约六七万人口。羌族占总人口的百分之八十以上，是川西北羌族人民最集中的县份。民房多为山石垒砌而成，依山面水，方方正正，相当坚固。境内烽火台不少，矗立在高山顶上，远远望去，像擎天柱似的。寺庙也多，一座不大的县城，就有二三十座大小不等的寺庙。羌族人民多从事畜牧业或经商。农业以种植苞谷、红薯、土豆为主，刀耕火种，靠天吃饭，产量甚低。尚白色是他们的民族传统，一切以白色为上，蓝色、黑色次之。我们见到的男女老少，衣着一般为白、蓝、黑三色，显得格外朴素。这个民族勤劳，朴实，好客，喜歌舞，性情开朗。但是，由于长期受汉官、军阀的压迫和掠夺，对汉人积恨较深，戒备心很强。红军到来以前，邓锡侯部大肆进行反动宣传，诬蔑红军“普烧普杀”“共产共妻”“青面獠牙”“头长八只角”“专吃人脑花和小娃娃”等，更加深了羌族人民的疑惧。不少人弃家出走，逃进深山老林里去。红军来后，使敌人的宣传不攻自破。我军指战员不仅长得和常人一模一样，不烧不杀，不抢不夺，而且积极帮助群众背水、劈柴、治病，提倡宗教信仰自由，尊重少数民族的风俗习惯，宣布取消一切苛捐杂税，强调加强各民族的团结。我军的模范行动和政策的威力，颇见成效。许多人打消了原先的疑惧心理，把红军视为亲人，纷纷杀猪宰羊，献馍敬酒，载歌载舞，慰劳红军。一些跑到深山老林去的群众，也陆续回来。报名参加红军的青壮年不少，红四方面军有些羌族干部就是那时入伍的。

红一方面军已进入川康边，正经会理、冕宁北上。两军会合，指日可待。方面军总部在茂县开会，研究迎接中央红军的工作。首先是派部队前往接应的问题。确定由三十军政治委员李先念，率该军第八十八师及九军二十五师、二十七师各一部，西进小金川地区，扫清敌人，迎接中央红军。其次是动员部队做好两军会师的思想准备和物质准备。要求各部队层层深入动员，以坚持战斗岗位、多多消灭敌人、认真执行民族政策、大力筹集和捐献慰劳品等实际行动，迎接兄弟部队。川西北高原气候变化多端，昼暖夜寒，要多筹集些羊毛羊皮，制作毛衣、毛袜、皮背心，作慰问品。根据我军西征转战的经验，炊具容易丢，伙夫不够用，部队经常开不上饭，直接影响行军和作战，是件叫人恼火的事。估计转战中的一方面军，也会遇到同样的困难。所以，我提议从各部队抽一批炊事员，带上粮食、盐巴、炊具，跟八十八师行动，会师后立即补充到一方面军，先解决吃饭问题。大家都赞成。

……

李先念率八十八师和九军一部出发后，为便于指挥前线部队作战，我即移住理县下东门。张国焘、陈昌浩仍在茂县。下东门为岷江和杂谷脑河汇流的地方，是块平坝子。四周环山，林木葱茂，蹦跳腾窜的猴群，嬉闹在山林间，逗人喜爱。有时我和警卫员、参谋一大早起床，站在山边看猴子玩耍，别有一番情趣。

进入理县境内，藏民逐渐多起来。越向川西北和西康地区深入，藏民越多，约占总人口的百分之六七十。为了发动藏民，团结藏民，部队派人做了不少调查研究工作，使我们第一次对藏族社会，有了概略的了解。

当地有句俗话："官住平，民住坡，蛮家住到山窝窝"。所谓"蛮家"，又称"番民"，是历史上沿袭下来歧视藏民的称呼。他们大都散居在山区，从事农牧业生产。二三十户人家为一寨，不少寨子筑在人迹罕至的高山顶上。每寨是个小小的社会单位，自给自足，与外界很少往来。民房系石头砌成，一般分三层：上层供佛、晒谷，中层住人、烧饭，底层圈牛、羊、马等。家有二三十条牛以上的为"发财人"；有十多条牛的为中等人；仅有二三条牛或没有牛的为穷苦人。阿坝的大土司是川西北藏民的最高统治者，各地分别设有大小不等的土司，行使统治权力。大土司每年要向成都军阀交几万两银子。奴隶制盛行，每个土司头人家里有十多个以上的"娃子"（奴隶），供剥削役使。奴隶没有人身自由，像牲口一样，任凭奴隶主生杀予夺。奴隶主画个圈圈，奴隶们就不敢越出圈子一步，真是"画地为牢"。平民百姓每年需向土司头人、汉官进贡银钱、物品，担负种种劳役，生活极端贫苦。"以物换物"的原始交换形式，依然保留，许多藏民甚至以经商赚钱为耻辱。出口货物以毛皮、麝香、鹿茸、贝母、金子为主，入口货物以茶叶、布匹、油、盐、糖等为主。离我们住地不远的杂谷脑，就是一个出入口货物交换的地点。藏民性情朴实、剽悍、直爽。善骑射，喜着皮衣、革履，食物以牛羊肉、青稞、糌粑、酥油、牛奶为主。信仰喇嘛教，崇奉活佛、喇嘛。家家供有佛像，每寨均有喇嘛寺庙。活佛就是“活神仙”。藏民平时见到土司头人不叩头，只需脱帽垂目即可，见到大小活佛则必须下跪叩头。喇嘛教的地位和影响，可见一斑。

我军进入川西北地区时，即组成了中华苏维埃西北联邦政府、少数民族委员会和党的西北特区委员会。张国焘任联邦政府主席，周纯全任民族委员会委员长。提出了建立藏族苏维埃和人民政府、民族自决、信教自由、取消一切苛捐杂税、没收汉官和发财人的土地分给穷人、武装藏民劳苦群众、藏回羌汉穷人联合起来打倒国民党军阀等项纲领、政策，发动群众，建党建政。这是我军第一次开展少数民族地区的工作，一切要从头做起。

这里的条件远不及通南巴，发动群众的工作困难重重。一是语言不通，障碍甚大。二是历史上形成的民族隔阂很深，短期内不易消除。三是地广人稀，走上百多里山路，往往见不到一个寨子。四是少数上层反动的土司、喇嘛，利用他们的统治势力和影响，暗地进行破坏活动，甚至公开组织反革命武装。尽管如此，由于我军抓住了汉、藏统治阶级同广大劳动群众之间的尖锐对立这一主要矛盾，打倒汉官、反动土司，分田分粮，不断进行艰苦细致的工作，因而发动群众是有成绩的。许多藏民分得土地后，把“分配土地证”当神物供奉起来，烧香念佛，祈求神灵保佑土地，保佑红军。各县、区、村的人民政府相继建立，吸收了一批藏民积极分子当家作主。藏民地方武装组织，也逐步建立。有些地方还建立了党、团支部。总之，党和红军的影响，已经在藏族人民中日益扩展开来。

筹集慰问中央红军的物资，是和发动群众的工作结合进行的。部队一面走家串户，发动群众，一面筹集粮食、羊毛、羊皮、牛羊、盐巴、茶叶等。群众工作愈深入，筹集物资愈好办些。一些重要地点，总经理部分别设立了粮站，专门积蓄粮食，有的粮站积存达二百万斤以上。盐巴极缺，各部队都组织了些人到山里选石头，熬盐巴(那带有种白石头，可以熬盐)。

指战员普遍会打草鞋，又学会了剪皮衣服，撕羊毛，捻毛线，制毛衣、毛背心、毛袜子。物少情意重。大家制作的每件慰问品，都渗透着对一方面军的兄弟情谊。从前线到后方，从总部机关到连队，从地方政府到人民群众，处处在为迎接中央红军忙碌，气氛热烈而紧张，十分感人。

前线的战斗，相当激烈。北面的胡宗南部，东面和东南面的川军，频频向我发起进攻。我军凭借山险和工事固守，不断予敌以重大杀伤。我最担心的是灌县、汶川方向的来敌，因为那一带是从川西平原通向川西北的大道，敌人运输方便，增兵容易。我们利用山险河谷，布下了几道防线扼守。敌攻我防，部队天天打消耗战，够恼火的就是了。北川、松潘、茂县、理县、汶川地区的各族人民群众，在各级苏维埃和人民政府的组织下，冒着敌机轰炸和炮火杀伤的危险，源源不断地向前线运送粮食，帮红军砍柴、烧饭、送水、护理伤病员等，给前线指战员们极大鼓舞和有力支援。

6月8日，李先念率领的迎接中央红军的部队，攻占懋功，歼邓锡侯部近千人，继占达维。这时红一方面军已先后占领安顺场和泸定桥，渡过大险人渡河，经天全、芦山向宝兴急进。大家盼望很久的两军会师，就在眼前。消息传来，我们极为兴奋。6月12日，张国焘从茂县打来电话，要我代表四方面军领导人写一份报告，火速派人去懋功，转送中央。因我住理县，距离懋功近些。我连夜写报告，介绍了敌军和我军在川西北的部署情况，请示两军会合后的作战方针，表示热烈欢迎艰苦转战的中央西征大军。连同两幅地图，第二天一大早，就派人送走了。

一、四方面军的前锋部队，十三日胜利会师在夹金山下。毛泽东等中央领导人抵懋功，会见了李先念等同志。部队驻地一片欢腾。各部队将慰问品集中起来，赶着牲口，一批批送往会师地区。仅三十一军，一批就送去了衣服五百件，草鞋一千四百双，毛袜五百双，毛毯一百条，鞋子一百七十双，袜底二百双。翻身的藏族同胞，跳起“锅庄”，表示庆贺。红一、四方面军的会合，使蒋介石企图各个击破红军力量的计划，彻底破产。两军会合后，面临的首要问题，是确定战略方针，统一作战部署，打破蒋介石的围堵计划，建立新的革命根据地。党的团结，红军的团结，是实现这一任务的主要条件。然而，会师不久，张国焘即和中央发生分歧，给党和红军的团结，投下了愈来愈浓重的阴影。

……

6月26日，中央政治局于懋功的两河口开会。28日，正式作了《中央关于一、四方面军会合后战略方针的决定》。决定明确指出：

一、在一、四方面军会合后我们的战略方针是集中主力向北进攻，在运动战中大量消灭敌人。首先取得甘肃南部以创造川陕甘苏区根据地。使中国苏维埃运动放在更巩固、更广大的基础上，以争取中国西北各省以至全中国的胜利。

二、为实现这一战略方针，在战役上必须首先集中主力消灭与打击胡宗南军，夺取松潘与控制松潘以北地区，使主力能够胜利的向甘南前进。

接着，军委制定了松潘战役计划。确定一、四方面军兵分三路（一方面军为左路军，四方面军为中路和右路军），攻占松潘，北出甘南。

按照两河口会议的决定，一、四方面军的部队陆续开拔，分路北进。

我带的一路部队，7 月 6 日从理县地区出发，斗折蛇行，沿黑水河北岸行进。黑水河面不宽，约三四十米，但水流湍急，浪涛翻滚，深不可测。据老乡说，没有索桥是过不去的。沿岸的溜索桥本来就很少，敌人为防红军渡河，几乎破坏殆尽。两岸山势陡峻，小道崎岖，大片大片的原始森林，茂密无间，遮天蔽日。敌机虽不易发现我们，但部队运动受地形条件的限制，一天只能走五六十里。沿途经过些藏民山寨，大都空空如也。他们受反动宣传的影响，早已牵上牲口，驮着粮食，转移到深山老林里去，有的还不断向红军放冷枪。民族矛盾是历史上形成的，“冰冻三尺，非一日之寒。”我们要求部队严格执行群众纪律，吃了藏民的粮食，用了藏民的柴草，都要如数付款，或写个欠条，留在那里。住过的房屋，临走时要打扫干净，上好门板。那时，我们最困难的是粮食。部队路过的地方，能搜罗到的粮食差不多都搜罗净尽，即便这样，粮食还是不够吃的。途中，零星战斗不断，主要是藏族上层反动分子进行武装抵抗和袭扰活动。

7 月中旬，三军团已进抵黑水、芦花地区。彭德怀军团长得悉我军正向维谷开进，当即亲率一个团前来接应。维谷渡口的索桥遭敌人破坏，大家只能隔河相望。那里水流甚急，水声很大，双方说话听不大清楚。我见对岸有个身材粗壮、头戴斗笠的人，走路不慌不忙，估计是彭军团长。相互招手后，我便掏出笔记本，撕下张纸，写上“彭军团长：我是徐向前，感谢你们前来迎接”，捆在块石头上，扔过河去。两岸的同志，十分高兴，互相喊话、招手、致意。第二天早晨，我从维谷赶到亦念附近，找到一条绳索，坐在竹筐里滑过河去，与彭德怀同志会见。我们谈了些敌情及沿途见闻，还商谈了部队架桥事宜。他给我的印象，是个开门见山、性格爽直的人。

因桥未架好，大部队无法过河，我们在维谷一带住了两天，才抵芦花。张国焘、陈昌浩和党中央领导机关，也陆续来了。在那里，我见到了毛泽东、周恩来、朱德、张闻天、博古等同志。第一次见到这么多中央领导同志，我既高兴，又拘谨，对他们很尊重。毛主席还代表中华苏维埃政府，授予我一枚五星金质奖章。这不是给我个人的荣誉，而是对英勇奋战的红四方面军全体指战员的高度评价和褒奖。

红四方面军八十八师和一方面军先头部队已占领毛儿盖。王树声率后卫部队陆续撤出岷江东岸，向黑水、芦花、松潘地区集中。胡宗南部正加强对松潘的固守，薛岳一部亦进抵平武、文县，配合胡敌防我北出甘南。那时我和总司令接触最多，几乎天天在一起核对敌情，调动队伍。我对周围敌军的兵力部署、番号、装备、位置、作战特点及我军各部队的驻地、人数、行进方向等，全装在脑子里，记得滚瓜烂熟，能有问必答，总司令对这点比较满意。他认为红四方面军的干部年轻，有朝气，部队生龙活虎，纪律严明，是支难得的有战斗力的队伍。他说一方面军过去也是这样的，但经过万里转战，损失不小，十分疲劳，亟待休养生息，恢复元气。他希望一、四方面军的指战员互相学习，取长补短，团结一心，渡过眼前的困难，争取更大的发展。他的这些话，完全是顾全大局的肺腑之言，给我留下了难忘的印象。朱总司令作风朴实，宽厚大度，平易近人，为接近过他的干部、战士共同称道。有次，我去他住地，他正坐在房里烧糌粑吃。见我来到，高兴地说：来吧，我们一起吃！我俩边吃边谈，无拘无束。此情此景，至今仍历历在目。

我从朱总司令那里得知，一方面军保存的干部较多，兵员较少，便和陈昌浩商量，建议从一方面军派些干部来四方面军工作，我们调几团兵力，补充一方面军。我们一起去张国焘住地，征得了他的同意。张国焘当时已任军委副主席，摆出的是统筹全局的姿态。他答应立即向中央建议，落实这件事情。原来，我们计划抽调四个团给一方面军，后经中央同意抽了三个建制团过去，即四军三十二团，一千一百人；三十军二七〇团，一千六百人；三十三军二九四团，一千一百人，共三千八百人。同时，中央又从一方面军调了些有指挥和参谋工作经验的干部，来四方面军各军任参谋长。

为了统一部队的指挥，加强两军团结，胜利完成北上的任务，7月18日，军委公布了由朱德任红军总司令，张国焘任红军总政委的命令，规定“一四方面军会师后，一切军队均由中国工农红军总司令、总政委直接统率指挥”。19日，制定了《松潘战役第二步计划》。20日，对军队组织系统作了如下的调整。

中央军委：主席朱德，副主席张国焘、周恩来、王稼祥。

中国工农红军：总司令朱德，总政治委员张国焘，总参谋长刘伯承。

红军前敌指挥部：总指挥徐向前（兼），政治委员陈昌浩（兼），参谋长叶剑英，副参谋长李特。

第一军：军长林彪，政治委员聂荣臻，参谋长左权。

第三军：军长彭德怀，政治委员杨尚昆，参谋长萧劲光。

第五军：军长董振堂，代政治委员曾日山，代参谋长曹里怀。

第三十二军：军长罗炳辉，政治委员何长工，参谋长郭天民。

（以上各军为原第一方面军的第一、三、五、九军团）

第四军：军长许世友，政治委员王建安，参谋长张宗逊（原第一军团）。

第九军：军长孙玉清，政治委员陈海松，参谋长陈伯钧（原第五军团）。

第三十军：军长程世才，政治委员李先念，参谋长李天佑（原第一军团）。

第三十一军：军长余天云，政治委员詹才芳，参谋长李聚奎（原第三军团）。

第三十三军：军长罗南辉，政治委员张广才，参谋长李荣。

（以上为原第四方面军各军，番号未变；方面军总部仍保持原建制）。

7 月 21 日，中央政治局在芦花召开会议，听取四方面军的汇报。中央派人通知我出席会议，要我汇报军事方面的情况。出席会议的有：博古、张闻天、毛泽东、周恩来、朱德、王稼祥、李富春、张国焘、邓发、凯丰、刘伯承、陈昌浩。会上首先由张国焘发言，讲了红四方面军撤出鄂豫皖和川陕根据地的经过。接下来是我发言。我在汇报四方面军的情况时指出：这支队伍的优点是工农干部多，对党忠诚；服从命令听指挥，纪律较好；作战勇敢，打起仗来各级干部层层下放，指挥靠前，兵力运动迅速敏捷，长于夜战，以二七四团、二六五团夜战最好；平时注意军事训练，射击、手榴弹操练很勤，战后注意总结经验。缺点是文化程度低，军事理论水平及战略战术的素养不够，参谋业务薄弱。陈昌浩在发言中，扼要介绍了四方面军政治工作的情况。当天的会议，遂告结束。第二天继续开会，因我和陈昌浩要率前敌指挥部先去毛儿盖，便未再出席。……

我和陈昌浩、叶剑英带一部兵力，向毛儿盖进军。举目所见，尽是崇山峻岭和原始森林。部队披荆斩棘，翻山越谷，走得很艰苦。翻越长岱山时，有棵大粗树横倒在那里，我们的马都过不去，只得绕路走。毛儿盖位于松潘以西约二百五十华里处，若尔盖大草原的边沿，是块平坝子。居住的藏民多数从事畜牧业，少数务农。有座相当讲究的喇嘛寺庙，坐落在西山坡上，与附近那些破旧不堪的藏民住房，成了鲜明对比。我住的是普通藏民的房屋，两层——上面住人，下面住牲口，气味颇大。藏民的楼房不造楼梯，砍根树桩子，挖上些梯槽，当楼梯用。我们进房，就得爬树桩。陈昌浩、叶剑英的住处离我不远，也都是藏民的房屋。我先头部队二六八团于 7 月间占领毛儿盖后，曾想方设法，筹集了些粮食、牛羊，等待大部队上来。我们安顿就绪，吃了顿饱饭，立即派人为中央领导同志安排住地，并了解敌情，计划攻取松潘。

这时，我四军一部，经与胡敌激战，攻占了距松潘十多里的要点毛牛沟。后续部队，继续向松潘运动。敌人判断我军的企图是：袭取松潘，以大部经毛儿盖、松潘进占岷县；一部经阿坝进据夏河，“期达越过洮、夏两河，接通‘国际路线’，或由陇中窜向陕北、宁夏，与陕匪合股，如其不成，仍回窜川北。”因而，蒋介石除严令松潘地区的胡宗南部筑碉固守阵地外，以王均第三军布于洮河沿线，主力控岷县、临潭；于学忠第五十一军布于天水、甘谷、武山、陇西一线，主力控陇西；以青海、宁夏的马家军布于贵德、同仁、循化、皋兰、临夏地区，主力控临夏。另以第四十五军出懋功，向抚边、阿坝追击；第二十一军越岷江，向理番、毛儿盖、班佑追击；新编第六师李家钰部出威州、茂县，向镇江关、松潘追击；暂编第二师彭诚孚部，出白草场，向镇江关追击。战略预备队杨森部，控懋功；郭勋祺师，控新津；王瓒绪部，控绵竹；薛岳部，控平武。蒋介石企图死扼松潘，压迫红军经草地出甘、青，而后在“临潭、临夏、夏河、同仁间，将其聚歼”。

我和陈昌浩、叶剑英商定，以多路突击的办法，攻打松潘。但是，由于松潘一带地形险要，胡敌兵力众多，凭碉固守，我军火力不行，不论正面突击或迂回攻击，均难奏效。

8 月初，党中央领导同志和红军总部来到毛儿盖地区。军委召集会议，重新研究敌情，确定行动部署。朱德、毛泽东、张闻天、博古、王稼祥、张国焘、刘伯承、陈昌浩、叶剑英和我，出席了会议。大家一致认为，因松潘地区敌人兵力集中，凭垒固守，我军屡攻难克，决定放弃攻打松潘的部署，改为执行夏洮战役计划。夏洮战役以红军主力出阿坝，北进夏河地区，突击敌包围线之右背侧，争取在洮河流域灭敌主力，创造甘南根据地为作战目的。为实现这一新的战役企图，我和陈昌浩提议，集中红军主力，向一个方向突击。但张国焘主张分左、右两路军行动。会议采纳了他的意见。决定左路军由红军总司令部率五军、九军、三十一军、三十二军、三十三军组成，从卓克基北进取阿坝，控墨洼，继而向北出夏河；右路军由红军前敌指挥部率四军、三十军、一军组成，以少部兵力担负遏阻和牵制松潘胡敌的任务，大部从毛儿盖北出班佑、巴西地区，万一无路可走，再改经阿坝前进。彭德怀率三军全部及四军一部作总预备队，掩护中央机关前进。

朱总司令和张国焘率红军总部去左路军，我们和党中央走右路。经党中央同意，决定以三十军二六五团、二六四团为先遣兵团，经墨洼过草地出班佑、包座，为全军开路。右路军主力分为三个梯队，采取阶梯队形，交互掩护，缩短长径，蝉联北进。岷江两岸的牵制部队殿后，逐段掩护，适时向主力靠拢，衔接前进。

8 月 20 日，中央政治局在毛儿盖举行会议，讨论战略方针和夏洮战役的作战行动问题。会上毛泽东同志发言。他说：根据中央关于创造川陕甘根据地的方针，我军北进夏河地区后，有两个行动方向。一是东向陕西，一是西向青海。我的意见，主力应当向东，向陕甘边界发展，而不应向黄河以西。他认为，红军北出后，应以洮河流域为基础，建立根据地。这一地区，背靠草地，川敌不易过来。临近青海的回民区，党的民族政策得当，回民不至于反对我们。如东进受阻，以黄河以西作战略退路，也是好的。其结论大意是：第一，向东还是向西，是全局中的关键。向东，是积极的方针，我们必须采取这一方针。否则，将被敌迫我向西，陷红军于不利境地。第二，从洮河左岸或右岸前进，可视情况而定。如有可能，即采取包座至岷州的路线北出。占领西宁，目前是不对的。第三，左路军应向右路军靠拢。阿坝可速打一下，后续部队应不经阿坝而向右路军靠拢。我们不应将左路军看成是战略预备队。作战略预备队它赶不及，不能指望。总之，必须坚决向东打，以岷州、洮河地区为中心向东发展，决不应因遇到一些困难，转而向西。

会议最后决定，以毛泽东同志的发言为基本内容，形成《中央关于目前战略方针之补充决定》。

毛儿盖会议是一个重要会议，改变了夏洮战役计划的具体部署，变右路军为北进主力，有重大历史意义。

会后，右路军迈上了征服大草原的艰难途程……

从 8 月 22 日起，我们率右路军进入若尔盖大草原的边缘地带，开始了穿越草地的进军。辽阔的草原，起伏的山丘，湛蓝的天空，交织成一幅壮丽而神秘的画卷。行进的队伍，逶迤蛇行，忽隐忽现，像是漂泊在浩渺无际的绿色海洋里。

这是军事上罕见的艰苦行军，是人同自然界的殊死斗争。在这片神秘的土地上，既显示着大自然力量的凶猛无情，更表现着具有高度觉悟的人——红军指战员的无穷智慧和力量。天气令人莫测地变幻着。中午还是晴空万里，烈日炎炎，下午突然黑云密布，雷电交加，暴雨、冰雹铺天盖地而来。夜间气温达零度以下，冻得人们瑟瑟发抖，彻夜难眠。黑色的泥沼，被深草覆盖着，一不小心，人和牲口陷进里面，就会被吞没。水塘不少，但大都含有毒汁，喝下去又吐又泻。四野茫茫，渺无人烟，找不到粮食。野芹菜、草根、马鞍、皮带，成了指战员充饥的食物。一方面军的部队减员尤多，因为他们长途转战，体力消耗太大，实在经不起恶劣环境的折腾。为减少死亡和发病率，党中央、前敌指挥部和各军领导同志，想了些办法。如令前锋部队在沿途标上安全路标，指示道路；组织有经验的人挖野菜、尝“百草”，各人不要乱挖乱吃；尽量减少一切不必要的辎重和干部坐骑，腾出马匹、牦牛，供宰杀食用；夜间组织联欢会，点起篝火，大家围在一起，边活跃情绪，边取暖御寒；加强政治思想工作，发扬团结友爱和革命乐观主义精神，不准丢弃伤病员，从绝境中求胜利；等等。“人定胜天”。依靠广大指战员的高度觉悟和坚强毅力，我军终于通过了人迹罕至的大草原。由此证明，中国共产党领导的工农红军，的确是一支打不垮、拖不烂、难不倒的英雄队伍。这样的队伍，是永远不可被战胜的。

穿过草地，部队进入了半农半牧的巴西、班佑地区。有粮，有水，有牛羊，有民房，大家可高兴啦。毛主席和中央领导机关住阿西，我、陈昌浩、叶剑英及前敌指挥部住巴西。两地相距不远，来往较方便。陈昌浩是中央政治局的成员，又和博古、张闻天、王稼祥等同志熟悉。有什么事情，都是他去和中央联系。

距离巴西、班佑一百多里的上下包座，是通往甘南的必经之地，由胡宗南部扼守。上下包座相距数十里，有包座河纵贯其间，山高路险，森林密布。守敌利用山险隘路，修筑许多碉堡，并备有大批粮食，构成了可以长期坚守的防御阵地。胡宗南得悉我军北进消息后，急调其驻漳腊的伍诚仁第四十九师，星夜向包座增援，妄图扼住红军北进的通道。

抢在胡宗南增援部队赶来之前，强占包座，出师甘南，是摆在右路军面前的紧急任务。丧失战机，我军就有被迫退回草地的危险。8月26日，我们到达班佑、巴西地区后，立即派人侦察地形、敌情，进行攻打包座的战斗部署。鉴于三军尚未通过草地，一军在长征途中减员太多，我和陈昌浩向党中央、毛泽东同志建议：攻打包座的任务，由四方面军的三十军、四军承担。中央批准了这一建议。我们决心在敌援兵到来之前，速战速决，攻取上下包座，然后集中兵力打援。以三十军八十九师二六四团攻击包座南部的大戒寺；八十八师两个团和八十九师另两个团位于包座西北地区，相机打援；以四军一部攻击包座以北的求吉寺守敌。一军作预备队，集结于巴西和班佑地区待机，并负责保护党中央的安全。我的指挥所，设在上下包座之间的一座山头上。

8月29日，我二六四团向大戒寺一营守敌发起攻击。经一夜激战，歼敌两个连，余敌退据大戒寺山后的碉堡里顽抗。三十日夜，援敌四十九师先头部队进抵大戒寺南。为诱使援敌全部进入我伏击圈内，二六四团略予抵抗后，奉命撤至大戒寺东北。当夜，敌进至大戒寺。次日，敌师长伍诚仁率师部进到大戒寺以南，令三个团的兵力沿包座河东西两岸进击，企图压迫我军于上下包座附近而歼灭之。当天下午三时，我们下令反击。埋伏在山林间的八十八、八十九师指战员，一举楔入敌三个团中间，将敌割成三块，激战至晚，将敌四十九师大部歼灭。

在此同时，我四军一部也向求吉寺之两营守敌发起猛攻。歼敌一个多营，残敌继续凭险固守。打得最激烈的时候，我在求吉寺前沿。那间寺庙的院墙又高又厚，敌在庙后山上筑了坚固工事，控制着制高点，很不好攻。部队前仆后继，伤亡不小，我遂令部队停止攻击，围住残敌，待机消灭。战斗中，我十师师长王友钧打红了眼，端起机枪，架在警卫员肩膀上，向敌猛烈扫射，掩护部队攻击，不幸中弹牺牲。战后，部队将他与其他烈士的尸体，一起掩埋在求吉寺附近的山下。

王友钧是湖北广济县人，原红十五军的战士。在红四方面军历任班长、特务队长、营长、团长，屡建战功，是全军著名的“夜摸将军”。他所带领的二七一团，善长夜摸、夜袭，神出鬼没，经常出敌不意，出奇制胜。在川陕苏区反六路围攻时，他带着三十多名手枪队员，夜间从西线偷渡小通江，攀越几丈高的悬崖，摸入敌后方牛角嵌团部阵地，砍死敌团长，摧毁敌团部，带着缴获的武器、文件、俘虏，安全返回，受到了方面军总部的表扬。他牺牲时，年仅二十四岁，令人十分难过。我在第二次北上路过那里时，曾去王友钧和其他烈士的坟前，献上一束野花，以示哀悼和缅怀。

包座战斗，我三十军立了大功，四军打得也不错。是役共毙伤敌师长伍诚仁以下四千余人，俘敌八百余人，缴获长短枪一千五百余支、轻机枪五十余挺，电台一部，粮食、牦牛、马匹甚多。我军指战员经过草地的艰难行军，不顾疲劳，不怕牺牲，坚决完成党中央和毛泽东同志赋予的打开北进通道的任务，取得了全歼蒋介石嫡系部队胡宗南一个师的重大战果，有不可磨灭的历史意义。

右路军出了草地，占领包座，已是8月底。左路军那边，不见动静，令人焦急。毛主席找我和陈昌浩去，研究如何做张国焘的工作，催他带左路军上来。我说，如果他们过草地困难，我们可以派出一个团，带上马匹、牦牛、粮食，去接应他们。毛主席说：这个办法好，一发电报催，二派部队接，就这么办。接着，即以毛泽东、陈昌浩和我三人的名义，发出电报。我们又令四军三十一团准备粮食，待命出动。

可是，张国焘离开阿坝，刚进入草地，就变了卦。9月3日，他来电说："(葛曲河）上游侦察七十里，亦不能徒涉和架桥，各部粮食能吃三天，二十五师只两天，电台已绝粮，茫茫草地，前进不能，坐待自毙，无向导，结果痛苦如此，决于明晨分三天全部赶回阿坝。""如此影响整个战局，上次毛儿盖绝粮，部队受大损；这次又强向班佑进，结果如此。再北进，不但时机已失，且恐多阻碍。"可见，这时张国焘连北进的方针也不同意了，实际上是要南下。

9月8日，张国焘来电，命令我和陈昌浩率右路军南下。这样，党中央的北进和张国焘的南下之争，终于发展到针锋相对的明朗化地步，成为牵动全局和影响红军命运、前途的斗争焦点。这时，陈昌浩改变了态度，同意南下。我不愿把四方面军的部队分开，也只好表示南下。他去中央驻地反映我们的意见，回来很不高兴，说是挨了一顿批评。当天，中央致电张国焘："陈谈右路军南下电令，中央认为是不适宜的。中央现恳切指出，目前方针，只有向北才是出路，向南则敌情、地形、居民、给养，都对我极端不利，将要使红军陷于空前未有之环境。中央认为：北上方针绝对不应改变，左路军应速即北上，在东出不利时，可以西渡黄河占领甘、青交通新地区，再行向东发展。"晚上，毛主席亲自来到我的住处，站在院子里问我：向前同志，你的意见怎么样？我说：两军既然已经会合，就不宜再分开，四方面军如分成两半恐怕不好。毛主席见我是这种态度，便没再说别的，要我早点休息，遂告辞而归。

毛主席和党中央决定，单独带一、三军团北上，速出甘南。他们于十日夜间开拔，第二天凌晨，我们才知道。那天早晨，我刚刚起床，底下就来报告，说叶剑英同志不见了，指挥部的军用地图也不见了。我和陈昌浩大吃一惊。接着，前面的部队打来电话，说中央红军已经连夜出走，还放了警戒哨。何畏当时在红军大学，他跑来问：是不是有命令叫走？陈昌浩说：我们没下命令，赶紧叫他们回来！发生了如此重大的意外事件，使我愣了神，坐在床板上，半个钟头说不出话来。心想这是怎么搞的呀，走也不告诉我们一声呀，我们毫无思想准备呀，感到心情沉重，很受刺激，脑袋麻木得很。前面有人不明真相，打电话来请示：中央红军走了，还对我们警戒，打不打？陈昌浩拿着电话筒，问我怎么办？我说：哪有红军打红军的道理！叫他们听指挥，无论如何不能打！陈昌浩不错，当时完全同意我的意见，作了答复，避免了事态的进一步恶化。他是政治委员，有最后决定权，假如他感情用事，下决心打，我是很难阻止的。在这点上，不能否认陈昌浩同志维护团结的作用。那天上午，前敌指挥部开了锅，人来人往，乱哄哄的。我心情极坏，躺在床板上，蒙起头来，不想说一句话。陈昌浩十分激动，说了些难听的话，还给张国焘写了报告。

“男儿有泪不轻弹。”然而，那两天我想来想去，彻夜难眠，忍不住偷偷哭了一场。

毛泽东同志说过：南下是绝路。后来的事实，完全证明了这一正确论断。“吃一堑，长一智”。我对毛主席的远大战略眼光和非凡气魄，是经过南下的曲折，才真正认识到的。1935 年 9 月中旬，左、右两路军奉张国焘的命令，分别从阿坝和包座、班佑地区南下，向大金川流域的马塘、松冈、党坝一带集结。我和陈昌浩率右路的四军、三十军及红军大学部分人员，回头再次穿越草地。

浩渺沉寂的大草原，黄草漫漫，寒气凛冽，弥漫着深秋的肃杀气氛。红军第一次过草地时留下的行军、宿营痕迹，还很清楚。有些用树枝搭成的“人”字棚里，堆着些无法掩埋的红军尸体。衣衫单薄的我军指战员，顶风雨，履泥沼，熬饥寒，再次同草地的恶劣自然条件搏斗，又有一批同志献出了宝贵生命。回顾几个月来一、四方面军合而后分的情景，展望未来的前途，令人百感交集，心事重重，抑郁不已。一路上，我话都懒得说。

我军抵毛儿盖略事休息后，旋即沿着黑水、芦花以西的羊肠山路，向党坝、松冈开进。时值苹果、核桃、柿子的收获时节，部队沿途找藏民购买或交换，弄来充饥果腹。月底，我们在大金川北端的党坝同左路军会合。朱德、张国焘、刘伯承、王树声等，已来到这里。朱总司令面色黧黑，目光炯炯，步履稳健，见到我们有说有笑，一如往常，似乎天塌下来，也没放在心上一样。

当时我的精力，主要集中在军事问题上。敌人发现红军一部北上，大部南下，乃沿大小金川地区，布阵防堵。刘文辉二十四军两个旅，位于大金川沿岸的绥靖、崇化、丹巴一线；杨森二十军四个旅另一个团，布于小金川沿岸的懋功、抚边、达维一线；邓锡侯二十八军一个团，扼守抚边以东的日隆关等地。为打开南下通道，我们制定了夺取绥靖、崇化、丹巴、懋功的战役计划，报请红军总部批准实施。

朱德总司令虽不同意张国焘的分裂主义行为，但认为部队既然已经南下，就应打开战局，找块立脚生存的地方。那么多红军，没有地盘，没有饭吃，无异于不战而自毙。同时，他又坚信，只要大家是革命的，最后总会走到一起的。因而，在军事行动方面，积极行使总司令的职权，及时了解敌情，研究作战部署，定下决心。早在大革命时期，他就和川军打过交道，对军阀部队的作战特点，了如指掌。他说：川军向来欺软怕硬，惯打滑头仗，我们不打则已，要打就抓住打，狠狠地打！他要求各级指挥员要讲究战术，发挥运动战的特长，以快以巧制敌，用小的代价去换取大的胜利。朱总司令在逆境中不当“空头司令”，尽量发挥自己的作用，完全是从爱护和发展红军力量出发的。

根据《绥（靖）崇（化）丹（巴）懋（功）战役计划》，我们作了具体部署。以五军、九军二十五师、三十一军九十三师组成左纵队，由王树声率领，沿大金川右岸前进，抢占绥靖、丹巴；以四军、三十军、三十二军及九军二十七师大部组成左纵队，由我和陈昌浩率领，从大金川左岸进攻，直取崇化、懋功；三十三军及二十七师一个团，驻守马塘、梦笔山地区，屏障红军总司令部驻地卓木碉；三十一军九十一师师部及二七七团、红军大学，留驻河坝，掩护后方。

10 月 8 日，我左右两路纵队，开始行动。

大小金川地区，地形复杂，多深山绝壁和峡谷急流，利守难攻，不便大部队运动。战役开始后，我右纵队九军二十五师首先向绥靖河以北绰斯甲附近的观音铁桥强攻，以便渡河南下，与左纵队的进攻夹岸相应。但因守敌刘文辉部凭坚固守，我硬攻难克，右纵队渡河受阻。我们临时调整部署，令左纵队的四军从党坝地区出动，强渡大金川。11日，四军渡河成功，沿右岸疾进，12日克绥靖，16日克丹巴。与此同时，我左岸之三十军亦向南疾进，15日攻占崇化，以一部继续向懋功方向发展。九军二十七师于15日夜间，对绥靖以东之两河口守敌杨森部第七旅发起攻击，经三小时激战，将敌击溃，继而跟踪追击，于16日克抚边，19日溃杨森第四旅，占达维。20日，三十军一部克懋功。守敌杨森部两个旅南逃，被我进占达维之二十七师主动截击，俘获一部；该师继而乘胜向东南发展，连克日隆关、巴郎关、火烧坪、邓生等地。至此，这一战役胜利结束。总计溃敌刘文辉、杨森部六个旅，毙俘敌三千余人。

这一仗是山地隘路战，很难打。我军机智英勇，灵活迅速，充分发挥夜摸、奇袭和小部队大胆迂回穿插等战术特长，渡激流，穿峡谷，破敌垒，夺要隘，表现了红军坚无不摧的优良战斗素质。九军二十七师连续作战，疾进五百余里，打得最出色。夜袭达维之战，行动秘密、神速，当部队摸进街里时，敌人还在睡大觉。敌第四旅旅长高德州惊醒后，顾不上穿衣服，仓皇逃走。战后，朱德总司令高度评价红四方面军的战斗力，认为是一支过得硬的红军队伍，继承了叶挺独立团的铁军传统。这次战役的主要缺点是右纵队渡河受阻后，未能及时转移兵力，配合左纵行动，致使近半数兵力陷于无用武之地的状态；追击不力，对溃逃进山林的残敌搜索不够，影响了扩大战果。

我军南下川西南作战，与蒋介石的“剿匪”大军，碰个正着。蒋介石的“攘外必先安内”方针，包藏着“一箭双雕”的企图：一方面，彻底消灭红军，扼杀革命力量；另一方面，乘机削弱和收服地方军阀势力，形成蒋家的一统天下。四川一地，正如诸葛亮所谓："益州险塞，沃野千里，天府之土。"蒋介石早就垂涎三尺。他借着"追剿"中央红军的机会，派大批嫡系部队入川，进而控制了四川的各派军阀势力，正力图把"天府之土"变成他的战略大本营。10月间，蒋介石确定结束其"剿共"指挥中心"武汉行营"的工作，正式成立"重庆行营"，宣布"指挥剿匪之军事重心，即移于重庆"。他鼓吹四川"不愧为我们中国的首省，天然是复兴民族最好的根据地"，随即派大批国民党军政要员入川"建设四川"，并对川军进行了整编。

整编后的川军，紧缩约三分之一的名额，但充实了建制，补充了武器弹药，战斗力有所增强。这时，蒋介石令川军集中力量对付我军；胡宗南部北向甘南，对付中央红军；吴奇伟部南下，对付红二、六军团；李抱冰部则扼守西康一带。我们估计，我军趁势南攻，打击川敌，夺取天全、芦山、名山、雅安、邛崃、大邑地区，有较大把握，遂制定了《天芦名雅邛大战役计划》。

我军的具体作战部署是：以四军、三十二军为右纵队，由丹巴经金汤攻取天全，并以一部向汉源、荥经活动；以三十军全部、三十一军九十三师及九十一师之两个团、九军二十五师为中纵队，取宝兴、芦山，得手后向名山、雅安及其东北地区进攻；以九军二十七师为左纵队，除以一部巩固抚边、懋功、达维外，主力向东伸进，威胁灌县、大邑之敌。另以五军为右支队，巩固丹巴地区；以三十三军为左支队，留驻马塘、两河口，相机威胁理县、占领威州；以三十军九十一师师部率二七七团驻守达维、懋功。这一部署，以主力夺取天、芦、名、雅、邛、大等县为目的，对康定、汉源、荥经、灌县方向，采取佯攻姿态，配合主力行动。

朱德总司令完全同意以上部署，并就战术问题作了重要指示。他认为，这一战役与绥崇丹懋战役的不同点在于：部队已经打出了川西高原的山险隘口，作战形式将由山地战、隘路战变为平地战、城市战，由运动战变为阵地战、堡垒战。为打破敌人的堡垒封锁线，在战术上必须充分注意集中兵力，择敌弱点攻击，尽可能在野战中溃敌，乘胜追击，袭取堡垒和城市。要熟悉攻击敌人堡垒和阵地的方法；详细侦察，周密计划，多用夜袭手段取胜，并注意对付敌人的阵地反击。针对部队在开阔地形条件作战的情况，他特别强调加强防空教育的重要性。既要消除畏惧敌机的心理，又要采取应付敌机的具体措施，万万不可掉以轻心，等闲视之。他说：我们是工农红军，不是拜物教主义者，绝不惧怕帝国主义的清道夫——蒋介石的飞机大炮。但是，我们又要承认敌人的飞机确有杀伤威力，是要吃肉的。口头上空喊不怕，而不去研究对付它的科学方法，只会使红色战士经受无代价的牺牲。他对如何组织对空射击、对空侦察、对空隐蔽和伪装、疏散队形及战斗中应注意之点，都作了具体要求。

川敌为遏阻红军前进，自南而东加强兵力，筑碉封锁。以刘文辉部防守金汤、泸定至汉源、雅安一线；杨森部防守宝兴至大硗碛一线；邓锡侯部防守宝兴以东大顺场至水磨沟一线；郭勋祺模范师九个团集中天全；另从绵竹等地抽调十八个团，向西增援。

10 月 24 日，我军翻越夹金山，向天全、芦山、宝兴发起进攻。我和陈昌浩随中纵队行动，直趋宝兴。守敌杨森部是被红军打怕了的，一触即溃。我军“打狗如打狼”，毫不松懈，猛打穷追，溃敌三个旅，于 11 月 1 日进占宝兴。继而乘胜前进，连续打垮刘湘教导师一个旅和一个团的阻击，直逼芦山城下。沿途共俘敌千余，缴步枪两千余支，轻重机枪五十余挺。在此同时，我左、右两纵队亦顺利进展。7 日，左纵队攻占大顺场，歼邓锡侯第七旅一部，前锋抵近邛崃县境。右纵队克金汤后，又溃敌模范师一个旅，10日占领天全，随即向东迂回，协同中纵队包围芦山。刘湘急令其独立旅向名山地区增援，遭我三十军、九军各一部钳击，全部被歼。名山西北之王家口镇一团守敌，亦被全歼。12日，芦山守敌在我军猛烈攻击下，弃城溃逃，该城遂被我占领。

我军战着雷霆，声威大振。十多天内连下宝兴、天全、芦山等县城，共歼敌五千余人，击落敌机一架。邛崃山以西、大渡河以东、青衣江以北及懋功以南的川康边广大地区，均被我控制，造成了东下川西平原，直掠成都的战略态势。成都告急，重庆震动，国民党军政要员和大小军阀，无不惶惶然。

战役过程中，红军以主力西取康定、泸定，还是东扣名山、芦山，发生了不同意见。张国焘要我们重点夺取康、泸，将来以道孚为战略后方，在西康地区发展。我和陈昌浩商量，觉得还是按原定的作战计划，重点加强左翼的攻击，夺取天、芦、名、雅地带为上策。一是这带人烟和粮房较多，部队易于补充；二是我军与川敌作战，较易得手，如能乘胜东下川西平原，可获更大补充，过冬不成问题；三是距离转战于川黔边的红二、六军团较近，能对他们起到有力的策应作用。如果重点向西康发展，则人、粮补充不易，气候寒冷，过冬困难，不利策应二、六军团的转战。我说：现在早已不是“山大王”的时代了，我能往，寇亦能往，蒋介石不会让我们僻处一方，优哉游哉的。陈昌浩和我的看法一致，认为蹲到川康边，被敌人封锁住，我们的处境将会更困难。张国焘未再坚持他的意见，我们遂挥军向名山、邛崃地区进击。

刘湘唯恐川西平原有失，成都难保。于是，急调其主力王瓒绪、唐式遵、范绍曾等部及李家钰部，星夜赶赴名山及其东北的夹门关、太和场、石碑岗地区，遏阻红军。连同原来的守敌，合计兵力达八十余团。

川军是我们的老对手，对付他们，有点把握。我们计划从名山和邛崃间的通道上，实施夜袭突破，完全切断两城敌军的联系，进而围攻名山，吸打邛崃方向的援敌，相机发展攻势，打到岷江西岸，控制青衣江以北、岷江以西、邛崃以南的三角地带。

10 月 13 日，我们集中中纵队全部及右纵队四军的兵力，计十五个团，向朱家场、太和场发起猛攻。当天，溃敌两个团，乘胜前进。16 日，直下邛崃、名山大路上的重镇百丈。再打下去，我军即将进入人粮极丰的川西平原。

敌人着忙，出动六个旅的兵力，进行反扑。经半日激战，被我三十军及九军一部击退。九军二十七师乘胜沿百丈通邛崃的大路进击，势如破竹。仅七十五团一营人即连破敌堡二百多个，当天下午占领了黑竹关、治安场、王店子。由于敌人沿邛、名公路纵深配备，碉堡林立，兵力集中，我军继续突进不利，我们遂令部队停止前进，主力向百丈左右靠近。以九十三师围攻名山，三十二军向名山至洪雅的大路突击，吸引邛崃方向的援敌出动。

19 日拂晓，敌十几个旅从东、北、南三面向我进攻，拉开了百丈决战的战幕。

据俘虏供称：刘湘下了死命令，要川军拼死夺回百丈，援救名山守敌，临阵不前者，一律就地枪决。战斗一打响，敌人即集中强大炮火，向我阵地猛烈轰击。成批敌机盘旋上空，疯狂施行轰炸。整营整团的敌军，轮番向我阵地猛攻。从黑竹关到百丈十多里的战线上，处处是战火硝烟、刀光剑影，是爆炸声、枪炮声、喊杀声，是敌我双方的殊死搏斗。

百丈一带，地势开阔，多丘陵、树丛、深沟、水田。战斗开始后，我骑马赶到这里，观察情况，现地指挥。三十军指挥所设在百丈附近一座小山包上，我绕来绕去，好不容易才摸到。见了李先念他们，简单问了问情况。我们当时判断，刘湘是狗急跳墙，孤注一掷，如果我军顶住敌人的攻势，灭敌一部，有可能胜利转入反攻，直下岷江西岸。唯敌机太讨厌，对我前沿至纵深轮番轰炸，威胁甚大。部队在开阔地带运动和作战，不易隐蔽，对付敌机又缺炮火，伤亡增大，叫人很伤脑筋。我军坚守在月儿山、胡大林、鹤林场及黑竹关至百丈公路沿线的山冈丛林地带，与敌反复拉锯，血战三昼夜。敌用两旅兵力企图通过水田进占百丈，在我几十挺机枪扫射下，整营整连的敌军，被击毙在稻田里，横七竖八，躺倒一大片。但因该地交通方便，敌人调兵迅速，后继力量不断增加，攻势并未减弱。21日，我黑竹关一带的前锋部队被迫后撤，敌跟踪前进。22日，百丈被敌突入，我军与敌展开激烈巷战。我到百丈的街上看了下，有些房屋已经着火，部队冒着浓烟烈火，与敌拼搏，打得十分英勇。百丈附近的水田、山丘、深沟，都成了敌我相搏的战场，杀声震野，尸骨错列，血流满地。指战员子弹打光，就同敌人反复白刃格斗；身负重伤，仍坚持战斗，拉响手榴弹，与冲上来的敌人同归于尽。百丈战斗，是一场空前剧烈的恶战，打了七天七夜，我军共毙伤敌一万五千余人，自身伤亡亦近万人。敌我双方，都打到了筋疲力尽的地步。

战局没有打开，薛岳部又从南面压了上来。敌我力量悬殊，持久相峙对我不利。我们只好放弃原计划，从进攻转入防御。十一月下旬，我三十军、九军撤出百丈地带，转移到北起九顶山，南经天品山、王家口至名山西北附近之莲花山一线。四军在荥经方向，遭薛岳部猛攻。因敌众我寡，被敌突进，部队遂撤至青衣江以北。在西面大炮山的三十三军，则继续巩固阵地，与李抱冰部对峙。我军遭敌重兵压迫，堡垒封锁，南下或东出已不可能。

我军百丈决战失利，教训何在呢？第一，对川军死保川西平原的决心和作战能力，估计不足，口张得太大。川军是我们的老对手，被红军打怕了的，历次作战中往往一触即溃，闻风而逃。但这次却不同。经过整编，蒋介石向各部队都派了政工人员，多数军官又经峨嵋军官训练团的训练，敌军的战斗力有较大加强。为确保成都平原，刘湘亲自坐镇，不惜代价，挥军与我死打硬拼。加上敌人兵力众多，运输方便，地形熟悉，堡垒密布，炮火强大诸条件，便成了难啃的硬骨头。战役过程中，薛岳部又压了上来。对于这些情况，我们战前缺乏足够估计，想一口吞掉敌人，打到川西平原去。这是导致决战失利的主要原因。第二，与此相联系，我军高度集中兵力不够。刘湘在这带集结的兵力，达八十个团以上，纵深配备，左右呼应，凭碉坚守。我们只集中了十五个团的兵力进击，一旦遇到敌人的拼死顽抗和反扑，深感兵力不足，捉襟见肘。部队两过草地，体力消耗很大，乍到新区，人地生疏，群众还没发动起来，无法积极配合红军作战。这样，就难以取得战役战斗中的优势地位。第三，战场的选择失当。百丈一带，地势开阔，部队的集结、隐蔽、攻防受很大限制，极易遭受敌机袭击与炮火杀伤。当敌发起反攻时，我军处在十余里的长弧形阵地上，三面受敌，相当被动。另外，部队习惯于山地战、隘路战，而对平地、水田、村落战斗，则缺乏经验。有些干部到了平川地带，连东西南北都辨别不清；敌机来了，无法对付；部队撒出去作战，抓不住，收不拢，影响了指挥信心。仗打得比较乱，有的部队“放了羊”；有的部队你打你的，我打我的，协同配合不好；有的部队不讲战术，增大了伤亡。如此种种，都与我们在战役指导思想上的急躁和轻敌有关。广大指战员的浴血奋战精神，是可歌可泣的。

百丈决战，是我军从战略进攻转入战略防御的转折点，也是张国焘南下方针碰壁的主要标志。战后，我军遂以巩固天全、芦山、宝兴、丹巴地区为中心任务，在这一带与敌相峙，发动群众，准备过冬。红军总部和方面军总部，住芦山城北的任家坝。

那年冬季，天气异常寒冷。临近川中盆地的宝兴、天全、芦山，本属温热地区，冬日气候较暖，但却一反往常，下了十多年未遇的大雪。位于大小雪山——折多山和夹金山附近的丹巴、懋功地区，更是漫山皆白，地冻三尺。部队派出筹集粮食、牦牛的人员，大都得了雪盲症，有些同志冻死在雪地里。当地人口稀少，粮食、布匹、棉花无继，兵员扩充有限。敌军重兵压迫，战斗不止。我军处境日趋艰难，广大指战员愈来愈清楚地认识到，张国焘的南下方针是错误的。

正当我军南下碰壁、处境困难的时刻，党中央的民族统一战线策略和团结对敌的方针，及时传来，给全军带来了希望，带来了力量。这是一个转折关头，在红四方面军的发展史上，有重要意义。

2 月上旬，敌人集中了薛岳等部六七个师及川军的主力，开始向天全、芦山地区大举进犯。我军粮弹缺乏，打得十分艰苦。经一周激战，被迫撤出天全、芦山。面对敌人的重兵压迫，我们准备陆续撤离宝兴、丹巴、懋功地区，向康定、炉霍、道孚转移。

这时，中央来电指出："育英动身时，曾得斯大林同志同意，主力红军可向西北及北方发展，并不反对靠近苏联。"并就红四方面军的战略行动方针，提出了三个方案，供我们选择。

第一方案为北上陕甘。四方面军东渡岷江，二、六军团北渡长江，共同北进。第一步抵川北，第二步抵陕甘，为在北方建立根据地，同苏联红军联合对抗日本侵略者，创造条件。

第二方案为就地发展。红四方面军依托现地，打破敌人的"围剿"。第一步迫向岷江，第二步进入岷沱两江间，实现夺取四川的计划。二、六军团则在靠近川南的云贵川边建立根据地，与四方面军相呼应。

第三方案为南下转战。四方面军南渡大渡河、金沙江，与二、六军团取得近距离的会合，甚至转向云贵滇发展，寻求机会前进。

上述三个方案，中央认为，第一方案是上策，如何实行，由四方面军视敌情、地形条件而定。

我们讨论的结果，一致赞同继续北上的方案。张国焘南下建立川康边根据地的方针，至此宣告破产。

1936 年 2 月下旬，我军兵分三路，撤离天全、芦山、宝兴地区，向道孚、炉霍、甘孜进军。刘伯承、李先念率三十军八十九师先行，为全军开路。红军总部与方面军总部从宝兴出发，随第一纵队（三十军、四军、五军及九军二十五师）行动。

行军路上，天寒地冻，没有一丝春意。首先翻越夹金山，漫山皆白，积雪盈尺。七十六团和总指挥部走在一起，费了好大的劲，才攀上顶峰。下山容易些，人和马匹几乎是滑下山去的，指战员都滚得像雪人一般。经达维、懋功至丹巴，沿途有前卫部队指示的路标，筹集的粮草，行进比较顺利。

从丹巴至道孚，横亘着大雪山脉中段的折多山，顶天矗立，海拔五千多米。山上积雪终年，空气稀薄，风暴、雪崩不断，在附近老百姓的心目中，就像一道噬人生命的鬼门关。好在刘伯承、李先念带领前锋部队开路，已经翻过这座雪山，为后续部队提供了经验。我们住在丹巴的一个村子里，又向藏民作了调查。他们说：翻越党岭山，必须赶在中午十二点钟以前。每天下午要起风暴，人到那里，就别想活命。我们令部队充分做好征服大雪山的准备工作。规定每人带足三天以上的干粮；备有两双草鞋和一副铁脚码子；尽量筹集御寒取暖的衣被、毛皮、辣椒、生姜、青稞酒、干柴；每个班、排配有刨冰攀崖用的铁锹、绳索等。各级政治机关大力进行思想动员，号召发扬不怕艰难困苦和团结友爱的精神，万众一心，向雪山进军。

总指挥部和七十六团一起行动。头天下午出发，在半山腰过夜，以便翌日上午通过党岭山。高原地带，爬山特别费劲。越往上走，越觉得头晕脑涨，四肢无力，气都喘不过来，只能一步一步地挪。夜间，寒风怒号，大雪弥漫，气温达零下二三十度。指战员们的衣服冻成了冰筒，眉毛、胡子结满冰霜。有些同志被冻僵在雪堆里，长眠在折多山上。牦牛是个宝，数量虽少，但出了大力气。这种动物，不仅肉可食，皮可衣，而且适应高原的恶劣自然条件，驮运物资，爬山履雪，比马匹还顶用。我们通过党岭山后，那些驮着辎重的牦牛，把四肢收起，趴在雪坡上下滑，一气就能滑下山去。同志们都风趣地把它们称作“革命牛”“救命牛”。

3 月 15 日，总部机关抵道孚，继后进驻炉霍。我三十军进而占领西康东北部重镇甘孜。四军经炉霍向西南疾进，攻占瞻化，俘敌国民党西康宣慰使诺那喇嘛以下百余人。三十一军九十三师及九军二十五师，分别由丹巴、道孚南下，钳击泰宁，守敌李抱冰五十三师一部弃城南逃康定。三十二军及九军二十七师，在懋功以南完成掩护主力转移任务后，跟进道孚、炉霍。三十一军九十一师在宝兴南关、大垭口多次与追敌激战，溃敌两个团，胜利完成后卫任务后，亦从懋功、丹巴向炉霍地区转移。至 4 月上旬，我军控制了东起丹巴，西至甘孜，南达瞻化、泰宁，北连草地的大片地区。

这一带原属四川军阀刘文辉的势力范围，是以藏民为主的藏汉杂居区域。藏族的土司、喇嘛权力很大，是实际统治者。喇嘛庙林立，县城的庙宇盖得金碧辉煌，气势非凡，象征着佛教的显赫地位。喇嘛寺均拥有大批土地、粮食、酥油、金银和牛羊，并有武装自卫。陈昌浩、刘伯承所部在炉霍一座寺院，即获得粮食一万石、羊毛十万斤、盐四万余斤及一批贵重药材、金器银器、毛毡、武器弹药等。根据党的统一战线策略，我军放宽了对土司、喇嘛的政策，尽量通过和平谈判，令其停止武装抵抗。用借贷方式，取得我们急需的军用物资。对坚持反动立场、顽固抵抗者，才以武力解决之。甘孜西部的大土司德格，就同红军达成了互不侵犯协议，并捐献了一批粮食和牛羊，慰问红军。我们则派人送去了些武器、弹药，作为谢礼。这对争取其他土司、喇嘛，友好对待红军，有较大影响。

我们原来不准备在这一带立脚，只想筹足必要的粮物，即刻北上。3月初，三十军攻占道孚，总部即指定由李先念、何长工、李天焕、曾日三等同志，组成粮食委员会，负责全力筹集粮食和牛羊肉（制肉干）。要求达到供平均每人十五天需用的数量，以备北上。然而，那时策应二、六军团北进的任务，提上了日程，使我们不得不改变原计划，在道孚、炉霍、甘孜地区，停留下来。

第二、六军团转战在川黔滇边，同党中央失去了电台联系。中央对二、六军团的指示，便由四方面军电台转发。朱总司令是中央革命军事委员会的主席，极为关心二、六军团的命运。鉴于二、六军团已转战到滇西北地区，拟北进与四方面军会合，朱总司令提议，四方面军暂在现地休整补充，接应二、六军团北上，大家都同意。不知怎么搞的，张浩来电，反对这个计划，说："二、六军团在云贵之间创立根据地，是完全正确的。""将二、六军团引入西康的计划，坚决不能同意。"并说：四方面军既已失去北出陕甘的机会，应争取先机南出，切勿失去南下机会。那时，中央红军主力已东渡黄河，向山西地区转战。形势错综复杂，方针变来变去，我们感到迷惑不解。多亏朱总司令决心不变，坚持四方面军仍在现地休整训练，待与二、六军团会合后，共同北上。同时，红军总部和方面军总部还向中央建议，陕北为红军活动的重要地区，东征红军不宜孤军突出，脱离根据地，宜早日回到陕北为好。后来，我看了文件才知道，红一方面军东征的目的，是要从绥远方向打通与苏联的联系，推动抗日局面的发展。

在此期间，我们对部队进行了整编。整编后，共五个军四万余人。编制序列如下：

方面军总部：总指挥徐向前，政治委员陈昌浩，副总指挥王树声，参谋长李特，政治部主任李卓然，副主任傅钟、曾传六，供给部部长兼政委倪志亮。

第四军：军长陈再道，政治委员王宏坤，参谋长张才千，政治部主任刘志坚。辖十师（师长余家寿，政委叶道志）、十一师（师长周世元，政委陈锡联）、十二师（师长张贤约、政委胡奇才）、独立师（师长徐应忠，政委高厚友）。各师均直辖营，不设团部。

第五军：军长董振堂，政治委员黄超，副军长罗南辉，参谋长李屏仁，政治部主任杨克明。辖十三师（师长李连祥，政委朱金畅）、十五师（师长郭锡山，政委谢良）。该军系 1936 年 1 月间由五军团与三十三军合编而成。

第九军：军长孙玉清，政治委员陈海松，参谋长陈伯稚，政治部主任曾日三。辖二十五师（师长王海清，政委盛修锋）、二十六师（师长刘理运，政委杨朝礼）、二十七师（师长陈家柱，政委李德明，参谋长姜振汉）、教导师（师长张道容，政委易汉文）。各师均直辖营，不设团部。

第三十军：军长程世才，政治委员李先念，参谋长黄鹄显，政治部主任李天焕。辖八十八师（师长熊厚发，政委郑维山，参谋长熊德成，政治部主任徐太先）、八十九师（师长邵烈坤，政委张文德，参谋长刘雄武，政治部主任裴寿月）。每师三个团，九十师暂缺。

第三十一军：军长王树声兼，政治委员周纯全，参谋长李聚奎，政治部主任王新亭。辖九十一师（师长徐深吉、政委桂干生）、九十三师（师长柴洪儒、政委叶成焕）。每师三个团，九十二师暂缺。

第三十二军：军长罗炳辉，政治委员李干辉。辖第九十四师、九十六师。

直辖骑兵师：师长许世友，全师二百余人。

抗日救国军：总指挥王维舟。辖第一路（司令李中芳）、第二路（司令李彩云）、第三路（司令柴中孔）、第六路（司令马良俊）。

红军大学：校长刘伯承，政治委员何畏，政治部主任张际春，参谋长张宗逊。

共产主义学校：校长刘希平。

部队整编后，主要是进行训练和开展地方工作。根据北上的敌情和地形条件，着重突出打骑兵、打堡垒、夜间战斗、江河战斗等战术训练。刘伯承同志主持红大的教学，亲自给干部讲打骑兵的战术问题，还编写了专门教材。我听过他讲课，深入浅出，比喻生动，富有哲理性，让人感到津津有味，听了还想听。在地方工作方面，军队派出一批党政干部协助地方人员建党建政，建立藏民地方武装，建立百姓联合会、青年队、姊妹团等群众组织，并积极帮助群众发展生产。由于当地的经济、文化条件十分落后，藏民对卫生知识简直一无所知。妇女生下孩子，用酥油擦一擦就算了事。大人、小孩患病，听天由命，连“偏方”治疗都不懂。人畜不分，性病流行。因而人口的出生率低，死亡率高。大力开展群众性的清洁卫生工作，帮助群众治疗各种疾病，也是我军的一项重要工作内容。

为策应二、六军团北上，四月中旬，我们派出四军及三十二军一部，由道孚南下，阻止李抱冰部堵截。16日占东俄洛，19日逼近雅江，守敌两个团逃窜，三十二军在追击中歼敌一部，占领雅江，继占西俄洛，将康定之敌阻于雅江以东。二、六军团正从丽江一带向川康边的中甸、稻城方向进军，我们预计再有四十天左右，两军即可胜利会师。方面军总部进行了动员和布置，要求各部队大力开展迎接二、六军团的组织准备工作。我在动员会上说：红军是一家人，我们和中央红军与二方面军的关系，好比老四与老大、老二之间的兄弟关系。上次我们和老大的关系没搞好，要接受教训。“兄弟阋于墙，外御其侮”。吵架归吵架，团结归团结，不能分家。现在老二就要上来，再搞不好关系，是说不过去的。每个部队都有自己的长处、短处，方针是互相学习，取长补短，加强团结，一致对敌。

5月间，红一方面军结束东征，回到陕北，开始西征。25日，中央来电，分析了当时的形势，提出了四、二方面军迅速北进的战略方针：

（一）国内及国际的政治形势均取着暴风雨般的姿态向前发展，党的反日统一战线策略有第一步的成就（按：指与张学良建立了统战关系），目前议事日程上的具体任务是建立西北国防政府，彻底战胜日本帝国主义。

（二）……红军西渡后，向陕、甘、宁发展，策应四方面军与二方面军，猛烈发展苏区，渐次接近外蒙。外蒙与苏联订立了军事互助条约，国际盼望红军靠近外蒙、新疆。

（二）四方面军与二方面军，宜趁此十分有利时机与有利气候速定大计，或出甘肃，或出青海，在兄等大计决定之后，一方面军适时向天水、兰州出动，进一步策应兄等，使蒋军不能拦阻。至于奉军，已与秘密约定，不加拦阻。

党的这一战略方针，使我们极为兴奋。二、四方面军会合在即，北上问题，迫在眉睫。红军总部和方面军总部一致决定，全军六月底北出夏、洮地区，届时二方面军可到甘孜，随即跟进。6月间，因两广事件发生，蒋介石调胡宗南等部南下，向李宗仁、白崇禧施加压力，甘南地区空虚。中央认为，四、二方面军出甘南最有利。总部讨论后，又改变了北出方向，决定乘虚出岷州地区，横扫王均、毛炳文部，向甘东南发展，并请一方面军向天水方向活动，进行策应。25日，我们作出了分左、中、右三个纵队，向松潘、包座一带前进的部署。旋即派李先念率八十九师和骑兵师组成先遣军，经西倾寺先出阿坝，为全军通过草地做物资准备。

7月初，二、四方面军在甘孜地区胜利会合。朱德、张国焘、陈昌浩从炉霍去甘孜，会见贺龙、任弼时、关向应、萧克、王震等同志。我因要带中纵队先行北上，留在炉霍布置出发事宜，没有参加会见。

按照原定的北进部署，二、四方面军分三路纵队陆续开拔。集结在炉霍地区的九军、四军十二师和独立师、三十一军九十三师及方面军总部为中央纵队，由我率领，7月2日出动，经让倘、查理寺、毛儿盖向包座前进。集结在甘孜地区的四军十师和十一师、三十军八十八师、三十二军（会合后即编入二方面军）及二方面军为左纵队，由朱总司令率领，7月3日出动，经东谷、西倾寺、阿坝向包座、班佑前进。集结在绥靖、崇化地区的五军及三十一军九十一师为右纵队，由董振堂率领，经卓克基、马塘向毛儿盖、包座前进。

这次北上，目的很明确。正如方面军总部六月二十九日发布的政治命令中指出的："党目前的战略方针是在创造西北广大与巩固抗日根据地（按：应为创造与巩固西北广大抗日根据地）任务之下，主力红军首先向松潘甘南行动，消灭该地区之敌王均、毛炳文部，进而与一方面军呼应，横扫而东援，（策）应两广，坚决抗日，扩大与加深民族革命战争，争取全中国人民苏维埃的胜利。”因而，广大指战员兴高采烈，精神焕发，勇气倍增。

“雄关漫道真如铁，而今迈步从头越”。我军顶烈日，战饥疲，越高山，第三次过草地。经近一个月的长途跋涉，终于胜利到达包座地区。

甘南的守敌，是王均、毛炳文、鲁大昌等部。为阻止我军前进，王均第三军之第七、第十二师在文县、武都、天水、西固；毛炳文三十七军之第八、第二十四师在陇西、定西；鲁大昌新编十四师在岷州、洮州、西固，分别固防，企图构成西固至洮州、天水至兰州两道封锁线。在青海方向，则由敌新编第二军马步芳部扼守循化至贵德和新城至湟源一线，防止红军西进。8月初，我们制定了《岷（州）洮（州）西（固）战役计划》，经红军总部批准实施。我军的具体部署是：以四方面军之三十军、九军、五军组成第一纵队，主力由包座经俄界、旺藏寺出哈达铺攻击岷州，一部取道白骨寺、爪咱城相机夺取西固，向武都方向佯动；以四军、三十一军组成第二纵队，夺取洮州旧城，而后主力向临洮方向活动，一部向夏河、临夏发展，以保障左侧安全；以二方面军为第三纵队，出哈达铺，策应第一、二两纵队。这一战役行动，以先机取得岷、洮、西地区，主力向兰州、天水方向进展，会合一方面军为主要目的。

8月5日，我军从包座地区出发，向甘南挺进。九日，一纵队之八十八师抢占天险腊子口。10日，八十九师攻占大草滩、哈达铺，歼敌千余人。继后，我率三十军一部进克漳县，陈昌浩指挥九军、五军围攻岷州。在此同时，第二纵队之四军经野狐桥、新堡向洮州旧城进攻，十师克旧城，十二师占洮州，并继向临洮方向发展。十师占洮州旧城后，遭马步芳骑兵旅猛烈进攻，激战一周，将敌击退。下旬，八十九师克渭源。唯岷州鲁大昌部凭坚死守，我军久攻未下。我率前敌指挥部驻漳县，陈昌浩在岷州前线，红军总司令部驻岷州三十里铺。

进入甘南，我们才知道党中央与张学良有个通盘计划。这个计划，是根据日本帝国主义者进逼绥远和蒋介石处理两广事件尚未脱手的形势，以首先造成西北的抗日局面，逼蒋抗日为出发点而制定的。其要点为：

第一，一、二、四三个方面军有配合东北军打通苏联、巩固内部、出兵绥远、建立西北国防政府之任务。由此任务之执行，以配合推动全国统一战线的形成，达到大规模抗日战争的目的。根据一、二、四方面军会合西北，东北军与我们联盟，日本指挥蒙伪军进攻绥远、内蒙，企图割断中苏关系及蒋介石注意西南而暂时无法顾及西北等情况，上述任务可能而且必须在较短时间内实行之。

第二，打通苏联为实现全国抗日战争，首先是造成西北抗日新局面的主要一环。打通苏联分两步走。第一步，配合东北军进据甘西。二、四方面军尽可能夺取岷州，以甘南为临时根据地，休整补充。继而以有力一部出陇西，攻击毛炳文部，威胁兰州，以便东北军于学忠部三个师向兰州这一战略枢纽地带集中；另以有力一部出夏河，攻击河州，威胁青海，吸引河西走廊马步芳部东援，以便东北军乘虚接防甘、凉、肃三州，接通新疆。这一步骤，约一个半月内实现之。第二步，三个方面军合力夺取宁夏。第一步骤实现后，一、二、四方面军在甘北会合。12月起，以一个方面军留守陕甘宁苏区，两个方面军趁结冰期西渡黄河，消灭马鸿逵部，占领宁夏，完成从北面接通苏联的任务。

第三，巩固内部，形成陕、甘、宁、青四省的抗日革命发展新阶段。任务包括：新老革命根据地及红军的巩固与扩大，使之成为西北局面的坚强领导中枢；东北军的加强；陕、甘、宁、青各部统一战线的完成，反动分子的肃清，民主纲领的初步实现等。

第四，东北军与红军联合组成抗日先锋军，出师绥远，抵御日伪军的进攻，推动全国抗日运动的发展。

第五，与南京政府谈判，逼蒋抗日，争取停止内战，一致对敌。为此，我军目前暂不出河南，实行“你不来攻，我不去打”的策略，如蒋介石派兵来攻，则一面坚决作战，一面争取议和。

根据中央上述战略行动计划，西北局放弃了原定乘虚向东南发展的作战企图，作出了二、四方面军在甘南建立临时根据地的部署。为攻克岷州，陈昌浩指挥九军、五军连日攻城，部队伤亡不小，但未获进展。我四军一部克渭源，三十军一部逼近陇西，造成了威胁兰州的态势。

东北军那边，迟迟不见动作，不知是何缘故。8月下旬，中央来电征求西北局领导人的意见：依据现时力量，假如以二方面军在甘南、甘中策应，而以四方面军独立进取青海及甘西，联系新疆边境，四方面军有无充分把握？如在冰期前西渡黄河，能否解决渡河工具？张国焘打电话来，征求我的意见。我答复说：问题不大，四方面军有这个力量夺取甘西。事后，我即着参谋人员搜集河西的地形、民情资料，考虑出青马敌后，进据河西走廊的问题。

8月底，中央鉴于蒋介石在解决两广事件后，已令胡宗南部回开兰州，并有分化东北军、撤换张学良的企图，因而变更了原来的行动计划。

新的行动方针，要求把甘南发展为战略根据地之一，与巩固和发展陕南根据地和陕甘北根据地相呼应，并迫使胡宗南部停止于甘肃以东，准备冬季打通苏联。9至11月的具体部署是：一方面军以一部主力南下，占领海原、靖远、固原及其以南地区；四方面军控制甘南，尽可能取得岷州、武山、通渭地区；二方面军速向陕甘南交界地区出动。中央指出：“三个方面军的行动中，以二方面军向东行动最关重要”。一方面是吸引从郑州回开甘肃的胡宗南部钟松旅于陕甘交界，使之无法西进，威胁和控制兰州；另一方面又可伺机给王均部以打击，把陕南与甘南的根据地联系起来。据此，我三十一军九十三师北出，于9月7日占领通渭；红一方面军一师，由聂荣臻、左权、陈赓率领南下，直插静宁、隆德地区，逼近西兰公路；二方面军由哈达铺地区东出，9月1日占领礼县，继向陕甘边发展，连克成县、徽县、两当、康县等城。任弼时同志去二方面军随军行动，刘伯承同志亦调往二方面军工作。

这时，中央又将陕甘宁根据地的困难情况，向我们作了通报："陕甘宁苏区版图颇大，东西长约一千二百余里，南北亦六百里，现有盐池、定边、靖边、安定、安塞、延川、保安、环县、豫旺九城在我手中。""各县论地情则山多，沟深林稀，水缺土质松，人户少，交通运输不便，不宜大部队运动。人口总数只四十余万，苏区内当红军的已超过三万，物产一般贫乏，农产除小米外，小麦及杂粮均缺，不能供给大军久驻。"彭德怀也给我发过一个电报，内容和中央的电报差不多，我印象很深。我军在甘南占领的地区，人口约八十万，而陕甘宁根据地的人口，才四十余万，相比之下，我们的处境还好些。

西北局根据当时的情况，提出了两个战略行动方案：一是红军出西北，据黄河以西的甘宁青三省地区；二是出川、陕、豫、鄂。中央复示："我们向国际提出亦是出西北与不得已时出东南两方案。"并称已派邓发同志经新疆去莫斯科，正等待共产国际批准。

为配合二方面军向陕甘边行动，朱总司令和张国焘令四方面军抽出两个军，东出西和、礼县，消灭王均部。陈昌浩认为，派两个军出西、礼作用不大，不如集中主力于现地区，伺机北出通渭、静宁、会宁，与一方面军合力夹击西进的胡宗南部，更为有利。将来四方面军主力应向陇东北发展，与陇东南的二方面军呼应作战。为此，他从岷州前线，赶回三十里铺，与朱、张磋商。结果，于9月13日共同向中央提出了新的作战方案。

电称："我军为先机打破敌之既成计划，争取抗日友军，造成西北新局面，一、四方面军乘胡敌在西北公路上运动之时机，协同消灭其一部。二、四方面军尽力阻止和迟滞胡敌西进。"具体部署为："（一）我一方面军主力由海原、固原地区向静宁、会宁以北地区活动，南同四方面军在静、会段以袭击方式侧击运动之胡敌，并阻止其停止静宁以东。（二）我二方面军以主力在徽、两、凤以北地区，并以一部进到宝鸡活动，虚张声势，扬言：二、四方面军即直出汉中，一方面军（向南）会合，以牵制王均于天水地区和吸引胡敌不敢长驱西进为目的。二、四方面军除以九十三师主力即向静、会段以南地区活动外，以一部机动兵力集结陇西、武山，并适时以八团以上兵力打击静、会间之胡敌，相机打通一方面军。"

共产国际批准了红军夺取宁夏和甘西的计划。中央认为，第一步应由一、四方面军合力夺取宁夏；第二步进据甘西。鉴于一方面军兵力有限，需固守现有根据地，抽不出更多兵力与四方面军共同夹击胡敌，故决定派红一师向静宁、会宁一带出动，策应四方面军主力北进，控制以界石铺为中心的有利基点，在通渭、庄浪、静宁、会宁地区迎敌。9月18日，朱德、张国焘、陈昌浩发布了通庄静会战役纲领。我们开始行动，拟向静宁、会宁地区转进。这样，一、四方面军主力南北夹击敌人的计划，就变成了四方面军北进，在西兰通道地区，独立迎击胡敌。我明白这一仗很难打，但准备硬着头皮干。

9月30日，我军分为五个纵队，向通渭、庄浪、会宁、静宁前进。第一纵队为四军，经官堡、渭源、华家岭攻占青江驿、翟家所；第二纵队为三十军，经鸳鸯铺、盘榆镇袭占通渭；第三纵队为九军，经野狐桥、中堡里至新市镇；第四纵队为三十一军，进至通渭、马营一带；第五纵队为五军，随九军之后向庄浪、威戎镇发展。我和陈昌浩跟一纵队行动。我军北进的任务有二：（一）执行《通庄静会战役计划》，在西兰通道以北阻击胡敌，屏障陕甘苏区。（二）会合红一方面军，从靖远地区西渡黄河，夺取宁夏。四方面军开始北进后，二方面军亦根据中央指令，经天水地区渡过渭河，向会宁地区前进。10 月 2 日，红一方面一师进占会宁。8 日，我四军先头部队在青江驿、界石铺与红一师部队会合。9 日，方面军指挥部抵会宁，受到红一师师长陈赓及所属人员的热烈欢迎。陈赓原是鄂豫皖时期红十二师师长，此次重逢，格外高兴。

三个方面军会宁大会师，胜利结束了长征，在中国革命史上揭开了新的一页。

红色基因

我是在 1947 年 2 月，解放战争的炮火声中，于山西长治呱呱坠地的。那年，父亲已经 46 岁了，任晋冀鲁豫军区副司令员。

公私分明是我们家的一条规矩。母亲是老革命，1928 年就担任过松滋县的县委书记，但她每天上下班，都是和普通人一样，自己坐公交车来回，从不使用配给父亲的专车。我在八一小学上学时，家住史家胡同。从家里到学校，路程很远，中间还要倒一次公交汽车。车费总共两毛五分，每次家里就给三毛钱。那年月，本来就吃不饱饭，又赶上长身体的时候，常常觉得饿。有时候，实在忍不住了，我就把三毛钱车费拿去买东西吃了，回家就只能靠走路。有一个周末，晚上六七点钟，天都黑了，我才走到家。见了父亲，我老实交代，是因为“肚子饿，把车费吃了”，一路走回来才晚了。父亲没有责备我，但也没有改变规定，第二个星期，照样还是只给三毛钱车费。

五谷杂粮、粗茶淡饭，父亲一辈子也吃不厌。他还特别爱吃土豆。记得我爱人第一次上我家来吃饭，看见饭桌上每个人碗里都有那么大的一个土豆，悄悄地对我说“吃不下”。父亲听见了，就说：“这么好吃的东西，你不吃我吃。”我爱人怕父亲一个人吃俩土豆儿太撑，赶紧把自己碗里那个吃掉了。每年春天，榆树接了榆钱、柳树发出嫩芽，父亲都会叫炊事员采点来“加菜”。在他看来，这些野菜都是宝。我爱人第一次吃我们家的“野菜席”，回去以后，还闹了笑话。她母亲问：“去徐老总家吃了啥呀?”她老实回答：“说不清是啥，就记得吃了‘一堆草’。”我上初二那年的夏天，有一次和父亲在北戴河时，胡耀邦等几个老部下来探望，父亲就留他们吃晚饭。一大锅子稀饭，放一点面条、大块土豆、豆角和一些肉一起炖，大家就穿着背心，呼噜呼噜地吃开了。

我小时候很顽皮，喜欢爬上爬下。住校一个星期，我的扣子都掉光了，父亲就亲自给我缝上。他会将细线搓成几股，把扣子缝结实，再绕好几圈打结、固定。这样，衣服上的扣子有的都碎成两半儿了，也不会掉。做木工活，父亲是一把好手。我们小时候用的小桌子小椅子，全是他亲手做的，横平竖直，既美观又结实。在物质匮乏的年代，父亲还给我们做过玩具“小手枪”。他先把手枪的轮廓画在木板上，再锯下来，用烧红的铁条穿孔当扳机，再用扑克牌卷个望远镜。我和二姐鲁溪就是用这样的装备来玩打仗游戏。父亲有一个专用的工具箱，里面钉子、锤子等小工具，样样齐全。平常家里的物件出了小问题、小毛病，只要力所能及的，父亲都会搬出他的“百宝箱”自己修理。

父亲还特别喜欢小动物。长征时，父亲的马背上就驮着一只猴子。

这只小猴一路随行，给艰难行进中的部队官兵带来许多乐趣。打我记事起，家里还养过几只小狗，给全家人带来欢乐。

父亲的品格，在潜移默化中对我们几个子女产生着巨大的影响。

1982年8月，徐向前与夫人黄杰在北京寓所前合影

父亲善于学习，善于思考，对于新事物有敏锐的判断力。父亲对信息重要性的认识，来源于他丰富的军事实践经验。当年红四方面军在从鄂豫皖苏区转战川陕的长途跋涉中，始终没有丢弃有线通信设备。川陕根据地时期，在极端困难的条件下，父亲指挥部队建立了几百公里的电话网络。父亲在长期的军事生涯中，将一支以农民为主要成分的游击队带成了一支能征善战的主力红军部队，但是他仍十分重视部队的正规化军事教育。他认为，在现代化条件下，军队干部一定要经院校正规化培养。我和二姐鲁溪从小对科技萌生兴趣，乃至后来从事科学研究，也是父亲的影响。戎马一生的父亲希望孩子们学习自然科学，为建设社会主义新中国出力。

父亲一直要求我们，做人要“干干净净，清清白白”。就像他最喜欢的那首诗——于谦的《石灰吟》写的那样：“千锤万凿出深山，烈火焚烧若等闲。粉骨碎身浑不怕，要留清白在人间。”

大姐徐志明（小名松枝）是在父亲到延安后被接到解放区的，后来学医做了医生，是老资历的干部。别人都说，以大姐的资历，应该安排一个领导职务。但直到退休，大姐也一直是个普通的医务工作者。父亲严格要求家人，大姐也从来没想过借父亲的光。

二姐徐鲁溪，是我们几个孩子里最聪明的。她从中国科技大学毕业后，考入中国科学院读理论物理硕士研究生，是我国第一代研究生。她主持过的项目，还获得过全国科技进步特等奖。很长一段时间里，二姐一家三口都挤在 8 平方米的小屋里。后来赶上单位调整住房，二姐一家换到了一套 20 平方米的房子。父亲听说二姐换房的事，先是好一顿“审问”，“审”得二姐委屈得差点儿哭起来。直到父亲确定不是她托人找关系，而是单位里正常的调房，这才放下心来，露出欣慰的笑容。

妹妹小涛是几个孩子中学习最用功的一个，父亲总是表扬她“认真、踏实”。后来，小涛一路从兵团到 304 医院，都是经过自己的努力，还曾当选过“模范工作者”。

对待相知相伴、相濡以沫的母亲，父亲别有一番温情。他们有共同的革命起点——黄埔军校。父亲是黄埔一期学员，母亲当年考入的是俗称“黄埔六期”的中央军事政治学校武汉分校。父亲欣赏母亲的独立坚韧、聪慧大度，母亲敬重父亲的刚正不阿、宠辱不惊。父亲平时话不多，对母亲的体贴都融入一个个细微的举动。作为军人，他走起路来习惯了大步流星，但每次和母亲出去散步时，他都会特意放慢脚步，母亲不用跟得那么吃力。有一年母亲过生日，父亲照例提前问她：“过生日了，想要什么礼物呀？”母亲想了想说：“我也不要别的了，就是你当元帅以后，我还从来没看见过你穿元帅服什么样，你就穿上让我看一眼就行了。”父亲一听，马上答应。他把元帅服穿戴整齐，在母亲面前走了几个来回。这份特别的“生日礼物”，成了母亲最幸福的回忆。那一身象征着至高荣誉的元帅服，父亲再也没有穿过，一直静静地躺在我们家的樟木箱里。

1976 年 1 月，我的儿子出生了。父亲和我们商量这孙子取名徐珞。珞，是一种坚硬的石头。这个名字，寄托了父亲对后辈的期望——无论何时，要坚定自己的理想和信念，不随波逐流。

父亲对我们的期许和嘱咐，让我们铭记终身。每当我们遇到困难，面对机遇和挑战时，这些充满智慧和哲理的语句，总能给我们增添信心和勇气。

1981 年，我在第二炮兵某研究所与同事们一起研制我国第一代汉字计算机时，父亲给我写来寄语：“天下无难事，有志者竟成。”父亲写给二姐鲁溪的“八个去做”和“八个一些”，至今仍是我们的行动准则。“八个去做”指导我们：“革命的事情，天天去做；复杂的事情，细心去做；重要的事情，耐心去做；不懂的事情，虚心去做；明天的事情，准备去做；大家的事情，带头去做；别人的事情，帮助去做；个人的事情，抽空去做。”“八个一些”则叮嘱我们：“工作繁忙，细致一些；遇到问题，冷静一些；处理问题，慎重一些；遇到困难，坚决一些；待人接物，热情一些；受到刺激，忍耐一些；工作方法，灵活一些。”对待孙子，父亲也延续着这样寄语的方式。徐珞至今保留着他 10 岁那年，爷爷写给他的手迹：“学习要踏踏实实地努力，知识需点点滴滴地积累。”

1990 年 9 月 21 日 4 时 21 分，父亲离开了我们。我们几个子女，遵照父亲的遗愿，把他的骨灰撒在了他曾经洒下热血和青春的群山之中。而他的精神和品格，也如同大山一样，永远屹立在我们心头，激励着我们在人生的路上向前，永远向前！

（儿子徐小岩）

“军人学者”萧克

萧克，湖南郴州人，1907年7月14日出生,1927年3月参加革命，同年5月加入中国共产党。1934年7月，担任红六军团军团长，奉命率部先遣西征，为中央红军战略转移开辟通道，拉开了红军长征的序幕。新中国成立后，曾任军训部部长，国防部副部长，军政大学校长，军事学院院长兼政委，是第五届全国政协副主席，中国共产党第八届中央委员，第十届候补中央委员，第十一届中央委员。1955年被授予上将军衔。2008年10月24日逝世，享年102岁。

长征路上

1934年，中央红军第五次反“围剿”屡战不利，被优势之敌压迫到闽赣边境。打破第五次“围剿”的希望不大了。湘赣苏区在6月以后，也没有这种希望了。在这种情况下，苏区如何坚持？红军如何行动？大家都在思索着。

1934年7月23日，中央军委给湘赣省委来电指示：“中央书记处及军委决定六军团离开现在的湘赣苏区，转移到湖南中部去发展扩大游击战争及创立新的苏区。”电报还明确地讲了撤出湘赣的理由：在粉碎敌人五次“围剿”中，敌人正在加紧对湘赣苏区封锁与包围，特别是加强其西边的封锁，企图阻止我们的力量向西发展。“在这种情况下，六军团继续在现在地区，将有被敌人层层封锁和紧缩包围之危险，这就使保全红军有生力量及捍卫苏区基本任务都发生困难。”

来电还阐述了军委这一决定的目的，指出：红六军团去湖南中部积极行动，将迫使湘敌不得不进行战场上和战略上的重新部署，破坏其逐渐紧缩中央苏区的计划，以辅助中央苏区之作战，这一行动，还能最大限度地保存红六军团有生力量，并在创建新的苏区的斗争中，“确立与二军团的可靠的联系，以造成江西、四川两苏区联结的前提”。电报并对红六军团向湖南发展的路线、地域和行动作了具体规定：“六军团由黄坳、上下七地域的敌人工事守备的薄弱部或其以南，转移到桂东地域。在转移中第二步应转移到新田、祁阳、零陵地域去发展游击战争和创立苏区的根据地”，“以后则向新化、溆浦向北与红二军团取得联系”。电报还就这次行动的组织领导作了规定：“弼时同志及部分的党政干部应准备随军行动，弼时即为中央代表，并与萧克、王震三人组织六军团的军政委员会，弼时为主席。”

在这个长电中，中央军委对中央红军的意图没说明。一天，弼时同志对我说，中央红军可能要向西，到湖南方面去，这几句话，对我既有震动又有启示。我早就听说过弼时的一段经历，他在担任中国共产主义青年团中央书记期间，曾以团中央名义起草了《致党中央政治意见书》，并在一次中央紧急会议上批判右倾机会主义，以及他们隐瞒共产国际指示的错误。后来，他到中央苏区，我们就认识了，尤其是在 1933 年 6 月 11 日，我们接他到湘赣苏区工作后，对他的印象更加深了。我觉得他不仅对政治问题有深入的见解，而且善于观察战略大势。后来我们在行动中体会到，中央红军也很可能向西撤，中央电令我们起先遣队的作用。周恩来后来曾说过，当时组织红军第六第七军团分别西征和北上，“一路是探路，一路是调敌”。博古更直接说明，“当时军事计划是搬家，准备到湘鄂西去，六军团是先头部队”。当然这都是后来才知道的。

我们立即进行了转移的准备工作。任弼时主持召开了全军政工会议。他亲自作了“争取新的决战胜利，消灭湖南敌人，创造新的根据地”的报告，分析了目前形势，传达了任务，指出了有利条件和困难条件。六军团军政委员会对这次转移部署作了缜密的研究，认为如按军委规定的方向突围，沿途山大路险，不便运动，容易遭到驻宁冈的湘敌第 15 师堵截和驻永新的第 16 师、62 师的追击，而且会过早地暴露行动意图。因此，确定主力先向南再向西南急进，冲破敌人的战役包围。我们觉得，南面是湘敌和粤敌的接合部，都是保安团队和地主武装，兵力较弱，间隙较大，便于行动，同时也不至于过早暴露战略意图。我们在决定了突围的方向后，积极打草鞋，做干粮，并实施了行军、侦察、警戒的教育。地方行政机关也进行精兵简政，充实部队。对留下的地方武装

1935 年 11 月，红六军团在湖南新化，前排左五为萧克

作了坚持根据地的安排。

经过充分准备，8 月 7 日下午 3 时，全军约九千人，在独立 4 团的引导下，由遂川的横石出发，踏上了西进的征途。经日夜兼程行军，通过藻林、左安、高坪等地。连续突破敌人四道防线，于 11 日中午到达了湖南桂东县的寨前坪。12 日，在寨前圩召开了连以上干部的誓师大会，庆祝突围胜利。

红六军团的突围震撼了湘桂两省的军阀，在国民党反动派调集重兵围困中央苏区的同时，不得不分兵“追剿”夺路西进的万余红军健儿，所经之处地方军阀亦惶惶不可终日。红军长征的序幕就此拉开。

1935 年 11 月 19 日，红二、六军团分别从桑植刘家坪和瑞塔铺出发，退出湘鄂川黔革命根据地。记得出发前，省委及军委分会在桑植讨论过多次，研究战略转移的落脚点。当时决定到湘黔边，也就是江口、

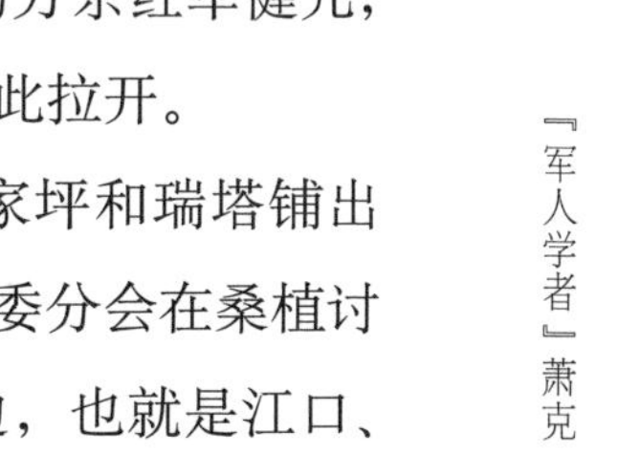

凤凰、石阡、镇远、黄平一带。我们分析，那里的敌人薄弱，可以建立新的革命根据地。为了隐蔽向西突围的战略意图，我们采取“声东击西”的办法，故意向东南走。这次撤退，我们吸取了红六军团自己行动的教训，只带一两天的干粮，行李简化，轻装前进，行动灵活自如。

从桑植地区向西，有澧水和沅江两道河流障碍。出发前我们考虑过如何突破敌人这两道封锁线的问题。估计敌人的第一道封锁线虽然防守严密，但我突然行动，易于突破。第二道封锁线就不同了，我军一过澧水，敌人便会发现，定要加强对沅江的戒备。我们只有快速行动，赶在敌人部署尚未调整完之前，连续突破澧水和沅江。

第一天出发时，我率六军团17师一部以急行军赶到澧水，抢占渡口。我们一天行军120里，当晚就到了澧水边。那天，六军团的主力也走了七八十里，我们特意选大山中的小路，虽然难走，但好处是避开了敌机的侦察轰炸。晚上在张家界外面的村子住下。1990年我到湘西，看到张家界已成了风景旅游区，当年我们从这里过时，根本没有注意到这一带还有这样好的风景。

第二天下午四五点，六军团主力赶到大庸县城东30里兴隆街地区，在黄昏时刻开始抢渡澧水。直到这时，敌机还未发现我们。前卫团先过去了，后续部队乘夜过河。对岸至大庸有敌19师一个团筑碉防守，我们过了河就一直向西打，半夜打到离城不远处，找到了从大庸城南通沅江北岸洞庭溪的大路。第二天清早，我们顺这条路向南走70里宿营，仍没有遇到敌机，真是顺利。二军团主力21日上午开始南渡澧水，这时敌机来了，炸得很厉害，部队有些损失，但很快也都过去了。

22日，我们急行军125里赶到沅江北岸的洞庭溪，找到几条小民船，过去了两个营。这时，敌人的一个营从沅陵来加强洞庭溪的守备。我们正在渡河，看到敌人乘船来了，就在沅江两岸埋伏起来。等他一到，用重机枪朝船上打。敌人做梦也没想到我们这样快就到了沅江，一个营全部缴械。我们在中央苏区时有个口号，叫作“争取廉价的胜利”。这一仗真是“廉价的胜利”，没打几颗子弹，就消灭了敌人一个整营，而且顺利地渡过了沅江。

穿着红军军装的萧克

这次突围行动方向选得好，行军路线也选得好，保密好，称得上是得意之笔。当我站在沅水岸边，看到部队渡江，不禁长叹一声，如释重负。突破澧水和沅江，这意味着战略计划初步实现了。

渡过沅江后，继续向东南猛进，直到湘中。我们早就知道湘中是富庶的地区，到这里一看，新化、溆浦、锡矿山、辰溪这些县，不仅物产丰富，人口稠密，文化教育也发达。我们原想从这里过一下，看到这样好的条件就打算停下来，搞块根据地。那时我们都有一种观念，站得稳就站，站不稳就走，随时可站，随时可走。

撤出湘鄂川黔之前，我们号召凡是要打日本的，我们都欢迎入伍。群众踊跃参军，只 7 天就扩大了 1000 人。王震带了一支队伍去新化东 60 里的锡矿山，三四天就扩兵两三百人。那里是规模不小的矿区，扩的兵多为工人。对于红军来说，能吸收现代产业工人参加，十分重要。我们把这些工人分到各单位，以增加部队的无产阶级成分。

在湘中停了个把星期。我们放弃在湘中立脚的想法，按原定目标向西走。经溆浦向西，由绥宁、洪江向北渡沅水，继续向北，便进入了湘黔边广大地区。国民党几个师追踪而来，为了在湘黔边站稳，六军团就在晃县和芷江间的便水反击追敌。

便水战斗虽打得不理想，但制止了敌人的急追，取得在江口和石阡地区的短时休整，并迎回了在湘鄂川黔苏区担任钳制任务的6军团18师53团及一部分地方武装。

我们在石阡、江口及以南地区稍事休整，即经余庆、瓮安、平越、边战斗边向西走，进至贵阳北60里札佐镇，歼敌两个营。敌人见我逼贵阳，有北渡乌江之势，急调堵我之黔敌和追我之湘敌驰援贵阳。

离开湘黔边时，我们就打算在贵州省的西部创建新的根据地，这时军委也来电报，指示我们“速转黔西、大定、毕节地区，群众地形均可暂作根据地”。到黔、大、毕后，我率红6军团17师去遵义西之打鼓新场（现为金沙县）游击，钳制贵阳方向敌人向西。这时，敌万耀煌部13师追来，占了大定。我即率部回师大定，刚到将军山，正遇大定敌人先头部队7个连向毕节挺进，敌处在我之侧面及正前，我军立即将敌包围，仅1个半小时就将敌全部消灭，制止了敌渡鸭池河后向我急追的不利形势。

战斗结束后，我登上将军山，看到这条山脉横跨大定与毕节间10余里，如果控制住将军山，就可形成建立以毕节为中心的游击根据地的东面屏障。我立即决定控制将军山。在山上做工事，我和大家一道在茅棚中露营，严守阵地。几天后，敌人两路向我仰攻。我令部队隐藏在工事内，不发出任何声响，等敌人逼近后，手榴弹一甩，一个反冲锋，敌人溃退，我立即追击到敌主力展开地带，一下子就缴到了百十支步枪，万余发子弹，得到补充，敌人短时间不敢再来。

利用山地这个屏障，两军团主力与强大追敌周旋，并对驻威宁之滇军，严加警戒。

在毕节，当地旧知识分子和开明绅士周素园先生与红军交了朋友。周素园是清朝末年的秀才，在贵阳办报，后来又在北洋政府供职，在袁祖铭的云贵川总司令部当过秘书长。红军快到毕节时，国民党专员莫雄叫他走，他说："我没有多少家当，不必走。"红军到后，在他家发现有许多马列主义的书，翻开一看，圈圈点点。政工人员立即把这种情况报告王震和夏曦。他们马上找他，问过他的经历后，又问他为什么读马克思主义书籍。他说："我相信马克思主义。我研究马克思列宁主义 10 年了，我觉得马克思讲得对，你们共产党、红军，是讲马克思列宁主义的，所以我用不着走……"王震、夏曦告诉他说："你研究马克思列宁主义好，我们共产党的政策是根据马克思主义制定的。现在我们的政策是抗日反蒋，你赞成不赞成?"他说："赞成，完全赞成。"我们就请他出来，当贵州抗日救国军司令，时间很短便发展到 1000 余人枪。

为了在黔大毕站住脚，我们请周素园给驻威宁的云南国民党纵队司令孙渡写信，因为他和龙云、孙渡等上层人物都认识。他把共产党和红军的政治主张告知孙渡，并说："蒋介石派中央嫡系万耀煌、樊嵩甫等进入云南、贵州来打红军，也叫你打红军，红军是不好打的。退一步说，即便你把红军打掉了，也是两败俱伤，万、樊挟天子以令诸侯，人多势大，那时的云南还是你的?'假道灭虢'，史有明鉴。"

由于龙云当时的处境及周素园给孙渡写信，很有说服力。孙渡在威宁、昭通按兵不动，固然出于利害考虑，但其中也有周的影响。这种态势，有利于我们集中主力对付正面来的敌人，在毕节地区停留 20 天，休整补充。后来，我们从乌蒙山向宣威进军时，也以军队的名义给龙云、孙渡写信，晓以利害，并提出缔结抗日停战协定。虽然估计不会有什么效果，但至少可以使龙云增加对蒋军入滇的戒心，加深其矛盾。后来事实证明确是如此。

红色基因

父亲的一生，是多彩的一生。他不仅在文德武功上都有成就，更能够智慧地看待世事，遇到风雨能保持共产党人清正的风骨，因此，在他的心目中没有不堪回首的往事。父亲用他的非凡人格，教育和感染着我们，为我们后辈树立了榜样。

父亲一生勤俭，始终保持艰苦朴素、公道讲原则的作风。父亲自己是这样做的，他也很注意在这方面对我提出严格要求。

我上小学、上初中时穿的衣服，好多都是大人的衣服改制的，都是

20 世纪 40 年代，萧克一家三口

补了补丁的。有时周围的同学还会觉得我家生活条件很差，但在父亲的教诲中，我对此却习以为常。

我们家浴缸旁边一直放着两只大桶。父亲每次洗好澡、洗好头，都要把用过的水倒进大桶，用来冲马桶。几十年来，我们家一直保持这样的习惯。父亲、母亲在家里常说："北京是严重缺水的城市，国家一直在号召保护水资源，我们一定要积极响应号召，不能浪费水。"

有一年，中央军委的领导来看父亲，见我们家房子很陈旧，就说萧老家的房子怎么这么破破烂烂。总参批了款让我们修房子，父亲坚决不同意。后来，总参的一个领导忍不住问我："怎么给你们家批了钱了，还不修房子呢？"我说："我父亲母亲从来不让修。"在父亲的熏陶下，我们全家人都觉得奢华是可耻的，所以从来不搞铺张浪费。

父亲为人非常耿直，原则性强，实事求是。他常对我们说："你们在外面要尽力干，好好干。我不会为你们的工作帮忙，全要靠你们自己。"

我在武警部队工作，部队的司令、政委来看我父亲时对他说："萧星华在我们那儿干得很好，工作很不错啊。"父亲却说："什么'很好'，仗也没打过，他有多少经验，他要好好学习！"

父亲从来不为家人说情、拉关系。在外人看来，找路子、通关系这些事情，父亲关照一下，是很方便的。但在我家里确实一点没有这些事。父亲不主张替孩子说好话，谋取特权，他认为靠"铺路"升官发财是十分可耻的。父亲从来不为我们"走后门"，而是鼓励我们自己好好干，干出成绩。

虽然父亲已经去了，但是他留下来的家风却在我们家庭中延续。我相信，这种家风会随着我们家庭的血脉一直延续下去，因为只要是正确的，便是长久的。

（儿子萧星华）

20 世纪 80 年代，萧克家三代同堂合影

我一直在祖父母身边长大，祖父的晚年把许多精力放在了党史、军史的发掘整理上。祖父主张，好的话要收集，坏话的也要参考。对于讲坏话的人不仅要看他的立场，更要看他讲的是否言之有据。只有在搞清史实的基础上，才能用历史唯物主义的观点加以解读和鉴别，从分析到综合，找到规律。祖父对历史研究“求实存真”的态度也是他磊落人生的生动写照。他经常告诫我，在生活、工作中要不唯上、不唯权，也要努力“求实存真”。

祖父承袭家传诗书传统，楷书、草书、隶书都有深厚的功底，自然也希望后辈继续传承，在我和弟弟上小学前就开始手把手地教我们写毛笔字了。那时在祖父的写字台前摆着两张小方桌，他坐在写字台前看文件，我和弟弟坐在小桌前描画着祖父手书的红字帖。祖父要求我们写字时要做到“三正”——身正、纸正、心正，所谓身正就是坐姿要端正，不能东倒西歪；纸正就是将纸置于身体正前方的桌面，且不能偏斜；心正则要凝神静气、心无旁骛、专注运笔。在练习书写时稍有懈怠，祖父就会马上提醒，并告诉我们在家乡的私塾里，先生不能容忍懈怠，会用教鞭敲打学生，现代教育不再体罚学生了，但要求不能放松。当初我不甚理解，后来逐渐有所感悟，所谓字如其人，传统书法之所以能成为一门艺术，不仅在于赏心悦目和修身养性，更承载着书写者的志向和信念。

祖父已经离我远去了，每当我拿起毛笔，他的音容笑貌就会浮现眼前，身正、纸正、心正的教诲时常帮我在人生道路上把定方向。

（孙子萧云志）

“老一辈中的小字号”伍修权

伍修权，湖北武汉人，1908年3月6日出生，1923年12月参加革命，1925年受中国共产党派遣赴苏联学习和工作并于1930年加入苏联共产党，1931年回国后转为中国共产党党员。1934年10月，参加长征。遵义会议后，任红三军团副参谋长，参与组织抢渡金沙江、吴起镇等战役战斗。新中国成立后，曾任外交部苏联东欧司司长、外交部副部长、驻南斯拉夫大使、中共中央对外联络部副部长、中国人民解放军副总参谋长、第十二至第十三届中共中央顾问委员会常务委员。1997年11月9日逝世，享年90岁。

长征路上

1934 年 10 月中旬，军委总部从瑞金出发，开始长征了。出发的日期，我的印象是 10 月 10 日，正是“双十节”。

……

部队从懋功出发到黑水、芦花，又在那里停留了一段时间，准备过草地。这时我腿上长了脓胞疮，很厉害。医务所的同志用镊子一个一个揭破，把脓挤掉，又用棉花蘸点硫黄膏抹抹，难受极了。幸好那时年轻、抵抗力强，在那里又休整了大约一周时间，腿上的脓疮被治好了，就开始过草地。这又是一段艰难的历程啊！每天行军，侦察部队走在前头，需事先找好水草少、有点树丛的地方作宿营地。我和警卫员宿营时，找了些杂草作垫的，我们各有一条毯子和一块油布，共垫一条毯子，合盖一条毯子，顶上用绳子系起油布，打成一个小棚子，就这样睡觉了。半夜里下起了毛毛雨，雨点打在脸上，惊醒了。幸好不是倾盆大雨，总算支撑过来了。随后我有了头骡子，但是我尽量自己走路，经常把牲口让给身体弱的同志骑。过一条泥鳅河时，水很急，深到胸口，蹚水很容易被冲走。有个几十人的宣传队，都是十三四岁的小鬼，我看他们仅靠自己是没有能力过河的，就把我们司令部的几匹牲口集中起来，让

1935 年 10 月，长征胜利到达陕北时的伍修权

他们中的小个子骑在牲口上过河，个子大一点的就拉着牲口的尾巴过，这样速度就快些，也比较安全。过草地第四天时，我还碰到当时在三军团司令部工作的黄玉昆同志，他身体虚弱，已无力行军，我用自己的牲口把他带到了宿营地。黄玉昆同志已将这段事写成文章，登在《星火燎原》上。总之，在长征中，相互关心、相互帮助的事情是数不胜数的，这也是我军的一个优良传统。

当时部队减员很大，我主动要求到团里去锻炼，彭德怀军团长和杨尚昆政委同意了，让我去十团当参谋长，团政委是杨勇，团长叫黄祯，在到达吴起镇以前的一次战斗中不幸牺牲了。我们团前进到班佑，住在牛屎棚里，有时还遇到藏族骑兵的袭击。当时绝大部分同志都没有与骑兵作战的经验，为了减少不必要的伤亡，在军团部时，彭老总就让我提了几条打骑兵的办法：第一条是坚定沉着；第二条是用火力对付他们，着重打马，马的目标大好打，骑兵没有马就完了；第三是打退骑兵后不能徒步追击，不要脱离有利地形，只能用火力追击。彭老总说这几条很好，肯定了我的意见。在十团，我向各个连的干部专门讲了这几条，后来打骑兵的时候真用上了。不仅歼灭了部分敌人，还打死了一些马，使我们和后续部队吃到了不少马肉。

吴起镇战斗结束，我们前进到保安，一方面军的长征就宣告胜利结束。当时是 1935 年 10 月。我们从瑞金出发时是 1934 年 10 月，恰好走了整整一年，经过了 11 个省份，这就是举世闻名的二万五千里长征。

陕北的 10 月已经下雪了，我们穿的还是单衣短裤。保安房子很少，只有些窑洞。部队到后，第一个来欢迎我们的是白如冰，他是陕北红军的后勤部长。他们已经为我们准备了粮食和衣服，每人发了一套棉衣。这真是雪里送炭！长征以来，一路行军，很久没有正式吃过一顿饱饭。因为“左”倾路线错误，我们丢掉了根据地，屁股没有坐处，吃尽了苦头。这时吃到根据地群众送的小米稀饭，真像过年一样，高兴得很。许多同志捧着饭碗，就流下了泪水。

红色基因

修权退休后写了回忆录，记录了他一生的磨难和坎坷，也反映了他的成绩与贡献。但他从不夸耀个人的作用，而把一切成就归功于党。他在回忆录中写到联合国之行获得的成功时说："我们的联合国之行，在诞生刚满一年的新中国，成了人人关心、万众瞩目的大事。我们个人由于参加了这一工作，一时间也颇受人们的注目。但是我也想到，我们每一个同志，在某种意义上，也相当于一个演员。我们执行一项任务，也就像演员担任一个角色，既然上了台，又要演得像个样子，把各自的角色演好，绝不能马马虎虎。但是下了台就不再是那个演员，而是普通一员了，我总是以这个想法来提醒自己，时刻不忘自己只是一个执行党和国家交付任务的普通工作人员。"

虚怀若谷，为人谦逊，好像是修权与生俱来的品质。几年前，一些中年同志向他敬酒时说："祝老一辈无产阶级革命家健康长寿！"他诚恳地说："我是老一辈中的小字号。(一九）二一、(一九）二二年建党时期，我连青年团员都不是，我是1923年入团的。"

修权离开我了。他走时是那么平静，那么坦然，那么安详，给人以平和。战争年代的出生入死，政治风浪中的磨难挫折，人间世俗的功名利禄，他都处之淡泊。他生无所盼，死亦无所求。他独自驾着小舟去了彼岸，在那里和他的战友们相聚。我在此岸遥望浩渺太空，仍能感觉他的气息。我感觉到心灵的升华，心灵的融合，心灵的纯化。

修权，你与我同在！

（妻子徐和）

父亲对我们关心、爱护，却从不娇惯。20 世纪 60 年代初，国家经历了三年困难时期，父亲带全家和机关里的同志们一样在食堂吃饭。他还常以毛主席、周总理如何以身作则、与人民同甘共苦、共渡难关的高尚品德教育、鼓励我们，使我们树立起为国分忧的责任感和战胜困难的信心。

父亲出身贫寒，从小养成勤俭节约的美德，他既不抽烟也不嗜酒，除了工作、读书，几乎没有什么嗜好。由于他的言传身教，形成了全家

1966年底，伍修权全家合影（左起前排：伍一曼、徐和、伍修权、罗斌，后排左起：伍星、伍望生、伍延力、伍连连）

艰苦朴素的家风，孩子们从小就懂得“谁知盘中餐，粒粒皆辛苦”的道理，不但饭菜不浪费，就连剩菜汤都不轻易倒掉。全家的衣物也必物尽其用，经大小传承之后还可穿用的，便送给其他需要的人。我们那时经常穿着自己缝补过的旧衣、旧裤，非但不觉“寒碜”，反而倍感光荣。

20 世纪五六十年代，我们六个子女大多未成人，父亲还赡养着年迈的祖母，家中生活并不十分宽裕，但他扔把接济生活困难的亲友、赡养亲属中的孤寡老人，以及送他的七弟修樊和侄女儿齐秀上学读书，视为自己义不容辞的责任，一一慷慨相助。父亲就是这样一个人：在祖母面前，他是孝顺的儿子；在兄弟们眼中，他是宽厚的兄长；在儿孙们心目里，他是可敬可亲的慈爱长辈。

父亲重亲情，但不失原则。我们的祖母是个识大体、顾大局，吃苦耐劳、善良寡言的家庭妇女，辛苦操劳了一辈子，却从无怨言，父亲非常敬爱她。1974 年，父亲刚被解除“监护”不久，就迫不及待地自费回老家去看望受到他牵连的祖母。之后又将祖母接到北京，准备为她老人家养老送终。可当祖母 1985 年过世时，正赶上父亲出差在外查办一起整党大要案，当时组织上曾提出派专机接他回京，但父亲当即表示，外地还有一些重要工作没有办完，决定暂不回京并指定由儿子天福代替他办理了祖母的后事。

20 世纪 60 年代初，在武汉某厂当采购员的六叔因违反政策倒卖一些小商品，被省里作为投机倒把分子准备拘押，省公安厅为此来函征求父亲的意见。当时，父亲一方面明确表态：绝不包庇，请省里按国家政策处理；另一方面又毫无怨言地承担起了接济六婶一家的责任。

父亲自己一身正气、两袖清风，他也这样要求我们。20 世纪 80 年代初，社会上兴起下海经商的热潮，许多人忽然暴富，对我们这群“工薪族”来说，也难免产生一定的诱惑。当时有位朋友想与连连合作，办一家前景诱人的公司。当连连征求父亲意见时，父亲郑重表示："对'改革开放、搞活经济'我坚决支持，但我的子女不要经商。"他是不允许他的子女利用他的影响经商发财而损害了党的声誉。父亲的教育影响下，我们都安心在各自的岗位上兢兢业业地努力工作。

（子女伍一曼、伍天福、伍望生、伍延力）

还在我小的时候就时常和奶奶一起去三婆婆和伍爷爷家。三婆婆是我奶奶的三妹徐和，伍爷爷就是三婆婆的丈夫伍修权。

1976 年地震后，三婆婆和伍爷爷把我接去住，开始住在南草厂，后来搬到北新桥，一直到 1983 年我大学结业。和他们在一起的这段生活，对我的成长，有着深刻的影响。伍爷爷身居高位，而没有一点官气。工作回来，总是静静地读报、看文件，有的晚上去看电影，或者是打台球。吃饭的时候，无论人多人少，总十分平和，谈些轻松的话题。宠辱不惊，即使在家里也是如此，可谓炉火纯青。伍爷爷在那些年里不断担任相当关键的工作，面对各种复杂情况，却始终能保持平和的心态。这实在是难得的榜样。

伍爷爷对年轻人总是寄予希望，鼓励我们自强不息，依靠自己的努力得到发展。1977 年国家恢复高考，每个年轻人都欣喜若狂，跃跃欲试。我那时已在工厂工作六年，又只是"文革"中的初中生，虽然在工作中一直坚持自学，但对于高考来说，还是有相当的困难。伍爷爷得知我在准备高考，十分赞许。1977 年我高考成绩通过录取线，体检也合格，却没有录取通知书寄来。经过查询，得到的答复竟是考生档案丢失，"特致歉意"，心中不免有些消沉。我至今印象很深的是，伍爷爷得知此事后，专门来到我住的房间，先是对这一不幸事件表示遗憾，随之便是鼓励我继续努力。接下来，他给我讲了他在莫斯科中山大学学习时的情况。那时他年纪小，也是初中生，刚刚开始学习俄文，上课听讲有相当大的困难。而且当时俄汉词典奇缺，全班只有一本，放在教室前面的讲台上，学生只能轮流去查。就是靠着刻苦的学习，伍爷爷很快提高了俄文水平，后来还担任了班级的俄文翻译，促进了俄文水平的进步。不知不觉间，我已从一时的愁绪中解脱出来，又信心百倍地投入到新的复习之中。此后，无论是学习还是工作，我都记得伍爷爷和我的这番谈话。因为我体会到，经受得住命运的打击，对一个人来说是多么重要。

大学毕业后，我去了北京郊区密云县医院外科工作。伍爷爷仍然很关心我的工作和进步。每次我回来，他见到我都要问及医院的情况。我也总是详详细细地告诉伍爷爷和三婆婆最近又做了什么手术、治了什么样的病人。慢慢地，我开始对我当初的选择和伍爷爷、三婆婆对我的支持有了更深切的体会。我遇到过许多想象不到的难题，但我内心中有一点是肯定的，那就是依靠自己的努力去迎接和克服困难。一年过去啦，伍爷爷和三婆婆安排了一天来到县医院，我们一起在医院的墙角散步，到我的住所看了看，在医院的大门口照相。我们还一起去了密云水库。如今，许多年过去了，我已经获得医学博士学位，成为心脏外科医生，大学结业时的那段经历早已成为历史，但伍爷爷对我的鼓励、他面对困难时所焕发出来的勇气以及那种举重若轻、置之死地而后生的乐观又从容的态度，依然融合在我的心里，成为我精神力量的不竭源泉。我在上大学前后的七八年时间里从伍爷爷那里得到的教诲，是我珍藏的回忆。

（外甥孙女李潮）

红军唯一女将领张琴秋

张琴秋，浙江桐乡人，1904 年 11 月 15 日出生，1924 年 11 月加入中国共产党。随红四方面军参加长征，曾任红四方面军总政治部主任、中共中央西北局委员等重要职务。新中国成立后，担任纺织工业部党组副书记、副部长。1968 年 4 月 22 日逝世，享年 64 岁。

长征路上

1932 年 10 月 11 日，第四次反“围剿”战斗失利，红四方面军主力部队主动撤离鄂豫皖苏区，不分昼夜向西疾进。

张琴秋此时担任红四方面军七十三师政治部主任，七十三师是一支英勇善战的部队。在师长王树声的指挥下，打过许多硬仗、恶仗和胜仗。此时七十三师担任后卫，即位于撤离苏区红军的最后面，旨在阻挡敌军尾追，确保部队行军安全。张琴秋被指定为七十三师收容队队长，负责收容伤员、病号和因其他原因而掉队的红军战士。

张琴秋发现在他们后面不远处有一群女孩子，一直紧跟着他们。收容队走，她们也走，收容队停，她们也停。张琴秋便派人去查明这是一些什么人。原来，她们都是被遣散回家的红军女战士。见到张琴秋时，都哭诉着不肯脱离红军回家，一定要跟着红军继续干革命。她们决心红军走到哪里，她们就跟到哪里。张琴秋听后，高兴地答应了她们的请求，收留了她们。这些女孩子后来都在红军中得到了锻炼，成长为女红军战士，为革命作出了贡献。

红四方面军实行撤离鄂豫皖苏区这个重大的战略转移后，部队接连不停地行军作战，极为艰苦。由于在转移前没有向部队说明原因，转移途中又借口军事秘密，对行动方针缄口不言。部队向西越走越远，重返鄂豫皖苏区越来越无希望，沿路又不重视发动群众建立新根据地的工作，因此部队不满情绪越来越强烈，内部矛盾越来越激化。在这紧急、危险的转战关头，张琴秋与曾中生和傅钟等数位干部几番努力，通过耐心细致的工作，避免了几个干部准备去上海向党中央状告张国焘的做

《中国军事大百科全书》中，认定张琴秋为红军中唯一的女将领

法。转而将大家的意见汇总整理出来，上报张国焘，促成了小河口会议的召开。

张国焘看了这份意见书，决定在陕西城固县一个名叫小河口的地方，召开师以上干部会议，听取大家的批评意见，研究今后部队的行动方针和建立根据地的问题。在小河口会议上，大家以同志式的态度，对张国焘的错误提出尖锐的批评，张国焘也表示欢迎大家的意见。会议决定停止向西转战、争取在汉中创建根据地、成立前敌委员会和加强集体领导。在人事上，曾中生被任命为西北革命军事委员会参谋长，张琴秋被任命为方面军总政治部主任。小河口会议使张国焘的家长式作风有所收敛，大家对他的意见有所缓和，内部团结有所加强。在张国焘仍然担任党中央代表的情况下，小河口会议能开成这样，是比较理想的。为以后进军川北，创建川陕苏区创造了有利的条件。

小河口会议之后，部队向南开进，为确定今后部队的行动方针，在陕西南部的西乡县钟家沟召开团以上干部会议。经过热烈讨论，大家一致赞同进军川北，开辟川陕根据地。

红四方面军到达川北大巴山区，用了不到一年的时间，创建了一块新的革命根据地——川陕苏区。1934 年 1 月 21 日，毛泽东在江西瑞金召开的中华苏维埃共和国第二次全国代表大会上所作的报告中称“川陕苏区是中华苏维埃共和国第二大区域”，“是扬子江南北两岸和中国南北两部间苏维埃革命发展的桥梁”，“在争取苏维埃新中国伟大战斗中具有非常巨大的意义和作用”。

当红四方面军在大巴山区站稳脚跟的时候，张国焘在《中共川陕省委关于保卫赤区运动周的决议》中提出要“加深红军中的肃反”，实际上这是借口，张国焘要对在小河口会议上给他提意见的同志“秋后算账”。张国焘为此找张琴秋谈话，要她揭发曾中生等同志。张琴秋不但认为没有什么可揭发的，而且还为提意见的同志们据理力争，抵制了张国焘的要求。张国焘在盛怒之下，转天便宣布撤销张琴秋总政治部主任的职务。这个决定并未经党组织集体讨论，也没有见诸文字。

张琴秋被降职使用，引起许多同志的愤愤不平。但她胸怀坦荡，始终以大局为重，绝不计较个人得失，干什么工作都行。她打起背包，来到新解放的红江县任县委书记。她带领广大干部、群众，使红江县的妇女工作、扩红支前工作、组建地方武装等工作都出现了崭新的局面，巩固了新生的苏维埃政权，受到了川陕省委的表扬。

1933 年 3 月，张琴秋奉红四方面军总部命令，筹建一支比较正规的妇女武装，成立了有 400 余人的妇女独立营，由陶万荣任营长，曾广澜任教导员。按照方面军总部的规定，妇女独立营承担的任务是：保卫后方机关、医院和仓库，清剿土匪，运输武器弹药和其他军需物资；转运伤病员。1934 年 3 月，在此基础上，又扩编为妇女独立团，由张琴秋任政委，团长由曾任妇女独立营政委的曾广澜担任，陕南战役前夕，张琴秋接任团长职务。

为了完成这些任务，要在短时间内使农村妇女成长为红军战士，是不容易的。张琴秋颇费心思，首先着重干部培养教育和对部队进行军风军纪整顿。为提高军事素质，还请求方面军总部把秦基伟同志调来任军事教官，训练队列动作、射击、投弹、刺杀和利用地形地物，组织小分队战术演习，妇女独立营的军事素质很快有了明显的提高。

在反敌人“三路围攻”中，张琴秋领命率领妇女独立团五百名战士，护送红四方面军总医院三百名伤员到后方。女战士们冒着蒙蒙细雨抬着伤员，踩着泥泞小路，走了三天三夜，来到竹子坝。她们还没来得及休息，就与四川军阀田颂尧的左路纵队刘汉雄独立师一个团的敌军相遇。且敌我双方兵力和武器装备悬殊，严重威胁到伤员们的安全。张琴秋沉着果断，命令全体战士跑步抢占山头，并把所有能打响的火器集中起来，分配在有利的地形上；张琴秋强调没有她的命令，谁也不许放枪。当敌人进入战士们的射程时，张琴秋一声令下，全体一齐开火，打得敌人晕头转向，以为遇到了红军主力。张琴秋抓住时机开展政治攻势，让四川籍干部战士喊话：

“中国人不打中国人。”

“红军是打日本的先锋。”

“川军弟兄们欢迎你们到红军中来，一起来抗日。”

一句句口号声在山谷里回荡，四川军阀部队的士兵本来就不愿打仗，现在又听到看到对手是一群妇女，都发愣了。川军团长一次又一次命令士兵射击，但无人执行。团长气急败坏，手提机枪督战，士兵们大哗。一名下士大声质问团长：“我们放着东洋人不打，打自家人。更没见过男人跟堂客（妇女）打仗，把这些婆娘打败了，算是哪一路英雄好汉？”敌军团长恼羞成怒，开枪打死了这个下士，顿时川军士兵群情激愤，内部大乱。张琴秋看在眼里，又抓住时机发动喊话：

“军官打死人了，川军弟兄们，掉转枪口吧……惩治残杀士兵的军官，欢迎你们到红军中来。”

川军内部更加混乱。张琴秋抓住有利战机，带领全体战士勇猛冲进川军队伍，把川军团长和几个营长统统抓了起来，缴获了全部武器装备。

当天夜里，红四方面军总部发来了嘉奖令，捷报传遍了整个川陕苏区。当时的《中国论坛》杂志转载了成都报纸上发表的“五百农妇缴一团白军的枪，女将军张琴秋指挥如神”的新闻，苏区的妇女武装和张琴秋指挥打仗智勇兼备的故事在国民党统治区广为流传。同年 12 月，在莫斯科召开的共产国际执委会全体会议上，王明代表中共中央作中国革命形势报告，把“五百农妇缴一团白军的枪”作为中国妇女积极参加革命斗争的事迹加以介绍，使世界各国人民更了解中国苏区及其妇女武装的伟大革命精神和力量。

1935 年 5 月，红军长征进驻四川、西康交界的杂谷脑镇，奉命就地筹备粮食、盐巴、茶叶、牛羊等，为即将与中央红军会师做准备，这是一个艰巨的任务。这里是以藏族为主的各民族集聚的地区，情况很复杂，人民生活十分困难，加上对红军很不了解，反动势力更是不断进行破坏，常有女战士外出活动时遭到冷枪袭击。

张琴秋十分重视执行党的民族政策和宗教政策，要求女战士们接近群众了解民情时遵守当地风俗，宣传党的民族政策，密切和群众的关系。女战士们经过建立川陕根据地的锻炼，个个都能做群众工作，很快和群众熟悉起来，并了解到当地的重要情况。

距杂谷脑约有 5 华里的大山里，有一座喇嘛庙，正被四川军阀刘湘的一支部队和一伙反动的武装喇嘛占据着，他们敲诈勒索藏民，要藏民给他们送粮送盐，因此庙里囤积了不少粮食和盐巴。战士们纷纷要求消灭这伙匪徒，张琴秋很重视这个情况和战士们的要求，但事关党的民族政策和宗教政策，经过一番考虑，前往方面军总部请示汇报。总部领导同意张琴秋的作战要求，但因主力红军担负重要作战任务，消灭喇嘛庙之敌的任务只能由妇女独立团单独完成，为了稳妥起见，方面军总部委派红军三十三军军长王维舟和张琴秋共同指挥作战。

张琴秋首先派出一团二营副营长带领侦察小组观察地形，结合了解的情况汇总分析：喇嘛庙里敌人总兵力约一百人，我军兵力占优势，但敌人武器弹药充足，喇嘛庙居高临下，墙高壁厚，易守难攻。她采纳了侦察小组的建议，制定了将全团兵力分为三路，两路正面佯攻引敌出庙、一路背后迂回居高往下打的作战方案。为减少伤亡，她还命令部队夜间接近敌人，在敌前挖掘工事，打哑巴仗，不暴露女兵身份、保护喇嘛庙里宗教设施等事项。

王维舟军长对作战方案和部署很满意。他在战前动员时强调：要执行好党的民族政策和宗教政策。我们反对的不是藏民，也不是喇嘛，而是隐藏在喇嘛庙里的反动军队，这一点在执行任务时要特别注意。随后，张琴秋对这次作战的全过程进行了周密的部署。

战斗打响了。正面佯攻的部队首先对敌火力侦察，敌人从不太猛烈的枪声中误以为我军兵力单薄，就转守为攻。敌人冲出庙门，向女战士们扑过来。女战士们严格执行张琴秋战前的命令，依据深夜挖好的堑壕，不吭一声，不慌不忙，敌人离得远就用步枪射击，离得近就扔手榴弹，敌人第一次冲锋被打退后，又组织第二次冲锋。正在紧急关头，山顶上传来冲锋号声，响起了密集的枪声，迂回部队按照作战方案，从喇嘛庙背后向下压了过来。敌人遭到上下夹击，阵势大乱，慌忙退入庙内，紧闭庙门。女战士们把喇嘛庙团团围住，战斗持续了一天一夜，川陕省委保卫局妇女看守队也闻讯赶来支援。这时，庙里突然烟雾弥漫，火光冲天，原来敌人眼看守庙无望，就放火烧仓库。张琴秋命令一个战斗小组贴近庙门，用一根大圆木撞开大门，冲了进去，全歼守敌。并迅速扑灭大火，抢救出大量的粮食、盐巴，很好地完成了总部领导下达的筹粮任务。

战斗胜利结束。张琴秋在现场进行总结，她对在战斗中表现突出的连、排、班长和战士如数家珍一一提名表扬。

王维舟军长高兴地说：来之前，方面军首长特意要我注意两件事，一是帮助你们避免不必要的伤亡。战斗中，你们从张团长到战士都很机智勇敢，以很小的代价把敌人全部歼灭，和男同志相比，毫不逊色。尤其是你们张团长，指挥打仗，胆子大，心又细，使我感到很放心。二是严格遵守党的宗教政策、民族政策。我看到你们打进庙里以后，只对顽抗的敌军给予坚决打击，对庙中一切宗教设施，都加以保护。这两件事我都可以很好的向方面军首长交代了。

当天晚上，方面军首长对女战士们这次战斗的胜利传令嘉奖。

红色基因

外婆离开我们已近半个世纪，回想我们与外婆一起生活时年龄不大。外婆逝世那年，我们分别是 11 岁、8 岁和 2 岁半。尽管那时我们还小，但外公外婆血脉的传承、外婆平时对我们严格的教育深深地影响着我们的一生。

外婆对于我们既慈祥又严格要求：如要做诚实的人、不要怕困难、要勇敢承认错误、要尊敬他人、对家里工作人员要有礼貌、不浪费粮食、掉在桌上的饭粒要吃掉、提倡艰苦朴素、穿补丁衣服、自己的事情

1963 年 4 月，湖北红安人民将丈夫沈泽民（茅盾之弟）的遗骨移葬于红安县烈士陵园。张琴秋和女儿张玛娅应邀参加了迁葬仪式

自己做、不坐外婆的公车、互相谦让互相帮助等等，我们当时还有些委屈，后来才深深感悟到外婆的良苦用心！她用这样的方式深深地爱着她的血脉后代！她用这样的方式赋予我们遭遇生活艰辛时顽强生存的能力！她用这样的方式潜移默化地将红军精神的种子种在我们幼小的心灵里！

为外婆平反昭雪后（“文革”中受残酷迫害，张琴秋含冤逝世，1979 年平反昭雪——编者注），我们得以从各个渠道知晓外婆跌宕起伏的革命经历，我们的内心十分震撼！外婆是一位让我们敬仰的红军女将领！是一位始终顽强不屈、忠诚于共产主义信仰的女革命家！

外婆没有给我们留下什么物质财富，但外婆一生实践的并且通过妈妈传承给我们的家风“忠诚”“奋斗”是养育我们并且赋予我们精神力量的宝贵财富。

外公外婆的革命实践告诉我们，这就是信仰的力量！对党的忠诚，源于对革命信仰的忠诚。无论在残酷的战争年代，还是在新中国成立之初百废待兴的建设年代，外婆始终如一地胸怀坦荡、持守正直、勇于担当、甘于牺牲、顾全大局、忍辱负重、坚忍奋斗！

在外婆离开我们以后，我们生活得很不容易。在那艰辛困苦的岁月里，外婆为我们播下的红军精神的种子在我们幼小的心里生根、发芽！这力量赋予我们在黑暗逆境中的尊严和自信！使我们小小的年纪在“种子”的引领下，保守正直战胜困苦向着光明成长！我们的父母持守着外婆的家风，在工作岗位上正直磊落做人、勤恳奉献工作。从父母的言传身教中，我们感受到“忠诚”“奋斗”家风的内涵，家风激励我们努力地为祖国的强大而奋斗。我们从成长的经历中深深地感知，外婆从没有离开过我们！

（外孙刘秉宏，外孙女刘竞明、刘竞英）

“杜坚决”杜义德

杜义德，湖北黄陂人，1912年5月10日出生，1927年参加革命，1929年参加中国工农红军，1930年加入中国共产党。1935年1月，任红四方面军总指挥部参谋，5月参加长征。新中国成立后，历任志愿军第三兵团副政委、政委，沈阳军区副政委兼旅大警备区政委，海军第二政委，兰州军区司令员。1955年被授予中将军衔。2009年9月5日逝世，享年98岁。

长征路上

1935年5月，红四方面军长征刚开始，我由九十一师政委被调到徐帅身边当作战参谋。6月中旬，红一、四方面军懋功会师后，我任红四方面军直属中队司令兼四局局长。

1936年8月5日，《岷洮西战役计划》发布。从5日至12日，各纵队先后由川北包座地区出发，向甘南挺进。当时，徐总安排我去四军十师具体传达战役计划，了解战前准备情况，并协助十师师长余家寿、政委叶道志指挥攻打洮州旧城的任务。

岷洮西战役结束后，我又回到了四方面军直属纵队，率领所属部队，随方面军指挥部沿通渭、马营、华家岭、中川、阳坡湾之路线，日夜兼程，向会宁挺进。

此区处在黄土高原，到处是裸露的荒山野岭和干旱的原野。这个地方，历史上受尽了地主官僚、军阀土匪的搜刮掠夺，生产萎缩，人民生活非常困苦。这里的地形，我们都称它山是倒长着的。看去一马平川，但是走着走着，就遇上了上下10多里的深沟。站在沟边，可以相互谈天，但是跨过沟去，就得半天工夫。部队行进在荒凉的原野和陡坡峡谷中，增加了疲劳。几天的急行军，又饥又累，行军速度也就渐渐地缓慢下来。我翻身下马，停在路边查看了一下地图，提高嗓门说："同志们！还有百十里路就到会宁了，我们就要和党中央，和一方面军会合了。同志们！加油啊！"这话音就像一股旋风飞掠过去，队伍里马上沸腾起来。同志们听到就要和党中央会合了，这是日日夜夜盼望的事啊！现在可盼到了，多么激动人心的消息，谁不高兴呢！一切疲劳和困苦全都飞到九霄云外，只见同志们像脱弓的箭似的甩开大步，唰、唰、唰地赶路了。

这天夜里，天空闪烁着数不清的星星，大地沉睡着。深秋的夜风拂面，已觉得很冷了。然而，人们日夜盼望的同一方面军会师马上就要实现了，每个人的心都随着飞快的脚步兴奋地跳动着。急速的行军使同志们身上都冒着热汗。天将放明，我驱马赶到了队伍前头。

“哎呀哩，毛主席领导好主张，打得敌人叫爹娘，哎呀哩……”前面传来一阵歌声。

“兴国歌！兴国歌！”大家一阵欢呼。这是根据地流行极广的民歌，已经很久没有听到了。如今，忽然听到它，感到十分亲切。有人情不自禁地学着江西老表的腔调呼唤着：“哎！同志哥哟……”

前面不远的山包上，有二十几个人正蹲着边擦武器边唱着，听到喊声，一起站了起来，迎着我们边跑边喊：

“同志们！辛苦了！你们是四方面军的同志吧！”

“是啊，是啊！你们是一方面军的同志吗？”

“是啊！”两边激动地回答着，对跑着。我们有的同志搁下挑子，有的把枪往背后一推，就扑了上去……阶级兄弟的手紧紧地握在一起，革命同志的心紧紧地贴在一起。激情的拥抱，表达了长久的思念，跳动的心声，倾诉着漫长艰辛的历程。

他们兴奋地对我们说：“是党中央、毛主席命令我们打下会宁城来迎接你们的。”多么亲切的声音，多么深挚的感情。同志们再也按捺不住自己快要跳出胸膛的心，笑啊！跳啊！手拉手地转起圈圈来。后边的同志也都赶上来了，整个山包一片欢腾。同志们争抢着挑挑子、扛枪、背背包……我完全被这种气氛感动了。当时那个心里头啊，就甭提有多高兴啦！我竟把他们中间一个小战士抱起来转了几个圈，然后把他扛上我骑的马背上，让他骑骑马。他不好意思的从马背上滑了下来，很有礼

1996 年 10 月 10 日，红军三大主力会师 60 周年纪念日，杜义德偕妻子齐静轩（右三）、女儿杜红（右二）专程赴甘肃会宁参加纪念活动

貌地说：“首长，还是您骑马。我年轻，走得快！”看到大家那个高兴的样子，我激动地说了声：“我们快与党中央会合吧！”部队就像决了口的洪水，浩浩荡荡地向会宁城涌去。

时值 10 月 9 日，我直属纵队随方面军指挥部由南门进入会宁城，与一方面军的部队会合了。同日，一直随红四方面军行动的朱总司令率红军总司令部也抵达会宁城。同时到达的还有红四方面军红军大学和步校 3000 多名学生，以及第四军和三十一军。

不久，红二方面军也经天水地区渡过渭河，经秦安、通渭和会宁东南部到达静宁以北的将台堡同红一方面军一军团会师。至此，全体红军战士渴望已久的三个方面军的大会师，终于实现了！起伏的山峦为之欢呼，纵横的沟壑为之欢笑。人们高呼着：

“中国工农红军万岁!”

“红军大会师万岁!”

会宁城内，万象更新。到处是一簇簇人群，到处是欢声笑语……使这座偏僻的小山城空前地热闹起来。多么激动人心的会师啊！人们悲喜交集地拥抱起来，手挽手地走来走去，兴高采烈地互赠礼品，互相倾吐着盼望之情，互相谈论着一路来的艰辛，互相询问着其他同志的下落……同志们为能够再次重逢而庆幸。

是啊！尝尽离别苦，备觉会合甜。这是发自内心的话语。在那种场合，在那样的气氛中，谁能不激动万分、不欣喜若狂呢!？我当时只觉得，好像长期飘零在外的孩子回到了父母的身边，有靠头了，有自由了，感到非常温暖。那个高兴劲呀！真是没法用语言来表达。

红色基因

我是在 1949 年元月 18 日和杜老结为革命伴侣的。那时，他已经是中原野战军第六纵队政委，而我才是一个参加革命队伍不久的新兵。我与他生前风雨同舟共同走过了六十多个春秋，但从来没有直呼他“义德”或“老杜”。因为，我一直认为他是我在革命道路上的导师，甚至严如父兄，更主要他是我的首长，我曾在他的部队工作过 25 年多。我尊敬他，不仅因为他是开国将军、国家的功臣。更因为他是一个心底坦荡、无私无畏、热爱家庭、热爱生活的人。

无论战争年代、还是和平年代，他从来不考虑自己，一事当先，以党、国家和人民的利益为重。新中国成立了，一家人总算和和美美地生活在一起了，他又服从命令去朝鲜战场。从陆军到海军，再从海军到陆军，他从来没有一句怨言。党和国家的需要就是他的选择。“文革”期间，他遭到迫害，三个大女儿分别到内蒙古、陕北和天津插队，我们带着4个年幼的孩子下放到江西和浙江。他说：“我本来就是农民，大不了再种地养活你们”。他种地、放鹅、做煤球、买菜、做家务，还常帮助搬运工运石头，还总是安慰我：“要相信毛主席、相信党中央！”他对生活乐观的态度感染了我和全家。

在生活上他要求勤俭节约，一辈子坚持着装简单。他常说：“新三年，旧三年，缝缝补补又三年。”在我们这个多子女的家庭，常说省下钱要照顾贫困亲友、家人和部下，还可以支援贫穷地区。他就是这样，要求别人做到的，首先自己做到。

虽然他离开了我们，但是我觉得他依然和我们在一起。他的精神和风范，将伴随我的一生，也将教育子孙后代，永久传承。

（妻子齐静轩）

我们是杜义德将军的大女儿和二女儿，现在是退休军人。2009年秋季，为了体验当年的红军生活，我家姐妹三人同几个朋友重新走了红军长征发源地四川省甘孜和阿坝等地区。由于路况很差，我们一行人乘坐的几台大型越野车在高低起伏的山路上颠簸着，一直都开不快。10月的雪山草地气候瞬间多变，时而天空一缕阳光，时而天色忽暗漫天风雪扑面而来，加上高原的缺氧，给人以强烈的压抑感。同行的向导告诉我们：“当年的红军战士缺吃少穿的，上雪山前必须要喝大量的辣椒花椒水才能挺住。”我们问：“翻过这座雪山就到头了吧?”“哪里啊，这样高的雪山（海拔4000多米）要连续过十几座才能到。当年国民党追兵也追到这儿了，因为翻不过山，草地也走不过去，最后落得无功而返。”

1978年1月，杜义德夫妇和孩子们在海军后勤小院住宅前合影。前排左起：杜晔、齐静轩、杜义德、杜平；后排左起：杜伟、杜晓京、杜梅、杜红、杜军

向导回答道。

我们几个蜷缩在保暖服里，想象着衣着单薄、饥肠辘辘的红军将士们在前有天险后有追兵的情况下一路走过这炼狱般的场景，仿佛身临其境，心里受到的震撼无法用语言来表达和形容，也开始读懂了父亲那一代人。他们出身于普通的劳苦大众，怀着朴实的阶级感情在中国共产党的引导下走到了一起，为了共同的理想和信仰他们风寒露宿，浴血奋战，勇往直前。就像当地人所说的那样："如果这样勇敢的军队都打不下天下，还有什么样的军队能打下天下呢？"

（女儿杜晔、杜平）

我是杜义德将军的小女儿，排行老五。曾见过一位军旅作家写道：开国中将杜义德，湖北黄陂人。将军作战，狠且准，勇且猛，攻如锥，守如钉，尤善夜战，人称“夜老虎”，又称“尖黄陂”。凡受领作战任务，将军“坚决”不离口，或曰：“坚决执行命令”；或曰：“坚决完成任务”；或曰：“坚决克服困难”；或曰：“坚决消灭敌人”。故有“杜坚决”之绰号。

的确，无论是作为一个军人，还是作为一个党员，父亲都是不折不扣的“杜坚决”，在战场上服从军队纪律，在工作中服从党组织安排，一切以党的利益为重，从不计较个人得失和恩怨。父亲的一生跌宕起伏，颇为坎坷，红军时代曾被张国焘缴下了枪，一个师政委被派当作战参谋；西路军兵败后几经艰辛走回延安，被押禁月余接受组织审查；“文革”期间曾被判为“三反分子”，有五年被剥夺工作权利，关押受审，全家老少衣食拮据跟着父亲受了不少磨难。但难能可贵的是，我们从未听到他说过任何怨言，从未见到他对组织有过任何质疑、对其信仰有过任何犹豫。每一次受挫复职之后，换来的是父亲事业上一个又一个成就，每一次的成就又奠定了他对党组织更坚定的信仰。父亲的这种“坚决”，成就了他也教育了我们，我们七子女每人都加入了中国共产党，坚定不移地服从组织、坚定党性、热爱祖国，全心全意为人民服务。

1976 年我入伍参军，第一次离家远赴部队。百忙之中的爸爸常常亲笔书信给我，他在信中写道：“小红：你已走上社会，为人民服务，为社会主义事业服务。我们希望你做一个光荣、伟大、正确的中国共产党党员，更好地接受党的教育，更多地受到严格组织锻炼，更自觉地在三大革命运动中贡献自己的一切。”“一个人要进步，仅靠个人努力（这是主要的）还不够，还应该努力地向革命先辈学习和向革命的先烈，也还要向全体革命干部和群众学习。做一件好事不难，做一辈子好事就难。在学习工作时有成绩就要防止骄气，在学习工作时有缺点就要防止泄气。胜不骄，要经常严于解剖自己，保持谦虚谨慎、天天向前。”父亲对我的教育，成为我一生的座右铭，几十年来一直严格要求自己，不断地学习和提高，先后完成电子通信工程专业学士学位、工商管理硕士学位和心理学博士学位的学习，并成为外资通信企业中的一名高级管理者。

我从小成绩优秀，一直是父亲的骄傲，加上是家中幼女，颇受他的宠爱，他从未对我大声呵斥过，一个叱咤风云的大将军见到小女儿往往千依百顺、呵护不已。20 世纪 80 年代中国开始了改革开放，我所在的海军某部也组办了开发公司，领导任我为该公司常务总经理，主营对外技术开发。那些年父亲已从兰州军区司令员的岗位上退居二线，任中顾委委员。一日，父亲召开全家会议，严肃地说：“组织规定凡中顾委委员的子女一律不允许经商，我们家谁违反了这项规定我就会与他断绝关系。”父亲的训话震动了在场的每一位子女，而我更是心知肚明，知道他是对我说的。为了组织原则他不顾父女之情，为了遵守党的纪律他不惜伤及最心爱的女儿！会后，我急速请单位党委开了一封证明信，证明杜红同志在负责开发公司工作期间遵守党纪国法，没有违反组织规定的行为。收到信后，我爸爸严肃了多日的脸转阴为晴，又开始嘻嘻哈哈地和孩子们打闹了。

在长征途中，1935 年 3 月底红四方面军要渡过嘉陵江，总指挥徐向前任命杜义德为渡江总指挥，爸爸领命后立即组织人架设浮桥，指挥部队安全渡江。但因为浮桥有限，且承重不高，爸爸命令只能人走浮桥，骡马不能上桥。谁料没过多久桥上就出现了骚乱，原来是名将王近山的部队不顾渡江命令，拉了一批战马上了浮桥，其中有两匹马的蹄子陷进桥缝拔不出来，一时间挡住了后边渡江部队，严重影响了渡江速度。爸爸不由分说拔出手枪砰砰射向战马，战马滚进江中，渡江道路打

2009 年 10 月，杜义德和寇庆延子女等重走川西北红军长征路，在小金红军会师广场合影。左二寇南南、左四寇东东、左五杜红、左六杜晔、左九杜平

通了，渡江部队继续前行。当时火暴脾气的王近山和爸爸争吵了起来，双方都掏出枪来对着大喊，好在徐向前总司令闻讯及时赶来，才拉开了这两名战将。再后来，爸爸与王近山成为一对战场上的好搭档，在解放战争和朝鲜战争中共同指挥部队打下很多辉煌的战役，这是后话了。

严格组织纪律，坚决服从组织，爸爸榜样的力量深深地影响了我们，子女们也是这样做的，并贯彻一生。我出校门经历过当兵、当工人、科技开发、市场管理、企业管理等，时常遇到需要个人服从集体和行动服从组织纪律的事情，战士要服从班长的管理，工程师要服从项目小组管理，企业工作中更是要遵从公司管理流程。这些惯常的道理对一个从小受父亲和家人宠爱、自视清高的人来说并不容易，每每遇到个人意见与组织要求相左时，我就会想到我的父亲——一个以服从命令为天职的优秀军人，就会调整自己的情绪，不能个人意气用事，要服从组织决定，加强团队合作。我也常常会对企业中的年轻人讲述“杜坚决”的故事，提倡团队精神，严格企业纪律，大家精诚团结，争取更大成功。

（女儿杜红）

我是家中的长子，排行老六，1977 年入伍，1989 年转业，1990 年来到澳大利亚，现在在悉尼一家国际公司任财务经理。

自 1929 年参加红军后，爸爸就一直在一线作战部队任职，既当过大兵团政委，又任过大军区司令。小的时候，我经常“潜入”爸爸的书房，翻看大大小小的勋章、奖章、纪念章，印象最深的是由毛主席亲自颁发的一级八一勋章、一级独立自由勋章、一级解放勋章，以及朝鲜一级独立自由勋章及一级国旗勋章，很大，很漂亮。

一路征程，爸爸直到新中国成立前夕才在二野六纵李德生旅长的张罗下，与学生兵齐静轩同志喜结良缘，之后相继有了五朵金花和两个小子。经历过太多的腥风血雨，对天伦之乐的理解，比常人更深刻。爸爸对子女的关爱，也是通过自己特有的方式传递和表达的：当年的“杜家军营”是按长幼来分上下级的，长管幼、大统小，一级一级往下排。我和弟弟是家里最小的，身上永远穿的是从“上级”传下来补丁加补丁的衣裳——虽然旧，但都是干干净净的。

在父亲的教育和影响下，我 16 岁初中毕业就参军到了部队。临行前爸爸叮咛我：要艰苦奋斗，要夹着尾巴做人。妈妈偷偷给我塞了 5 块钱，打从我记事以来，父母就给过我这 5 元零花钱。来到部队后，我既要站岗、出操，又要喂猪、盖房。入伍第二年，我在部队参加施工的时候，被坠落的木头砸昏了，不仅造成头颅骨裂，还砸掉了好几颗门牙，被送往医院抢救。海军总医院给家属报病危通知书时，才知道这个小兵是海军杜政委的大儿子。

1980年，我参加全国高考，以海军部队华北区第一名的成绩，考进了海军大连水面舰艇学院。毕业后，我来到北海舰队某驱逐舰支队上了舰，风里钻，浪里滚，钻研业务，毕业没多久就干到了北舰指挥舰航海长，常常在业务比武中夺魁，成为舰队的技术业务骨干和尖子。离休进入中顾委的爸爸和老战友许世友到北舰视察，我向他们头头是道如数家珍地介绍诸多海军现代化装备。想着当年凭几支梭镖几把大刀闹暴动的年月，两位泥腿子出身的战将不禁感慨万千。

爸爸在战争时期养成的一个习惯就是走路，大步流星。小时候，我同爸爸一起散步，总要小跑步才能跟上。几十年过去了，他的很多成就，就像跟他行路一样，儿子只能望其项背。但他的优秀品行，随着我们一步步走着自己的人生，成为了我们每一阶段的楷模，受益无穷。

（儿子杜军）

“硬骨头”寇庆延

寇庆延，河南新县人，1912年4月26日出生，1928年参加革命，1931年参加中国工农红军，同年加入中国共产党。1935年5月，随红四方面军参加长征。新中国成立后，历任中共湖北省委社会部副部长兼公安厅副厅长，广东省公安厅厅长、省人民检察院检察长，中共广东省委政法委主任，广东省副省长，中共广东省顾问委员会主任。2016年6月12日逝世，享年105岁。

长征路上

我出生在河南新县陡山河乡白马山村寇家湾一个农民家庭，自小家境贫穷，懂事后以放牛为生，14 岁做了地主的佃户。父亲寇立培早年在保定上学期间接触过进步思想，回乡后办了个私塾，校长、老师一肩挑，我边放牛边在父亲的私塾里上了三年半学。

为什么要参加革命？参加共产党？因为穷，没有活路。受父亲的影响，我 16 岁就走上了革命道路。1931 年农历正月初三，我妈妈亲自送我到红安县七里坪参加了红四方面军，杜义德是我的老班长。同年转为共产党。我认为红四方面军是大别山起家，大巴山发的家、太行山成的家。仅仅在大别山时期，我先后失去了五位亲人，其中有四位是烈士。

第五次反“围剿”失败后，红军开始长征。一、二方面军过了一次草地，我们过了三次。一次，我眼睁睁看着前面的战友踩在稀泥里，慢慢就被泥潭吞没了。长征中最难最苦的是什么？是不分白天黑夜地打仗，是吃了野菜、野草、皮带后仍然难挨的饥饿啊！

红军整个长征途中，要经历打仗，更多的是行军。在经历长时间的艰苦跋涉后，伤病员多了，又缺医少药，没吃没喝的。过草地时红军将士吃的是野菜、草根、树皮。有的野菜有毒性，吃下去全身发肿，嘴唇发乌。寻找能吃的东西是艰难的事，也是危险的事。走在前面的同志有个基本的任务就是尝试吃野草，发现有能吃的就赶快通知后面的部队。师团以下指挥员的坐骑都宰杀了，到最后，把牛皮做的腰带、马鞍和皮鞋都煮了吃了。当时，部队流传《牛皮腰带歌》：“牛皮腰带三尺长，草地荒原好干粮，开水煮来别有味，野火烧熟分外香。一段用来煮野

革命年代的寇庆延夫妇

菜，一段用来熬鲜汤，有菜有汤花样多，留下一段战友尝。”听起来很美，但实际上经过再三火烧、水煮，又没有盐，苦涩难咽。殿后的部队更加困难，因能吃的野生植物被前面的部队一扫而光，实在没有什么可吃，吃前面部队拉在路上的青稞粒……那种刻骨铭心的饥饿，是人一辈子都不会忘记的。

长征中最难忘的，是我被作为“改组派”差点被枪毙，是朱老总枪口下救了我。

1936 年 10 月，我任 31 军 91 师司令部侦察科科长。按师司令部的部署，我带一个侦察连到甘肃武都与天水之间执行任务：一是筹集资财，二是扩大红军队伍，三是侦察敌情。当时国民党第 3 军的军部驻在武都县城，侦察连住在一个逃跑的地主家里，离乐门镇有 15 华里。一天，我带着一个排与供给处股长一起进镇里采购物资。先派半个班在镇外边小山岗放哨，我和通信员进入商店和店主商谈，突然，敌人冲进街，用整整一个营的兵力包围了我们。激战中，两个班的红军战士壮烈牺牲。我带着 6 名战士突围跑回驻地。第二天，我被带到师部，交给保卫局五花大绑关押起来。

受“左”倾肃反路线的影响，起初怀疑我“生还有诈”，继而认定是“改组派”。军部发电报给朱老总，说我是反革命，要求枪毙。总部机要参谋陈明义（是我在保卫总局时的战友，解放后任成都军区副司令员）收到电报，忐忑不安地交给朱老总，瞪大眼等着朱老总表态。朱老总看完电报非常生气：“哪有这么多改组派？不能杀。”因朱老总回了电报，就把我从保卫局转到军法处，这一转就把敌我矛盾转化成了人民内部矛盾。死罪免了，活罪难逃。被判处“三年徒刑，苦力代替，开除党籍3个月”。判决后，我被放到31军政治部油印科，背了3个月的油印机。

类似这样的生死磨难还有两次。

一次是1933年任川陕省苏维埃政府政治保卫总局秘书长期间，得了伤寒病昏迷，部队用担架把我抬到离通江约100华里大巴山脚下叫苦草坝的总医院，等醒过来才知道自己已昏迷三天了。住院治疗了两个月，头发、眉毛全掉光了，浑身上下脱了一层皮。原来认识的，见到我就问：“你是谁？”

另一次是1940年秋，我担任129师新四旅锄奸科科长，身染病毒性痢疾，吃什么拉什么，最后拉的是血和脓。多亏了杨奇清（后任公安部副部长）让夫人肖彬送了5块大洋，给我买营养品滋补身体。

5块大洋今天说来微不足道，但在那时却是他一个月的津贴呀！对我来说简直就是救命钱。新中国成立后，我每次到北京，都要到杨奇清家谢恩。

红色基因

听党话，跟党走。学马列，意志坚。

爱祖国，多贡献。创业绩，争在先。

讲道德，祖先传。守法纪，做范模。

讲科学，敢为先。遇挫折，勇向前。

讲友谊，不虚伪。要警惕，谨防奸。

讲卫生，不抽烟。须勤奋，不懒散。

对己严，待人宽。树家风，代代传。

这个《家风传》是父亲写的，父亲常说：人有人性，党有党性，一个共产党员任何时候都要对得起这个称号。这是他的人生信仰，对我们起着关键的影响作用。所以，父亲要求我们每一个家庭成员都要背会这个《家风传》，而且要求一家家背，一个个说明白，谁也别想侥幸。更有心的是，父亲让孙子辈给他读，讲个人理解。孙子辈中，老五家女儿寇璇讲得最好，受他表扬了。

我们六兄妹，无论是毕业分配，无论是当兵，无论是转业、复员，他对我们的要求就是一句话：服从组织分配！他不仅不会为我们的事开口，也绝不准身边的工作人员去讲，这就是他一贯的作风。

我在家排行老大，老大嘛，毕业分配自然比其他兄妹早。1968 年，我积极响应号召，主动要求到边远的地方工作，但长这么大第一次离开父母，心总放不下他们二老。在征求父亲意见时，父亲热情地鼓励我说：不要有顾虑，放心去吧。

1983 年我调往深圳工作时，父亲特地为我写了一幅字："孺子牛"。当时的深圳，条件相当艰苦，并非当今繁华，尤其是电信行业，几乎为零。他是以此来勉励我们到深圳后发扬艰苦奋斗、甘当老黄牛的精神为深圳特区奉献自己的力量。至今，这幅字我们一直挂在客厅的墙上，它让我们时刻铭记他老人家的教诲。

当时发展中的深圳，百废待兴，物资紧缺。社会在向前发展，电信这行成了香饽饽，安装电话供不应求。我爱人当时在深大电话公司

2011年4月26日，寇庆延生日时全家合影

工作，负责审批安装电话。有人向我爱人提出：如能给他装部电话，他将给我爱人一块地。这真是不可思议的事！凭着手中的小权，给还不是给？这可是块人们梦寐以求的地哟！巨大的诱惑面前，我爱人忐忑不安起来，问我要不要这块地。我望着墙上老爸题的字，似乎在郑重地提醒我们。我对爱人说："不能要。"最后，我爱人拒绝了诱惑，坚持了按章办事的原则。在深圳，像这样的诱惑和发财的机会很多很多，但我始终选择了清清白白做人，踏踏实实做事。

（女儿寇映红）

我在家排行第三，在家中属于比较活跃的。针对我的个性，父亲非常严肃地告诫我和弟兄们：你们要遵纪守法，不要搞邪门歪道，我是搞政法工作的，出什么事我可是六亲不认的。《家风传》中的"讲友谊，不虚伪。要警惕，谨防奸”，恐怕更多的是针对我所下的训示。

父亲的告诫，成了我们承传红色基因的动力。我与几位红二代的同学组织了两次重走长征路，一次从红四方面军所在地阿坝、甘孜出发，另一次从韶山出发。每次重走红军路，都让我相当震撼：红军的艰苦、红军的坚毅、红军的信仰、红军的智慧，都给了我极大的正能量。所以我越发坚信这样一个真理：只有共产党才能救中国！只有共产党才能建设好新中国！

听党话，跟党走，是我家的铁律。

（儿子寇南南）

我在家排行老四，弟弟们称我为二姐。我于 1969 年入伍，1998 年转业到地方。在面临第二次就业的关键时候，我自然希望父亲能向有关部门打个招呼、关照一下。父亲看出了我的心思，他心平气静、语重深长地对我说：你不要拿我做靠山，要服从组织决定。最终，我被分配到一家企业医务室工作。单位改制后，父母年事已高，我就内退下来在家照顾父母。

父亲对我们兄妹的思想教育，是尽心、公正、一贯的，这点我记忆犹新。1965 年，轰轰烈烈的“四清”运动在全国各地展开，父亲“四清”工作的联系点是在当时宝安县（深圳）的蔡屋围。他按党的指示深入到基层与农民“三同”。暑假期间，他把家里三儿子南南、五儿子广广、六儿子东东叫到蔡屋围劳动锻炼，与“三同户”一起吃、一起下田劳动，晚上住到破旧的老碉楼上。此举让我深受教育，父亲意在让我们时刻把人民记在心上，记住他们的疾苦，记住他们的需求和创举，让我们老老实实向人民学习。所以我们寇家的孩子待人总是真诚、热情、善良。至今，我们还常惦念着父亲在蔡屋围的“三同户”。

父亲要求我们很严，几近苛刻。可对百姓疾苦和需求，却常挂心间。父亲退居二线后，还一直惦记着他曾工作过半个世纪的广东城乡，常到下面乡镇了解民情、民意。他走到当年东江纵队战斗过的革命老区时曾感慨地说："如果当年没有这些革命老区人民的支持，我们共产党走不到今天。我们现在强大了，发展了，是绝不能忘记他们啊。"他深情地为东莞东坑镇革命烈士墓题字。回来以后，他就打报告给省委请求加大力度支持革命老区发展。省委很重视父亲的意见，省委省政府联合下文通知各级党政部门全力支援革命老区建设。

（女儿寇映雪）

我在家中排行第五。我于 1973 年入伍，在驻湖南某部医院当炊事兵，1975 年复员回到广州。复员后总不能老待在家里，我当时想当铁路乘警，但我不敢直接找父亲，就跟妈妈说了自己的想法。一天晚饭后，老爸找我说：广广呀，听你妈说你想当乘警？这个工作是单独执行任务的，要求很严，要处理很多突发事件，责任很大，你胜任不了这个工作。父亲毫不客气地拒绝了我的要求。过了一段时间，我向父亲提出想到公安部门开车当司机。父亲面有怒色，生气地说："不成，在公安部门开什么车？你别把车开到沟里去。"看来，想借他的关系和影响找个职业，门都没有。敬畏父亲的我，只好老老实实在港口机械设备厂当了一名普通工人。

我当时在厂里抽烟，烟瘾很大，这事让他知道了，把我狠狠训了一通。在我眼里，父亲是很严厉、很严格的人，他绝不允许我们享有一丁儿点儿特权。1996 年 9 月，我已经 44 岁，单位转制调整，我下岗了，我当时多么希望父亲能拉我一把，后来父亲的部下给我在省直属单位安排了工作。父亲知道后把老部下叫到家里严厉地说："工人、农民的孩子能下岗，我寇庆延家的孩子为什么不能下岗?”他不仅不同意以他的名义为我找工作，更不允许身边工作人员帮我找工作。可见，父亲非常有组织原则，对自己的权力管控得相当严格。这就是我的老红军父亲的高尚品德，绝对是无价之宝。

（儿子寇广广）

我在家里排行老六。改革开放初期，我学的是日语专业，于是要到日本研修本专业。临行前，父亲很支持地对我说:“改革开放嘛，到日本好好学习人家先进的经验，回来报效国家，要热爱自己的祖国，为振兴中国多作奉献。多关心国内形势发展，还要多与日本人民友好交流，促进中日友好发展。”我家《家风传》中所说的“爱祖国，多贡献”，就是针对我而言的。

到日本后，我牢记父亲的嘱托，多关心国内形势发展，关心祖国的嘱托。我和几个同学悉知四川汶川地震受重灾，曾拼命打工挣钱，两次汇款捐赠灾区。此后，我也得知父亲在家里带头捐款——父子异地同心，真是心有灵犀。

如今我们虽在异国，心系中华，我们记住父亲嘱咐，尽绵力为湖北山区小学建设捐过款，并认领资助两名儿童学习与生活费用，一直延续坚持到现在。父亲的影响和教导，令我受用终生。

（儿子寇东东）

机要先驱张天华

张天华，别名李一，湖北红安人，1913年12月出生，1927年参加红安赤卫队，1929年6月参加中国工农红军，同年11月加入中国共产党。1934年10月随军长征，任红四方面军电台第四台报务员。后任八路军总部电台副台长。新中国成立后，历任湖北军区孝感军分区干部管理部副部长，军委炮兵干部管理部处长，炮兵第四预备学校校长，炮兵文化学校副校长，炮兵工程学院物保部部长。1955年被授予上校军衔。1961年晋升为大校军衔。1991年3月13日逝世，享年78岁。

长征路上

1933年，我从连队调到红四方面军总部，由指导员改行搞电台工作。

不知是叫起来顺口，还是听起来风趣，那时候，我们都把报务员叫"榔头兵"。虽然名字不太确切，但是这个称呼使人感到亲切。报务员离不开木榔头（手键），就连机务员也得成天和木榔头打交道。因为那时候人手少，一个电台，多则两人，少则一人，发报、收报、译电、机务都得由一两个人全部包干。所以，木榔头就和我们每个电台工作人员结下了不解之缘。

我刚到总部，先是在无线电训练班学习，教学设备和现在简直不能相比。器材屈指可数，只有三件一盆，那就是：木榔头、干电池、风声机（练习收、发报用的），外加一个破瓷盆。风声机，说是机器也算是机器吧，其实是拼拼凑凑做成的。一用起来，下面还得垫个破洋瓷盆，要不声音像蚊子叫，一点也听不清楚。洋机器离不了土办法，土洋结合，这也是我们的一个发明创造。

我们训练班的学员，就是靠着木榔头，练出了真才实学。在转战万里的过程中，发出了不可计数的向胜利进军的红色讯号。

我们无线电训练班是1933年下半年在四川通江县成立的。那时候，整个革命事业正处在极其艰难困苦的岁月里。我们天天跟着部队行军作战，根本就没有什么学校、课堂。到哪里宿营，哪里就是学校。露天地、高山上，密林里、道路旁，都是我们的课堂。行军休息的时候，是我们学习的良机，一分一秒都十分宝贵而不能轻易放过的。我们训练班的学员，最大的只有十八九岁，最小的只有十四岁。在行军时，总有几个掉队的，可是一到休息学习时，腿也不疼了，疲劳也没有了。掉队的赶来了，叫休息也是不愿休息的。他们说："行军已经掉队了，学习可不能再掉队。"

敌人围攻我们、封锁我们，有时连块盐巴也吃不上，哪里去搞到干电池、汽油呢？可是没有干电、汽油，电台就像搁浅在沙滩上的船一样，一动也动不了。怎么办呢？路是人走出来的，留下葫芦籽，还怕没水瓢？只要心中有着对革命事业的坚强信念，天大的困难也难不住我们。

我们克服困难有三件法宝。第一件法宝是"干"，缺什么自己动手做什么，也就是现在常说的自力更生。没有汽油发电，我们就利用老乡的水磨子，用水电充电。干电用完了，找个土罐子装些盐水，把电池浸在里面，照样可以用。在陕西打了林祥州回来，缴获了一些电讯器材零件，为了工作的需要，我们想装个收音机。可是，缺的东西很多，我们就找代用品。没有小铜丝，就用小铁丝；没有胶木筒，就用竹管子。土罐子用了，竹管子多下来的还不敢扔，怕以后找不着。所以行军时，连背带挂，满身都是瓶瓶罐罐，像个土百货商店。

第二件法宝是"打"。靠打仗，从敌人手里夺过来装备自己。那时领导很关心我们，不论哪个部队打完仗，首先把电讯器材送给我们。有一次，部队打下了一架敌机，可把我们乐坏了。跑了几十里路，从飞机上搞来一个十二伏特的电瓶。说来也怪，缴获来的机器配上缴获来的电瓶，特别好使。一个同志开玩笑说："蒋介石这个运输大队长干得不坏啊！"另一个同志跟着加上一句："我的意见，可以提拔他一级。"

第三件法宝是"省"。靠节约，一张纸正面用了，翻过来再用，用了一遍再用第二遍。要是弄到几张好纸，轻易不拿出来用，把它装在贴身的口袋里，就像是份重要文件。一支铅笔用得只剩下寸把长了还舍不得扔，找个铁皮做个套，套上还要用。削铅笔非常小心，真像大姑娘绣花，削粗了怕写起来浪费，削细了又担心断。关于节约，我还闹了一次笑话。一、四方面军在懋功会师后，首长叫我发一封很长的贺电，足有一千五百来字。眼看干电快用完了，担心发了这份贺电，我们的工作就得停顿，犹豫好久也没有动。后来首长给我打通思想，说这个不用操心，尽管发。事后我自己也感到好笑，那算什么节约？当我把这份长长的、象征中国工农红军长征战斗史上重要一页的“懋功会师”的贺电发出去之后，我的干电也刚好用完。

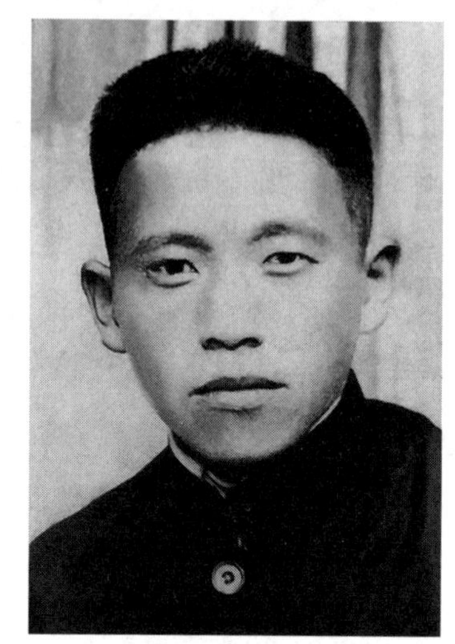
1937 年，张天华摄于延安

名义上我们是个训练班，其实锣齐鼓不齐，有看戏的，没有唱戏的，训练班连个教员也没有。没有办法，只好把这个担子又加在首长身上。王子纲秘书长给我们讲收、发报，宋侃夫参谋长给我们讲英文和电学。两位首长白天给我们上课，把工作放到晚上干，日子一久，他们的身体都消瘦了。当我见到他们时，心里常存感激，并以他们为榜样，给自己定了一条纪律：问题不弄通，就不休息。

器材坏了，我们修理没有门，还得首长亲自动手。我们常常打不开充电机，急得围着机器转。王秘书长看到了，就把衣服一脱说：“你们够累的了，休息去，让我来。”其实他也很累，更需要休息。

我们训练班十多个人，只有一个初中毕业的，还有四五个读过几年私塾的同志，大多数人目不识丁，可是还得学英文，困难确实不少。有一次，我问宋参谋长："我们这些大老粗学洋文能行吗？"他风趣地说："洋文也是劳动人民创造的。自己创造的自己还怕，那不是自己吓唬自己吗？"他的话把我们逗乐了，也给了我们克服困难的信心。

困难虽然很多，但我们的学习情绪自始至终都很高涨。大部分学员在入学之前都是首长的勤务员，思想很单纯，对党忠心耿耿。"一定要学习好，完成党交给的任务！"这就是大家共同的信念。

部队要是住下来不走，同志们比过年还高兴，一天可以学上十二三个钟头。学习时间再长，也没有一个叫苦叫累的。晚上睡三四个小时就可以了，第二天照样能干。有时在行军途中休息，三个一群、五个一堆，趴在地上，你发我抄、你念我写地就学开了。有的同志念着念着就睡着了，可嘴唇还在微微嗡动。有的同志写着写着铅笔掉地上了，可手指还在地上轻轻画着。

为了练习抄报的速度，没有什么书，就拿《红军战士报》来练。先把汉字翻译成码子，再由码子翻成汉字，这样翻来覆去不知要练多少遍。没有纸的时候就在地上画，手指写得僵硬了都不舍得停手。经过这样艰苦的练习，从一分钟抄几十个字提高到一分钟能抄一百三四十个字。这个纪录在当时来说是很高的。

党和首长，直到我们的领袖，把我们这些电台工作的同志，都看成是宝贝一样，非常地关心和爱护。

1935 年 6 月，一、四方面军会师后，我们住在懋功。有一天，军委的机要科长请我去做客，还专门炒了牛肉招待我。我们刚要吃饭时，毛主席来了（听机要科长说，主席常来看他们），我们立刻站起来迎上去。这意外的会见，让我又激动又紧张，向主席问好的话到了嘴边就是说不出来。机要科长指着我向主席介绍说："他是四方面军电台的张天华同志。"主席就笑着走过来和我握手。主席的手很温暖，这股暖流融遍我的全身。当时川西的天气，凉风吹来还有几分寒意，可是我只觉得浑身直冒热气。和主席握过手之后，汗水都湿润了我的掌心。主席叫我坐下，关切地询问我们电台的工作情况，并着重问我们有什么困难。我一一作了回答。临走时，主席说："电台工作，打仗指挥少它不行。你们这个工作很重要啊!"我看着主席，把他的教导牢记在了心里。

我们送主席走出门外，太阳高照，天空很蓝。我的心情也像这万里晴空一样，格外地敞亮，格外地灿烂。和主席的相见，亲身领受他的谆谆教导和亲切关怀，这样的感受，令我终生难忘。

我从训练班出来后，先是跟着徐向前总指挥工作。有一次从北川出发到茂川，在途中，电台失去了联系，整整两天两夜，我守着机子没有睡觉。徐总指挥派副官送来几桶奶粉，我知道，这奶粉是部队缴获后送来总部专为照顾首长的，我吃了，首长吃什么呢？我坚决不要。副官说："这是总指挥叫我送来的，他知道你们工作没个白天黑夜的，需要营养。并再三嘱咐，要你们注意身体。"

吃奶粉，我还是大姑娘坐花轿——头一回，不知道要先用凉水把奶粉调匀了再用开水冲。第一次吃，还是生的，以后就没有再吃。过了几天，徐总指挥见了我，问道："奶粉吃完了没有？吃完了再到我这里来拿。"我不知怎么样回答，只好说："首长，不用了，我那里还多着哩。"后来这个事情让徐总指挥发现了，他笑了，不仅教会我们吃法，还亲自冲了一杯给我喝。

有个时期，我离开徐总指挥，跟着先头师韩东山师长。部队从理番县出发，翻过洪桥山，到了两河口。韩师长要我把部队情况汇报给徐总指挥，黄昏时候发的报，天黑的时候，徐总指挥的回电就来了。这是韩师长第一次用无线电联络，他很兴奋，对我们的工作很满意。虽然部队在翻洪桥山时，因为山高坡陡，大部分牲口都丢了。可是韩师长却从司令部仅有的几头牲口中，挑了一头好的送给我们。

在过草地时，生活是那样地艰苦，有时连饭都吃不上，更不用说穿衣了。可是首长看到我们衣服烂了，派被服厂的同志专门来给我们做衣服。为了衣服穿得合身，还要给我们量尺寸。这是我从 1929 年参加红军以来，第一次穿上这样的衣服。新衣服做好后，开始好多同志都舍不得穿，背着它过草地。有的同志一直背着，走完漫长的征途到了陕北。因为这不是一套普通的衣服，在那样的艰难岁月里，它代表着党对我们的关怀，代表着革命队伍中团结互爱的深厚情谊啊！

红色基因

我在七个兄弟姐妹中排行老三，是长女。我出生于 1952 年 7 月，1970 年 12 月参军，现已退休。

我的父亲叫张天华，后因工作需要改名李一。我们小时候，感觉爸爸是十分威严的，加上从小在部队的寄宿学校长大，即使回到家里，也和在军营差不多，无论是语言还是行为，都以服从为上。大了以后，我们与爸爸之间能够对话了，回头想想那些事，才明白爸爸的用心和情感。

爸爸 1929 年参加红军，经历过我党我军许多大事。他和妈妈很长时间从事机要工作，由于保密制度，不能立功，不能受奖，也不被宣传。他缄默的性格，也让我们无法了解他们究竟有多少功劳。直至近年，我们才能从他以前在军内刊物上发表的如《十字岭》《我在红军电台的时候》等文章中，从总参军训部档案馆资料中以及李永悌少将的回

1970 年，张天华全家福，当时家里除了最小的两个女儿其他人都参军了

忆录中，知道一二：我的父亲 1934 年 10 月随军长征，任红四方面军红四军第四台报务员。1935 年 3 月任红四方面军第五台副台长。1935 年 12 月任红军总司令部第二局报务员。1936 年 12 月调中央军委第二局任报务员。参加了鄂豫皖苏区的四次反“围剿”战役。1934 年冬长征时，他被派到前方台工作。爬了 13 座雪山，过了三次草地，特别是党岭山五千多米的主峰，那是红军长征中翻越的所有雪山中最高最险的雪山。然而无论环境如何艰苦，道路如何曲折，父亲总是坚定不移，满怀信念，从未放松职守。

父亲 1991 年去世后，有一次妈妈去北京参加总参三部的一个讨论会，老战友们还回忆了一个重要事件：1946 年 6 月 26 日，我军曾截获国民党的一份密电，经破译是集中 30 万兵力对我中原部队发起大举进攻的重要指令。这截获、抄收、破译该份电报的人，就是我的父亲张天华，他那时是新四军五师三处的副处长。父亲截获情报后，立即向三处处长冯志禄汇报并与其一起连夜骑着快马送给李先念师长（当时是新四军五师师长、中原军区司令员）和郑维三政委。中原局连夜召开紧急会议，决定我军提前突围，粉碎了蒋介石的周密计划，也减少了我军的损失。

中原突围由于敌我兵力悬殊，仍然是艰苦卓绝的，爸爸妈妈亲身经历和目睹了许多流血牺牲的场面。特别是一些女同志，有的因为有身孕，有的因为体弱，被部队精减，后来凭着个人毅力历尽艰辛追赶部队，失去孩子，吃尽苦头，都不能动摇她们回到部队的信念。这些故事我们如今只能从妈妈断断续续的回忆中了解了，每次都听得我心惊胆战、扼腕叹息。

父辈的成就是我们无法望其项背的，他们没有著书立传，并不代表就不伟大光荣。

父亲是我们后辈举头望不到顶的一座丰碑。

（女儿张黎明）

我是家中最小的孩子，出生于1960年9月，我是我们家唯一没有穿过军装的人，现为职业编剧。

父亲是红安人。从小到大，但凡有人问起我：你是哪里人？我都不提我生长的那个现代化都市，而习惯说：我是湖北红安人。

1998年3月13日，爸爸去世7周年，我第一次回老家红安。车行至一道大坝前便不能前行，只能弃车徒步。天空细雨蒙蒙 ，山路越走越窄，突兀的山体布满光秃秃的石头。放眼望去的那一瞬间，我似乎置身上世纪的20年代。

在这片狭窄的天空下，立着一个少年。少年的手里握着放牛的鞭子，冬季的夕阳被巨大的山石遮挡，少年冻得发乌的嘴唇微微颤抖着，赤裸的双脚插在刚刚拉下的、热气腾腾的牛粪里。少年紧紧握着手里的鞭子，仰望着横亘在眼前的大山和头顶上那一线逼仄的天空。夕阳的余晖将山头的云彩染红了，空气中依稀传来子弹划破长空的尖啸声——在大山的那一边，一场激烈的战斗就要打响。少年压抑的胸腔里发出了一声短促的呼喊，他奋力登上山头，天地豁然开朗，似血的残阳将群山遍染。少年的双眼熠熠闪亮，无限向往地向发出枪声的山谷望去，那里有一支顽强的队伍，正在向黑暗挑战、向大山挑战、向人类的命运挑战。

第二天，少年勇敢地走出了这一方祖祖辈辈生息的小天地。从此，海阔天空，任骏马奔驰、雄鹰展翅。少年历经枪林弹雨、受尽千辛万苦，最终成就为一名共和国的高级军官。

这个少年，就是我的父亲。

站到父亲当年站立的天空下，我怎能不感慨万千：父辈们的英勇奋斗，奠定了我们的今天。光荣而质朴的红安，是我们一脉相承的老家。英雄不灭，军魂长驻；根之所在，家风长传。

（女儿张宁宁）

我的外公叫张天华。我从出生起就在他的身边长大，更习惯叫他爷爷。我出生于 1980 年 2 月，现为自由撰稿人。

在很长的一段时间里，我并不知道爷爷有过那些惊心动魄的经历、有过许多光辉闪耀的时刻。他在我眼里，是个沉默的老人，穿着洗得泛了白的旧军装，坐在小院的藤椅上，拿着放大镜，看他的《参考消息》。《南京日报》和《参考消息》是家里一直订着的报纸，《新闻联播》是固定要看的节目——爷爷带着我们一起看，关注却很少评论。

爷爷身体不好，通常睡得很早，可如果有女排或男足的比赛，他是

1990 年，张天华在世时留下的最后一张全家福

一定要看的。他少有的兴奋和激动带动了全家，我们一起为每个赢球而欢呼、为每个失误而叹惜。2004 年雅典奥运会举办期间，我在电台做报道，深夜，当中国女排再次举起冠军奖杯时，我深深感到，是爷爷把那一份对祖国炙热的情感倾注到了我的心里。

我的老家在红安，出了名的“将军县”，但是也比较贫困，爷爷一直牵挂着家乡和乡亲们。平时很少麻烦干休所的他，老家来人了，就会要一辆车，带着他们游览南京的各大景点。不管来求医问药、找工作或只是过来玩玩，我们家的大门一直为所有的乡亲敞开着。

爷爷的手很巧，经常做木工活儿，有一部分作品，就是给乡亲们寄药的箱子。在废旧木材里找到合适的料锯成板，四面打磨过，再用钉子，一根一根仔细地钉牢，留一面不钉，方便邮局检查，还要找合适的麻布套上，在外面写好地址和收件人的姓名。寄出的工作通常是交给妈妈和姨妈们，爷爷总是不放心地一遍又一遍地检查地址，一遍又一遍地教她们怎么钉上封口的板……一年中，这样的“工作”不知要做多少次，而我们也收获老家人满满的真情——酸豇豆、炒米，还有香甜的红薯干。病中的爷爷把红薯干收在医院的床头柜里，去看他时，像宝贝一样拿出来给我吃。看我吃得眉开眼笑，爷爷也难得露出孩子一样得意欣喜的神情。长大以后，我才知道，这就叫“他对这片土地爱得深沉”。

虽然对老家人“来者不拒”，但爷爷自己的生活却是简单朴素的。蓝色的便装和旧军装一洗一换，下面是条军裤；冬天的毛衣、夏天的汗衫，是妈妈和姨妈们做的。所以，现在看我小时候和爷爷一起拍的照片，他似乎总是那个样子。然而，就那个样子，也是很帅很可爱的老头，因为他和我，站在他亲手打理的小院里，有树，有花，有果子；更因为他总是尽力地挺直腰板，眼睛里有着真正的军人灵魂的光芒。上学军训时，有一次，我们在烈日下练站姿和队列，指导员走过来，看了一会儿，指着我说，这个孩子一定是我们军人家庭出来的！那一刻，我的泪水几乎要夺眶而出，我好像看见爷爷在天上对我点头微笑。

爷爷的故事，他自己很少谈起，现在，我开始慢慢地从妈妈那里听到一些，越来越明白和敬佩他的沉默与简单。“身教”重于“言传”，年幼时和爷爷相处的那些时光奠定了我人生的基础，我也会用相同的方式教导我的孩子，永远不要忘了我们是革命军人的后代！

（外孙女张柳）

无坚不摧——浴血战斗的英雄主义

“虎将”萧新槐

萧新槐，湖南宜章人，1907年1月出生，1927年参加中国工农革命军，1929年加入中国共产党。1934年10月，随中央红军参加长征。新中国成立后，曾任志愿军第六十六军军长，天津警备区司令员，山西省军区司令员，大军区副职待遇。1955年被授予中将军衔。第三至第五届全国政协委员。1980年8月2日逝世，享年73岁。

长征路上

1934年10月10日，中央红军及后方8.6万多人在中共中央、中革军委率领下，从江西瑞金等地出发，实行战略转移，开始长征。10月25日，我和团里其他领导率领第九团随红九军团，从赣州以南的王母渡和新田之间，渡过信丰河，通过国民党军第一道封锁线。11月8日，在湖南汝城县以南的天马山至广东仁化县的城口之间，通过国民党第二道封锁线。11月15日，在郴县良田到宜章之间，通过国民党第三道封

1937年，萧新槐与中央苏区的战友一起在红军大学里与毛泽东、朱德合影。前排左起：聂鹤亭、毛泽东、朱德、林彪、何长工、周子昆、赖毅；后排左起：杨得志、梁军、杨梅生、陈赓、贺子珍、姚喆、胡荣奎、萧新槐、江华、谭家述、谭冠三、刘型、张际春

锁线时，距离我家只有几公里。自从参加革命以后，我一直没有回过家，望着家乡的山山水水，我真想跑回去看一眼年迈的父母。可是，眼前革命正处在最困难时期，如果大家都请假回家，队伍不就散了吗？想到这些，我拒绝了领导和战友的好意。

在我们冲破第三道封锁线后，蒋介石以16个师共77个团的兵力“追剿”红军。在湘江以东布置起第四道封锁线。我们先头部队抓住有利战机抢渡湘江，并控制了界首至觉山铺间的渡河点。但由于红军前后相距约100公里，加之道路狭窄，辎重过多，部队行动缓慢，后续部队未能及时跟进过江。11月30日下午，中革军委命令我们红九军团火速前往渡口，抢渡湘江。此时，距离渡江地点尚有45公里的路程，任务非常紧急。在罗炳辉、蔡树藩的指挥下，我们分成10路纵队，沿着大路向湘江岸边跑步前进。我率九团奋勇奔跑，无一人掉队。部队在跑步前进时，敌人的炮弹不断从头上呼啸而过，但战士们顾不了这些，大家只有一个念头，就是尽快渡过湘江。当我率领部队到达湘江东岸渡口时，国民党部队已从全州、灌阳、兴安三面逼进，密集的炮火映红了漆黑的天空。在那寒冷冬夜，水冷刺骨，可红军干部、战士不怕寒冷。我大声命令：“同志们，我们要肩并着肩，手拉着手，要死一块儿死，要活一块儿活，谁也不能丢掉谁！打过湘江去，开辟新战场！”部队分成十几路纵队，我第一个下水，战士们举起武器和衣物，一个接着一个跳入江中。追击的敌人越来越近，炮弹不时落在江面上，掀起高高的水柱。“快跟上，别松手！”我冲在最前面，不时转过头来招呼身后的战友们。“轰！轰！”两个炮弹落入江中，紧接着几个恶浪打过来，眼看着一个排的战士被淹没在滔滔江水中。经过血战，我团迅速抢占西岸沿江高地，掩护后续部队渡江。强渡成功的事迹，受到中革军委的表扬。

1935年2月中旬，中央红军在滇黔边境的扎西一带进行短暂休整，为充实连队，取消师一级建制。红九军团下辖3个团，我任第九团团长，率部随红九团主力通过彝族区，跨过大渡河，于6月3日来到泸定。中革军委指示我团迅速东进，星夜夺取天全，接应由汉源北上而被国民党军堵截的红五军团。罗炳辉军团长病重得呼吸都很困难，崇高的革命责任感，让他从病床上撑起，带领我团与第八团一起，从泸定往北向天全方向进发。天全位于青衣江上游，是西康、西藏地区的物资集散地，也是军事交通咽喉要地。6月4日夜，我团连夜疾行，从夹金山南麓没有人烟的崇山峻岭之间，翻越2000多米的高山。原始森林里根本没路，到处都是纠缠不清的树藤、腐叶和苔藓。战士们借着星光披荆斩棘，在泥泞中行进。上山好走，下山路非常陡，大家用裹腿结成绳索，攀扶着滑下。这样的行军，搞得人筋疲力尽，我们却一刻也不敢耽搁。当东方刚刚破晓，我们第九团与兄弟部队一起，向驻守天全的国民党军发起猛攻。守军被突如其来的军号声、枪弹声吓蒙了，不知红军有多少人马，慌忙弃城而逃。我们乘胜占领天全，罗炳辉军团长两眼一黑倒在地上，抢救了三天才苏醒。我们军团被中革军委赞誉为“战略轻骑”。

夹金山，是红军长征中跨越的第一座大雪山，海拔4000多米，终年积雪，天气变化无常。我团接到命令，为红九军团全军开路！面对艰巨任务，我和团政委一起召开动员大会，要求全团要像抢渡湘江那样手拉看手，人跟着人，完成开路任务。在翻越雪山时，山陡冰滑，为照顾到身体较差的同志，我带头扶老搀弱，走一步歇一歇再走。快到山顶时，天空突然乌云滚滚，刮起狂风，大雪夹着鸡蛋大的冰雹，劈头盖脸砸下来。战士们一个个都变成了雪人。天气骤冷，我们把能穿的都穿在身上。由于山上空气稀薄，战士们背着武器，行进十分艰难。我感到气也喘不上来，但是不能休息，因为一坐下来就可能再也起不来了。我看到有些身体比较健壮的战士，有的走着走着，不知怎么，倒下来就完了。我扯着喉咙喊："大家不能松劲呀！使出全身力气，咬紧牙关，坚持到底！"我们就是靠着万众一心、互相帮助把高高的夹金山征服在脚下。

红色基因

1957 年，萧新槐夫妇在北京合影

我是萧新槐的长子，1943 年出生。1965 年，美军地面部队直接进入南越参战，并不断入侵中国领空。中国政府应越南政府的请求，为维护中国边境的安全，支援越南人民的抗美救国斗争，我所在部队接到命令，抗美援越，开赴前线。接到命令后，我和所有战友一样，怀着必胜的信心，做着战前准备。出发前，我给家里写了封信。母亲接到信后，来到部队为我送行，并转告父亲的嘱咐："作为一名军人，战场上要不怕死，对敌人，手不软，血债要用血来还，不能丧失一寸国土，要不愧红军的后代。"我当时所在部队的首长，是我父亲的战友，但我父母没和任何首长打招呼，坚决让我这"独子"上战场。我们部队有不少干部子弟，还有我爱人的弟弟，都上了战场，表现得很勇敢无畏，没给父辈丢脸。这就是一代开国元勋在战争来临时，在要付出血的代价时，他们对子女的要求。我很自豪，能子承父志传承保卫国家的荣光。

（儿子萧湘民）

我是萧新槐的二女儿。爸爸经常挂在嘴边的一句话就是“干革命不是为了升官发财”。父亲参加抗美援朝回国后，因在战争中身体受伤，从领导岗位上退了下来。20世纪六七十年代，有些老领导一直关心爸爸的任职问题，让他到北京军区、第二炮兵上任。杨勇伯伯找了爸爸很多次，坚持让爸爸主持军区常务工作，最后甚至说：“如果你身体不好，平日可以不来，你只要来参加常委会就行。”这是老上级对他的信任。爸爸最后都婉言谢绝了：“我身体不好，这些重要的岗位还是留给那些年富力强的同志干吧。”我感到很奇怪，心想：别的不说，爸爸上任了，起码旧车可以换，破房子有人修了。我问爸爸这是为什么，他平静地说：“人的一生不能计较荣誉、地位，党给的一切我已经很满足了。你知道吗，当年我们一起参军的人，现在几乎没剩下几个，有的人当天参军，当天就在战场上牺牲了，死后连个姓名都没留下，和他们比我们还有什么不满足的呢？”

对比父辈再看今天，有的人为了获得权势，可以出卖灵魂，可以丧失人格，可权力地位在爸爸面前像过眼云烟，他看得很轻、很淡。

父亲兄弟姐妹十二人，解放后仅剩一个叔叔、一个姑姑。爸爸和贤仁叔叔的感情极深。叔叔被选为村长，爸爸得知后，很高兴，经常和叔叔通信，让他加强学习，掌握好党的方针政策，不可利用职权为自己谋私利。爸爸经常寄钱给老家，让叔叔解决村委会的困难，救济贫困农民的生活。我们这么一个大家庭，每月花费的几乎全是妈妈的工资，爸爸的工资大部分寄给湖南老家了。叔叔后来又到乡里任副书记，爸爸写信劝他："你文化水平低，最好把书记的位置让出来，让有文化的同志干。"叔叔后来听取了爸爸的意见。

父亲那一代人的人生准则是：我可以为共和国付出，我决不向共和国索取！这是怎样一种豁达的人生态度，磅礴万物的大境界！

（女儿萧薇）

我是萧新槐的小女儿。我十几岁参军，是个小兵，入伍后不习惯部队生活，给父母写信说想家，不想干了。父亲回信说：现在部队生活条件那么好，你还不知足。这与我们当年长征时爬雪山、过草地相比，有什么困难克服不了的！虽然年龄小，但把你放在部队我放心，部队能把你培养成一个真正的军人。从小到大，父亲没给我们讲过什么革命大道理，但做人要正直，不要畏惧困难，是父亲给我一生的座右铭。

我至今还留着父亲给我的信，摘抄一段呈现给大家。

莎莎：

你的来信我收到，知道你平安返回部队，很高兴。我因病，你走时未送你，这点你能理解爸爸。

我想你回部队后，一切都会很紧张。但在紧张训练中，一定要抓紧时间学习，提高自己的文化水平及医务方面的知识。没有文化的部队，是打不了胜仗的，一个人没有文化，也不能完成组织上交给你的各项任务。

莎莎，你小，一人在外爸爸确实有些不放心。但想起当年我比你还小的年纪就离开了家，在军阀部队里当兵，外部环境恶劣得很，不要说温饱，随时都有性命问题。你们今天在自己部队当兵，再苦再累也只是锻炼。爸爸希望你能过吃苦这一关，这对未来人生的成长很重要。我等你的好消息。

（女儿萧阳）

我是萧新槐的外孙，萧薇的儿子，在两岸联合（北京）投资管理公司工作。1980 年 5 月出生在北京。我出生三个月后，姥爷就去世了。从小到大，经常听妈妈给我讲姥爷不平凡的人生故事。

由于战争的摧残，姥爷身患多种疾病。在他人生的最后 20 多年里，几乎每天都在遭受病痛的折磨。每次旧疾发作，疼痛难忍，黄豆大的汗珠一会儿就把毛巾、衬衣湿透了。疼得实在不能忍受，他就用桌子角顶着肝区，疼痛使整个人的脸都变了形，有时甚至在床上不停地翻滚。最让人心痛的是，疾病的发作几乎每周三四次。疼痛的剧烈程度和发作的频率，是一般人难以想象的，更是一般人难以忍受的。

姥爷去世前主动向 301 医院提出：捐献自己的遗体为医学作贡献，他一生奉献的精神让我落泪。我常想，姥爷也是血肉之躯，他为什么能够承受这样的病痛折磨？他为什么能够始终乐观地和疾病作斗争？答案应该只有一个，那就是：他有钢铁般的意志，他热爱生命、热爱生活！姥爷永远是我心中正直、刚强的革命军人。

（外孙肖思聪）

补记：采访萧新槐老将军的家庭，源于我在做抗美援朝战例数据库时，萧将军作为“抗美援朝十虎将”的英雄事迹深深震撼了我。由于工作关系，我结识了萧薇大姐，听她和家人给我讲述老将军一生戎马的革命故事后，感到老将军的长征精神一直影响着家里的每一个人。

萧薇说：“父亲从十几岁开始南征北战，在残酷的革命战争中，养成忠诚于党、不怕牺牲的革命精神。长征时张国焘分裂党另立‘中央’，父亲坚决不跟他们的错误路线走。他心中坚信只有毛主席的革命思想才能救中国。他生前要求我们要学习毛主席著作，这对我养成政治鉴别力很有帮助。现在社会上有些人不择手段攻击我们党甚至丑化英雄，我始终坚信父亲说的话。忠诚于党是每个党员体现党性，检验忠诚，考验信念的根本保证。”

肖思聪说：“我虽然和姥爷没有共同生活过，但大舅、妈妈、小姨是在姥爷身边长大的。小时候，只要看到我剩饭妈妈都会默默吃掉。妈妈告诉我她的童年每顿饭都是粗粮小菜，虽然姥爷工资很高但他们的生活很节俭。姥爷给妈妈讲长征过草地时，到最后他们粮食吃完了，连野菜都吃没了，有些同志就饿死在草地。我至今都记得妈妈讲时眼里噙着泪。

萧新槐将军离开他的亲人已经36年了，他爱党爱国的忠诚信念深深印在他的家人心中。他艰苦朴素、不怕牺牲的革命精神从子辈传承到孙辈。听着他的家人讲述，我仿佛看到在长征路上的萧将军过家门不入，为了革命舍小家；带领战士血战湘江，身先士卒不怕牺牲；夜行千里飞夺天全，使红军主力转危为安。他是长征路上的急先锋，披荆斩棘，抢关夺隘。他是战士眼中的好团长，带领官兵克服雪山草地险阻。他的骁勇善战写在他的诗词里：

猎猎义旗飞，夜渡鸭江水，壮怀激烈登征程，号角声声脆。

沙郡是奇兵，捷报横城喜，霞染硝烟战火歇，神怡关山翠。

（国防大学　曹玲）

“红小鬼”谢振华

谢振华，江西崇义人，1916 年 9 月出生，1929 年参加革命，1930 年参加中国工农红军，1932 年加入中国共产党。1934 年 10 月，跟随中央红军参加长征。新中国成立后，曾任中共山西省委第一书记，山西省军区司令员，北京军区、沈阳军区副司令员，昆明军区政委兼军区党委书记等职。1955 年被授予少将军衔。第十二届中央委员，中顾委委员。2011 年 8 月 3 日因病逝世，享年 95 岁。

长征路上

我的家乡崇义县上堡乡山清水秀、梯田如画。当年，朱德、陈毅率领南昌起义部队余部800多人在这里进行“上堡整训”，开创了人民军队“支部建在连上”“发动群众打土豪、分田地，部队做群众工作”的先河。那个时候，我不过10岁出头，常常邀着小伙伴看部队训练，听朱德总司令、王尔琢参谋长讲课。1929年，我13岁，因为任农民暴动队长的父亲谢世骙被杀害，失去父亲的痛苦和对反动派的仇恨，促使我立志跟着共产党、打倒反动派，参加工农红军，走上了革命道路，成了“红小鬼”。

从1933年盛夏到1934年初夏，我作为红军大学上级政治科第二队的学员，聆听了中共中央和红军总部等领导人讲授的军事和政治理论课，受到了最高理论教育，极大提高了革命觉悟。告别红军大学后，我被分配到红三军团五师14团，担任团政治委员职务。

1934年10月，我们告别瑞金、告别于都河，告别乡亲们，开始长征……

1935年2月18日，我和邓克明率二营为先头营，乘三只小木筏，登上赤水河东岸，为军团主力二渡赤水开辟通道——月初，中央军委发布了《关于各军团缩编的命令》，我任红三军团十二团二营教导员，原四师十二团团长邓克明任营长。接着，我们率部奉命攻占娄山关。

2月26日，部队得到急行军命令：“我们必须准备走大路，也必须准备走小路；我们必须准备走直路，也必须准备走弯路。我们决不能损坏财物，因为我们还可能回来。”同一天，贵州军阀王家烈也奉命率部队从遵义出发，试图在红军到达娄山关前将红军截住。上午 11 时，彭德怀命令部队跑步前进。官兵们都清楚，我们与王家烈的军队在两个不同方向上与时间赛跑。红军如果不抢先攻下娄山关，就会遭遇两面夹击，腹背受敌。26 日下午 3 时左右，我们仅比敌人提前几分钟占领了娄山关。

我们占领娄山关后，敌人疯狂反击，以优势兵力轮番进攻。如果不将敌人的反扑击退，已在红军之手的娄山关便会得而复失。我和邓克明在阵地上召集四、五、六连连长开会，决定由“模范红五连”为主攻突击队，沿公路摧毁敌人设在弯道处的火力点。危急时刻，五连连长高书官迅速调整力量，亲自带领 4 名轻机枪手在前开道，二营营长邓克明、十二团政委钟赤兵率四、六连从公路左侧登上制高点，与一、三营形成交叉火力，阻击敌援军向前推进。

这一仗，我们还救了十二团政委钟赤兵。当时，钟赤兵的腿负了重伤，我们派了几个人把他抬下来，送到休养连，后来一直抬着他走，用担架抬着他过雪山、草地。

……

抢渡金沙江时，我已调任军团保卫分局任执行科科长。我们三军团奉命为右路，向洪门渡口进发。

记得那天是 4 月 29 日，一大早我们吃饱了饭、喝足了水，便轻装前进。山路又陡又窄，在怪石嶙峋、周围难见草木的悬崖峭壁间藏头露尾、时隐时现。走着走着，有的地方干脆连小路也没有，我们只好贴着崖壁缝隙，跌跌滑滑地爬上爬下。烈日当空，烤得我们汗流浃背，胸部像扯风箱似的，连气都喘不过来。但是，队伍里没有一个人叫苦，也没有一个人喊累，更没有一个人掉队。渴了，喝几口凉水；饿了，抓一把冷饭；跌跤了，你搀我扶，爬起来继续前进。接连翻过几座大山，终于隐隐听见金沙江水轰隆作响的怒吼声，循声望去，两岸高耸云天的峭壁仿佛是两垛高墙夹成的狭巷，把金沙江挤压得咆哮汹涌，自西北向东，瞎闯乱冲，夺路而逃。到江边细看，只见浑浊的江水不时掀起七八尺高的巨浪，跌落下来，碎裂成细珠，喷吐着蒙蒙水雾。江底的暗礁不断卷起漩涡，一个紧套一个，张开黑洞洞的大口，随时准备吞噬一切。可想而知，要渡过这样一条桀骜不驯的大江谈何容易。可我们偏偏又面临着最糟糕的情况，一无桥梁，二无渡船，三不见村里的人影。因为金沙江上游一切渡江材料早已被国民党强行没收，当地群众也被他们轰上山去了，他们妄图阻止红军渡江。怎么办？困难压不倒我们，大家分头到附近村里找。终于找到一只破船和一堆原木粗竹。于是，我们自己动手加固船体，绑扎浮桥，但放在河里一试，很快被冲散了架，只有木船能勉强载二三十人。正当我们心急如焚的时候，传来刘伯承总参谋长率干部团先头部队在皎平渡用几只渡船渡江成功的消息。于是我们奉命溯江西上，赶到皎平渡，渡过了汹涌的金沙江。不久，敌人尾追上来的，只是捡了几双我们的破草鞋，望江兴叹。

1985年，为纪念红军长征胜利50周年，时任昆明军区政治委员的谢振华重走云南、贵州境内的长征路，在当年战斗过的娄山关留影

……

1935年6月中旬，红三军团开始翻越夹金山。夹金山是一座海拔4500米高的大雪山。它横亘于四川西部的宝兴与懋功交界处，山岭逶迤，终年积雪，空气稀薄，行人呼吸困难。

那时候，我19岁，由团政委改任红三军团保卫分局执行科长，负责军团的收容工作，主要是把掉队人员、伤病员和遗散的武器装备收拢起来，进行妥善安置，并随时报告敌情，还要保证自身和部队的安全。

在出发前，我向大家特别强调了军团叶剑英参谋长提出的翻山四条要求：一不能快走，二不能说话，三不能坐下来休息，四要发扬阶级友爱精神，搞好团结互助。过夹金山时，有两个细节令我终生难忘：在山脚下，我看见彭德怀军团长亲自抽查一些连队的准备情况；行至半山腰，我又看见彭军团长的骡子上驮着文件，而他自己则与战士们一起艰难地一步一步往上走。彭军团长还大声命令一名体弱的战士抓住骡子的尾巴边滑边走。多少年来，我们就是照着彭军团长的样子做的。任何时候都要率先垂范，爱护士兵。

那时的艰苦，已经到了人的生理承受能力的极限，是后人难以想象的。我带收容队的同志走到一个避风的斜坡处，看见有十来个掉队的干部战士围着一堆燃尽的木炭坐着不动。我就过去，喊他们赶快走，但他们一个个却像雕塑似的毫无反应。原来，他们已经牺牲。这是因为雪山上本来就缺氧，他们围在一起烤火取暖又消耗了许多氧气，结果因缺氧而牺牲。这么年轻的生命，当时连一句话都没有留下，连名字都没有能够留下，就离开了我们。

本来行军就累得要命，而收容队员的任务更为艰巨。说实在的，那时，我的身体也挺不住了，但我还是咬紧牙关。雪山的天气说变就变，刚才还好好的万里无云，顷刻间就狂风大作，有几个战士被吹出十几米远。接着，雪和冰雹铺天盖地而来。在这种情况下，我一边鼓动大家，一边搀扶着体弱和受伤的战士一步一步向前挪动。就这样，我们终于战胜了雪山。

是什么力量支撑着我们挺了过来？是对革命的信仰。人，不能没有信仰。在爬雪山过草地的路上，我们红军战士之所以能够坚持过来，就是我们认为吃这种苦，是为了受苦受难的老百姓的翻身解放，相信跟着共产党，为人民打天下，一定会胜利。没有这种信念，是不可能走完二万五千里长征的。

一个人、一个军队、一个国家，任何时候都要有信仰、有理想，有一种精神。希望我们的年轻官兵牢牢记住这一点。

红色基因

我是父母最小的女儿，1958 年 1 月出生，现在是中国伟人蜡像馆副馆长。

“人不能没有信仰!”这句话是爸爸生前最常对我们说的。

父亲离世后，遵照妈妈的嘱咐，我将一支卡宾枪送到了它曾经战斗过的地方——这支枪是父亲在淮海战役攻打徐州机场时用过的。当时，徐州机场承担着杜聿明军团的后方补给，截断徐州与南京敌人之空中交通补给线联络，战略位置十分重要。敌人用的是美式装备，依托工事负隅顽抗，炮火很猛烈，咱们的战士被压制得抬不起头。爸爸着急，从旁边的战士手里拿过这支卡宾枪，一枪就把对面的机枪手打中了。战争持续了不到 12 个小时，爸爸率领着十二纵队就拿下了徐州机场，切断了杜聿明军团的后路。战役结束后，华野总部首长把那支枪奖给爸爸留作

1994 年春节，谢振华全家福

纪念。爸爸戎马一生，非常珍视那杆枪，是他的宝贝。他在世时，我连摸一下的机会都没有。现在，我们将枪捐给淮海战役纪念馆了。

爸爸 18 岁就当红军的团政委，经历过四渡赤水、巧夺娄山关、再占遵义城、强渡大渡河、翻越夹金山、穿越沼泽草地、抵达吴起镇、告捷直罗镇，32 岁便担任纵队司令和军长，上海战役时以一个军吃掉国民党美式装备的一个军，并活捉了敌中将军长……一路披荆斩棘，历经艰难困苦和生死考验，就是因为他心中有信仰，有理想，有艰苦奋斗、不怕牺牲的精神！

2010 年，我作为总策划、总制片人，投拍了电影《铁血奇兵》。拍摄这部影片，是为了告慰那些曾经在战场上浴血奋战的革命先烈，同时提醒中华民族的子孙后代要铭记历史，珍惜前辈们用鲜血和生命换来的美好生活。那一年，爸爸 93 岁，老人家不仅接受了编剧的面对面采访，还为剧本提供了大量翔实的素材，为编辑、导演提供了故事的真实历史依据。

我们兄弟姐妹都有从军的经历，我们接过的不仅是父辈的枪，更是父辈追求一生的信仰、理想和精神！

我们接过父辈的枪，是一个小家庭的家风传承；把那支卡宾枪捐给博物馆，是一个更大范围的“家风”传承；我现在所从事的为伟人设计制作蜡像的工作，也是一个更大范围的家风传承。

（女儿谢海巢）

我 1985 年 10 月出生，2007 年毕业于洛阳外国语学院，打小就和爷爷奶奶生活在一起，他们对我的要求也很严格。我上幼儿园时，要从万寿路坐公交去黄寺大街，大冬天，在呼啸的寒风中等十几分钟公交车，冻得脸蛋儿通红、双脚冰冷，经常看到爷爷的车从身边开过，即便爷爷正好有公事去黄寺那个方向，他也不允许我“蹭车”。我从小学二年级就开始住校，在大兴区。地铁通到大兴是这几年的事儿，我小时候，从位于万寿路的家到位于大兴的学校，来回一趟要大约三个小时的路程，可不像现在这么容易，但当时还真不觉得有多难。从小就听爷爷讲长征故事、长征精神，在他嘉言懿行的模范引领下，我也有了较强的吃苦精神。

我上大学的时候，有一次，周六，听说爷爷病了，立马坐火车从洛阳回京，因为没买到坐票，一晚上就待在餐车车厢里，蜷得浑身疼。回到家，陪在爷爷奶奶身边，端茶送水聊天，平常得很，就像以前在家一样。周日晚上离家回学校，心里惦记、依依不舍，可临走时，也平常得很，没有什么千叮咛万嘱咐、热泪盈眶的场面。那一晚，在车上想爷爷奶奶，想得心疼，也没对任何人说。

爷爷的很多遗物都捐给了纪念馆，但有两样东西，奶奶却留下了，不是舍不得，是不好意思拿出手：一件棉布内衣，是奶奶亲手给爷爷缝的，奶奶怕人家笑话她年龄大了，手工做得不好——奶奶老了以后，眼神儿不济，手工活儿就没年轻时候做得精细了，早些年，奶奶不仅要缝衣服，还要织毛衣，手巧得很，也辛苦得很；还有一条秋裤，因为有卡通图案，奶奶不好意思拿出来——那是我上学的时候穿短了的运动裤，爷爷说没洞没眼的，扔了可惜，就让奶奶给接了个腰边和裤脚，他当秋裤穿。

奶奶出生于1932年8月，80多岁的老人家，现在不仅自己看新闻、看报纸，还要求身边的人学习，精神状态好得完全不像一个患淋巴癌开刀两次并经历过长时间化疗的老人。前几天奶奶还给我看了她的学习笔记，上面写着“去杠杆”“补短板”……全是新名词。

爷爷奶奶他们那一辈人，为了信仰，一生都在争取进步，“活到老，学到老”，是我们的好榜样。

为了更好地传承红色基因，我参加了“红色后代听课团”，参加了隆重纪念《为人民服务》发表70周年讲唱汇，参加一些大型“情景音乐会”讲红色经典背后的故事，还资助北京盛基艺术学校藏族孤贫儿童的学习和生活，被特聘为学校的公益大使，收到学校颁发的荣誉证书。

我经常参加社会公益活动，也是学习我爷爷为老区捐款兴建希望小学、为老区捐款修建公路——这就是家风的传承吧。

（孙子谢砺夫）

补记：我1978年12月入伍，现为中央军委政治工作部老干部服务管理局副局长。

与老干部家庭接触的过程，于我而言，是工作，更是学习。

2005 年 12 月 29 日，我有机会和欧阳青、卜金宝两位老师一起，亲耳聆听了谢振华将军讲述他的长征故事。当时，老首长还跟我们谈起了神舟五号和神舟六号，告诉我们：“航天精神说到底是一种科学精神。我们继承艰苦奋斗的长征精神，又有探索太空的科学精神，将这二者有机地结合在一起，我们中华民族将永远立于不败之地。”

2006 年 10 月 22 日，已经是 90 岁高龄的谢振华将军，在时任总书记胡锦涛的搀扶下，走上北京人民大会堂的主席台，在纪念红军长征胜利 70 周年大会上，作为一名老红军代表发言。

转眼，10 年过去，今年，是长征胜利 80 周年，再无可能面对面望着老首长、亲耳聆听老首长讲故事，但老首长当年的教诲，依然言犹在耳……

（中央军委政治工作部老干部服务局　纪敏）

“年轻的军政委”陈宜贵

陈宜贵，安徽霍邱人，1916年2月1日出生，1930年参加中国工农红军，1933年加入中国共产党。参加了中央革命根据地第二、三、四、五次反“围剿”，随红四方面军长征。新中国成立后，历任中国人民解放军第65军政治部主任、副政委，北京军区后勤部副政委、政委。1955年被授予少将军衔。1997年6月23日逝世，享年81岁。

长征路上

1935 年 6 月，红一、四方面军在懋功胜利会师，此后我随红四方面军南下，参加了创立川西根据地的川西战役。1936 年 7 月又跟随红二、四方面军北上长征，胜利到达甘肃会宁。1936 年 10 月为执行中央的“宁夏战役计划”，刚刚走出草地不久的红五军、红九军、红三十军，接受中央军委的命令，于 1936 年 10 月 27 日在靖远附近全部渡过黄河。从此，我军历史上悲壮的西征开始了。

……

河西，被一片严寒封锁着。两万多衣着单薄的红军指战员，冒着刺骨的严寒，沿着狭长的河西走廊，艰难地行进着。那时，我已调到九军政治部工作。

12 月 29 日，我军在攻克了位于河西走廊要冲的重镇——古浪，解放了永昌和山丹之后，继续向西挺进。接着，又连克张掖以西的临泽、高台。虽然我军取得了一时的胜利，但是在敌军占绝对优势的严峻形势下，我西路军也损失过半。

1937 年元月 11 日，马步芳在“宁死一万人，不失一寸土”的狠心下，集中了步骑兵两万余人，向高台、临泽开始猛烈反攻。高台的五军与敌人血战九昼夜，巷战中以大刀肉搏，英勇顽强。但终因弹粮殆尽，孤立无援，元月 20 日高台城陷。红五军军长董振堂、政治部主任杨克明以下 3000 余人，全部壮烈牺牲。凶狠残暴的敌人，还把董振堂军长的头颅割下，悬挂在高唐城墙上……

翌日，临泽也被攻陷，师长董俊彦英勇牺牲。但红军指战员在浴血奋战中表现出的革命英雄气概，使马军为之惊叹，连马步芳本人也不得不承认“红军是铁军”。

敌人占领了高台、临泽等地之后，又集中了四个骑兵旅、五个步兵团及大批地主武装70000余人，于2月2日，向集结在张掖西部倪家营子的我军主力，展开猛攻。九军和三十军奋力迎击，反复冲杀，敌人血流盈沟，死亡枕藉，丧命者万人以上。但我军也遭受重大损失，消耗无法补充，不能再战，只得于2月21日突出重围，向祁连山脉移动。

这时马步芳认为时机已至，愈加猖狂。他抓住西路军陷入狭长崎岖的山区绝地、弹药缺乏、没有补给等弱点，派骑兵像恶狗似的衔尾而随。我军边打边走。这时，整个西路军只剩下8000余人。

3月10日凌晨，担任西路军后卫的九军（只剩一个军的空壳子，兵力早已在古浪战役中耗损殆尽），刚刚赶到距梨园口还有八九里的小村梨园营，喘息未定，就听见由远而近传来一阵令人心悸的马蹄声。马蹄敲击着大地、敲击着溃退将士的心。东北方向尘土飞扬，刀光闪亮，敌人的骑兵气势汹汹分两路追袭过来，一场处于绝对劣势的战斗冷峻地摆在九军面前。

敌人占领了东面的山头，骑兵快速地对九军形成了包围。在包围圈还没有合拢的时刻，政委陈海松把驳壳枪紧紧地握在手里，镇静地对我说：“宜贵同志，你和几位部长赶快带领机关向梨园口撤退，这里由我留下来掩护！”

这是视死如归的决定！西路军副总指挥兼九军代理军长王树声跟总部走到前面去了，此时陈海松是九军的最高首长，他可以指定任何一名师、团长指挥掩护，自己带着军直机关撤离，保存骨干也保存自己。可他却决定自己留下，无疑是下了必死的决心。他比谁都明白，他一撤军心将不稳，结果立刻会被海潮一般涌过来的敌骑全部消灭。

刚刚20岁的我，平日把长自己四五岁的军政委既当首长，又当兄长，我岂能看着首长一个人去死，自己带着人撤离，我急切地恳求道："政委，还是让我和你一起留下，你忘了？我是'夜老虎团'出来的呀！"

敌骑的马蹄声急骤地敲击着大地，敲击着人们的心。陈海松脸色骤然一变，把脚一跺，厉声喝道："叫你撤你就撤！怎么这么婆婆妈妈的！"

当时把我吓了一跳！随和亲切的陈海松政委，从来没有对谁发过脾气，我是第一次也是最后一次看见政委发火，这火宣泄着一种不可更改的意志。我还能说什么，眼泪扑簌簌地流下来。政委明白诀别的时刻到了，他也心如刀绞，止不住的眼泪夺眶而出。

铮铮汉子陈海松，难过地把头扭过去，用沾满沙尘的拳头擦了一下眼睛，转过脸来，用从未有过的温情和亲切的声调，对我说："好啦，宜贵，赶快走吧！再耽搁谁也出不去了，能活着出去一个算一个，总比大家都牺牲了强！"

我俩默默地站了一会儿，已不需要语言，只剩下眼泪。陈海松毅然转过身去面对敌人。

身后不断传来隆隆的炮声和密集的枪声，我的心像被撕裂一样疼痛。我和机关的同志立即散开，凭借着嶙峋的山石，边打边退，向深山转移。

我们在深山里钻了一个通宵，来到一座海拔三千多米叫作牛毛山的高山，牛毛山上冰雪堆积，气温在零下三十多度，冻得石头都开裂。我们已经冻坏累垮，正想停下来歇歇脚，忽然背后又传来一阵激烈的枪声，我转过身来一看，只见从三道峡谷里同时冲出几支敌人的骑兵。尾随了我们一夜的敌人，催马鸣枪向我们包抄过来。我们连忙抢占了牛毛山的制高点，与敌人激战一天，晚上又乘着天黑夺路向康隆寺转移。

一路之上，我仍惦记着陈海松政委的安危，但是我哪里知道就在我与政委告别之后，敌人立即包围上来，陈海松命令仅有的几百名指战员，迅速占领一个土围子和西山头抗击敌人。土围子不大，敌人里三层外三层把他们包围得水泄不通。陈海松指挥着战士们顽强地阻挡着敌人的一次次进攻，只打得土围子墙暴土飞扬。敌人的火力越来越猛，九军战士们的子弹却越来越少，陈海松嘱咐大家要节省子弹，不准放空枪，要保证每一颗子弹都要打中一个敌人。对峙了好长一段时间，为撤退的部队和机关争取了宝贵的时间。狂暴的敌人恼怒了，调来山炮向土围子猛轰，炮弹终于打开了土围子的缺口，凶残的敌人蜂拥而入。这时陈海松仍率领幸存的指战员突出重围，集中在一个小山包上继续阻挡敌人，迟滞他们追击的步伐。

弹火像网一样罩盖着小山包，战士们一批批倒在了血泊中。活着的战士与敌人反复拼杀，子弹打光了用刺刀捅，刺刀弯了用大刀砍，大刀砍断了用石头砸。小山包上堆满了敌人的尸体，也躺满了九军战士的尸首，满眼的血海肉酱……

七十三团、八十一团团长、政委相继牺牲，阵地上只剩下陈海松和十几个交通队员。敌人发现他身边的战士都用快慢机盒子枪，断定他是个“共产党大官”，想抓活的，火力减弱了。陈海松和交通队员趁机一阵猛扫，撂倒一片，打得敌人怒火万丈，集中火力一起向陈海松射击。满身枪眼的陈海松终于支持不住，倒在地上。

交通队程指导员把满身血污的政委抱在怀里，连声悲号。

陈海松政委再也没有醒来。程指导员愤怒地叫喊着，率领幸存的十几名战士向敌人射击。疯狂的敌人从四面冲上山包，宁死不降的红军战士全部壮烈牺牲。

3 月 12 日，部队到了梨园口，刚要安营下寨，敌人的骑兵便挥舞着马刀，追了上来。九军余部仓促应战，以大刀与敌人短兵相接，血战数小时，军长孙玉清重伤被俘，军政委陈海松壮烈牺牲，九军余部又损失大半。三十军杀出重围后，部队已溃不成军。至此，西路军的三个军及总指挥部直属部队，只剩下不到2000人。

追兵像乌云似的卷来。为了避免全军覆没的命运，3月14日在石窝山上，军政委员会召开紧急会议，决定九军剩下的500多人编为右支队，三十军余部千余人编为左支队，自石窝进入祁连山。总政治部主任李卓然和总保卫局局长曾传六同志，把我和总部机关100多名干部召集在水凌河畔，宣布组成游击大队。任命回民支队司令马良骏为大队长，我为政治委员。给我们的任务是：向东行动，相机打过黄河到延安，把这里的情况向党中央报告。

我虽然不会咬文嚼字，但“相机”二字在当时的分量，我却掂量得出。它意味着困难，意味着艰险，意味着一切难以设想的遭遇和不幸。

……

游击大队朝着东方行进着。

我们前进的方向是一片茫茫的积雪和渺无人烟的荒野。乌云低低地翻卷着，西北风扬起的沙石，凶狠地抽打在一群衣衫褴褛、饥肠辘辘、疲惫不堪的人们身上。饥饿、严寒、困苦威胁着我们。有的同志在饥饿面前倒下了；有的虽然熬过了饥饿的白天，却被寒冷的冬夜夺去了生命。在这最艰难的时刻，少数懦弱分子动摇了，悄悄离开了队伍；甚至有人投到敌人那里去了。而留下的同志，仍然抱着一个坚定的信念，继续向东方前进！

寒风冻结了所有的一切，已是疲惫不堪的红军日夜行军，用自己的两条腿和敌人的四条腿赛跑。一路上，到处可以看到一片片烈士的遗体，他们睁大着眼睛，死不瞑目地躺在祁连山岭和戈壁滩上，没有人知道他们的名字，也没有人掩盖他们的尸体。

一天，我们正在行走，突然一阵急促的马蹄声踏破了几天的宁静，带着一种令人不安的气氛直扑过来。只见一队队骑兵挥舞着明晃晃的马刀，渐渐地由远而近，向我们冲来。大家默默地握紧手中的武器，捡起地上的石块，准备迎接一场殊死的战斗……

战斗是极其残酷的。虽然我们进行了英勇的抗击，杀伤敌人不少人马，但因敌人越来越多，终于被杀得四处奔逃。如果不是重重叠叠的嶙峋怪石可以藏身，恐怕很难有人能逃脱掉。当天下午，集合起一查点，只剩下三四十人了，大多数同志牺牲在敌人的马刀下。

这一仗告诉我们，集体行动目标太大，迟早要被敌人消灭。因此，我们决定把三四十人分成若干小组，分散前进。我们坚信，最后总会有人活着到达延安的。

在这之后的日子里，我们逃亡就更加困难和悲惨了。我们白天不敢走，只有在夜间一路要饭，步行几百里，多少次被追杀，多少次又逃脱。但是无论怎样，我始终抱着一个执着的信念——那就是找到援西军，回到延安去，向党中央汇报西路军的情况。

1938 年春天，我经过一年多艰难曲折的跋涉，来到了西安，找到了八路军西安办事处。在办事处一间明亮宽敞的办公室里，林伯渠同志接见了我。我看着林老那慈祥的面孔，倾听着他一句句充满爱怜和鼓励的话语，真是百感交集，热泪纵横。我沉浸在从未有过的幸福和温暖之中，就像一个流浪多年的孤儿，重新回到了自己亲生父母的怀抱中。

我用手背抹去了激动的泪水，向林老诉说了一年来苦难的经历，和西路军将士们不怕牺牲、顽强地与马家军作战，但终因敌强我弱、弹尽粮绝最后全军覆没的悲惨遭遇……

在林伯渠同志的帮助下，我回到了党中央的怀抱——延安。我盼望已久的愿望终于实现了！

在延安，我见到许多西路军的战友，他们都是失散以后历尽艰辛顽强地回到延安的好同志！

红色基因

在我的印象中，父亲是个非常简朴的人。那些年，每个周末，我们都要回家看望父母，但是很少和父亲聊天。每次我走过父亲的窗前，总是看见他戴着老花镜，聚精会神地摆弄他心爱的鱼钩、鱼竿。大大的写字台上，摆满了破旧的盒子，仔细看，都是我们小学用过的铅笔盒，大部分是铁皮做的，现在很难再见得到了。其中还有一个木制的铅笔盒，

陈宜贵与家人的合影，这是将军生前最后一张全家福

那还是我 1960 年上小学一年级时买的。几十年过去了，早就被我们丢弃的东西，父亲却一直保留着、用着。

父亲崇尚简朴，一辈子都保持着艰苦朴素的生活作风，这和他出生在贫苦的雇农家庭、半辈子都生活在坚苦的战争年代分不开。父亲从不给我们讲大道理，但在平日里用他的生活方式感染我们，教育我们。从我记事起，我就有这样的印象，家里虽然有警卫员、勤务员，可是每天早上五六点钟，父亲总是在打扫院子的卫生，哗啦哗啦的扫地声把我们从梦中惊醒。

妈妈会蹬缝纫机，家里缝缝补补的活儿都落在妈妈身上。唯独爸爸的衣服破旧了，总是他自己缝补，这也是他在军队养成的生活习惯，无论是衣领还是袖口，每一个针脚他都缝得非常整齐，而且还很结实，妈妈总是笑他纳鞋底。那个年代，家里有好几个专门补袜子的鞋模子，父亲总是把自己已经很破旧的线袜，套在鞋模子上。他一针一线缝补袜子的情景，至今还深深地印在我的脑海中。

在父亲的办公桌上，永远都有一叠厚厚的废纸，那些都是父亲从我们用过的作业本里挑出来的，背面还没有写过字的纸。我经常看见他在上面写东西，还曾经不解地问父亲为什么要这样，因为家里并不缺纸，桌上还有“北京军区后勤部”的信笺。但父亲从不随便用公家信笺，他总是先写好草稿，再抄写在正规的信纸上，这样做是为了减少浪费公家的纸张。

他就是用自己的行为影响着我们，让我们从心里对父亲产生一种敬佩！

小时候我们也曾问过父亲：“爬雪山过草地是吃树皮草根吗？甚至把皮带都煮着吃啦？”父亲只是点头，再没有过多的描述。但有一次，他说他还要过饭，饭里有一半是沙子，根本没法下咽，最后他还是吃了。父亲说，饭也不是总能要得到，实在没办法时，就只好吃雪山上的积雪。当时由于年纪小，不理解父亲说的这些往事，过了很多年后，父亲已经离开了我们，通过看他写的回忆录我才明白，父亲所说的那段红军要饭的历史就是发生在西路军失败后他跑回延安那段时间，那也是父亲一生中经历的最最悲惨的日子。

父亲从一个放牛娃、一个红小鬼成长为一个红军的钢铁战士、一个八路军指挥官、一个共和国的开国将军，他所经历的那段颠沛流离的艰苦岁月、炮火硝烟的战争年代，造就了他们那一代人对祖国的无比热爱，对党的无限忠诚和对马列主义的无限信仰。我想无论将来怎样，继承父辈的革命意志，发扬父辈的光荣传统，是我们责无旁贷的历史使命和义务。

（女儿陈曦）

“铁匠将军”董洪国

董洪国，安徽金寨人，1910 年农历正月十七出生，1927 年参加革命，1930 年加入中国工农红军，1931 年加入中国共产党。1935 年 5 月，随红四方面军参加长征。新中国成立后，任河南军区后勤部部长兼政委，武汉军区财务部部长、后勤部副部长、代部长。1955 年被授予少将军衔。2001 年 6 月 29 日逝世，享年 91 岁。

长征路上

我自幼家境贫寒，16 岁被父亲送到铁匠铺当学徒，受苦受累受气，饱尝辛酸。1927 年春，我在小学教师颜曰文的动员下，加入了农民协会，并加入了农民自卫军。1928 年 5 月入党，1929 年 5 月，参加乡赤卫军，成为地方武装的一名战士，1930 年 10 日参加红军。参加了第一、二、三、四次反“围剿”斗争。1932 年 10 月，随红四方面军西征入川，途中参加了魏家店、新集、土桥铺战斗。1933 年 7 月，调任红三十军医院政治部主任。1935 年 5 月，随红四方面军参加长征，三过雪山草地。

1935 年 6 月，四方面军两大红军主力会合后，进入到了藏区松潘、理番、茂州、绥靖、懋功等大山区，粮食供应十分困难，行动上不便利。那时我在 30 军政治部工作。6 月 19 日，军经理处肖永政科长和军政治部罗麻子排长各带领 50 余副挑子，和一个排的武装集合在一起。我随同他们出发了。从此，我走上了长征的道路。当时，我还不知道这就是后来所谓的长征，我们每天就是往前走。

前方的道路崎岖不平，非常难走。到川北县治城镇时，要过竹篾桥，我还是第一次看到用竹子竟能修这样的大桥！第二天，我们走得早，沿着一道沙河顺河而下。这河没有水，一片白沙石头，炽热的阳光晒得沙石发烫，大家蒸晒得实在难受，想休息一下，而河边没有一棵树，没有阴凉的地方，只得顶着热浪坚持往前走。好不容易到了土门场，夜里我却发起了高烧，身上的伤口已经严重化脓。第三天早上，肖科长看到我不好受，就问：“董队长，你有病不能走怎么办？”我说：“那有什么办法，坚持走吧。”我哪知，就这样一路走下去，我的烧一直不退，化脓的伤口也越来越重。因为几天没换药，脓和血垢结得很厚。后来，终于找到护士可以换药时，却痛得我不行。护士用竹钳子夹着棉球在伤口里面、外面抹来抹去，每抹一下，痛得我汗流满身。护士怕我护痛，妨碍换药，就将我的双手抱住，不让我动弹。他们将伤口擦洗后，又用长纱布条往里塞。塞布条比擦洗更痛，开始我忍耐着数数，等数到10时，人昏迷过去了。当我醒来后，我知道我的伤得到了治疗，会一点点好起来，我就下定决心，无论遇到什么样的困难也不能掉队，时刻要跟着组织往前走。

过雪山的时候，我的伤口化脓还很厉害。

部队行军走得快，虽然山高、路不好走，但他们是健康人，说走就走，叫休息就停，过雪山上坡不费什么气力。而我则不然，开始上坡时，忍着伤口的疼痛骑着马，跟着部队。但到了山半坡时，马也走不动了，累得直喘大气。我想不能把马骑死了，如果马死了，将来行军更没有办法了。我对陪护我的小毛讲，你在前面牵着马，我在后面拉着马尾巴走吧！我拉着马尾巴，上气不接下气地走几步休息一会儿，走走停停，两腿真的是走不动。战友们拉的拉，推的推，好不容易到了山顶。一眼望去，这山铺盖着厚厚的一层白雪。我们在雪地里走了一会儿，快下坡了，大风吹来了，一阵大风吹得沙石满天飞扬，打得脸上全是血。风越吹越大，幸好，我拉着马走下山了，闯过了这道难关。这是我在长征路上遇到的第一座大雪山。下山后走不远，天快黑了，部队宿营了。我们找了一棵大松树，在这树下宿营住了一夜。第二天继续行军，走的是无人区，都是原始森林，没有一个老百姓。

7月25日，我们终于到了毛儿盖地区军医院驻地。

后来，我们又从毛儿盖继续出发。第一天，倾盆大雨下了一天没停。我们没有雨具，也没有树林可以避雨，部队冒着大雨行军，每个同志从头到脚、从外到里全是水淋淋的……

第三天，部队继续在大雨中草地行军，已经到了草地中心，是水草地区。水草地看起来地形平坦，看不清的小沟小河如蛇状弯弯曲曲，茫茫一片，横在我们前进的道路上。这样的地方，连牛、羊都难进去，而我们必须通过它。这个地区，由于千百年来生长的杂草腐烂，形成了大片大片的淤泥，人一踏上去，周围十来尺的地方也动弹，人走还勉强可以，可是马踏上去就会陷进泥潭里。陷进这样的泥潭是危险的，一点也不能动弹，越动越深。所以走这样的路要绕着走，从山坡山头上走，一天要多走许多路。如果掉进泥沟泥潭里，真的会是九死一生，有的同志就牺牲在这里了。我是个有病的人，有些同志对我开玩笑说："董洪国，看你这个样子，要在这里喂狼了！"我说："不见得吧！我们看看谁在这里喂狼，走着瞧吧！"我们走了不远，过一道小水沟，我没有注意，我骑的马前脚一下踏进水沟，马头也一下栽进水沟里不能起来，将我也摔到对面泥坑里了。当时我想：完了！完了！马不能走了，我没有马怎么能走出草地呢？真要喂狼了！说时迟，那时快，一刹那间，马从水沟里抬出头来，猛地往前一跳，跳过了水沟。我看到马过了沟，高兴极了，有救了。我忙将马鼻上的泥水擦了擦，马又"咴儿咴儿"叫了起来。又走了半天，我们在一个不知名的半山坡上的光石坡上露宿了一夜。

8月25日，我们仍旧草地行军。这天早上也没有饭吃，从班佑——牛屎房出发，往北翻越一座山，在山垭口往北张望，嘿！有人家了。我们一股劲儿走下山坡来到河边。河边有几个水磨，是藏民加工粮食的。地里有青稞、麦子、蚕豆、豌豆等。河的两边有许多藏民村庄，可是藏民百姓都不在家。这时我们顾不得纪律不纪律，弄点粮食吃饱肚子再说。我们煮熟了一点青稞、麦子和蚕豆，饱饱地吃了一餐。草地行军的最后一天，我们到达了巴西。我们在巴西一打听，都是一方面军的部队，我们 30 军不在这里，政治部和医院也走了，只留下我们有病休息的人员。我到巴西后，出了口长气，自言自语地说："我们总算过了这个艰难的草地。出娘肚子以来，哪里受过这样的罪呀！虽然说是五天的苦日子，比五年还难过!"草地经历，终生不忘。我是幸存者，而许多战友已牺牲在草地里，为革命事业献出了宝贵的生命。

红色基因

我的父亲和母亲育有七个子女，前五个孩子姓名中的字连在一起就是"保卫新中国"。他把七个子女全部送到偏僻艰苦部队，鼓励他们不要搞特殊化，不要怕苦。我大哥董保华在抗美援越战争中头部中弹，仍坚守岗位，及时报出了一组敌机数据，保证了战斗的进行，1970 年被授予"一等功臣"。我大姐董卫华、小弟董国华都在 1979 年 2 月 17 日随各自的部队参加了对越自卫反击战。

父亲是一个用行动影响后代的人。新中国成立后，父亲长期在后勤领导岗位任职，经手的巨额财物不计其数，但他始终克己奉公，廉洁自律。三年困难时期，父亲虽然管着后勤，有仓库，有农场，但家里从来没有伸手拿公家一粒米、一寸布。我们和其他家庭一样没有吃的，只能喝粥，吃野菜。

我的父亲是一个意志无比坚定的人。以前他喜欢抽烟，烟瘾还很大，但后来他毅然决然戒了烟。原因是 1949 年河南军区供给部在郑州开办了河南第一个烟厂，烟厂负责人逢年过节经常给上级领导送烟，说是请领导品尝鉴定是否有质量问题。但父亲认为，这样怎么行？如果经常这样送的话，那不是要出问题吗？于是，他以顽强的毅力改掉了几十年抽烟的习惯，使别人再也没有送烟的借口。

董洪国夫妇

改革开放后，家庭生活条件逐步改善，父亲却始终保持艰苦朴素的作风。有一次，父亲过生日，我给他买了一件“杉杉”牌衣服。我觉得父亲受了一辈子苦，穿一件好的衣服也是理所当然，当我把衣服拿给他时，他没有露出高兴的表情，反而是皱着眉头，严肃地问：“多少钱？”我说：“就几百块。”他一听上百了，立马生气地说：“我不穿！买这么贵的衣服干什么！穿什么都一样！”这件事给我留下了深刻的印象。父亲常说：“艰苦奋斗是革命胜利的法宝，要天天讲，时时讲，只有保持，才能迎来一个又一个胜利。”他在物质上真的从不计较个人得失，不贪图个人享受。他总是这样教育我们说：“大别山一起走出来很多革命的同伴，能活到新中国成立的仅是很小的一部分，大多数同志都牺牲了，有的还没有留下名和姓，你们要记住，胜利和光荣永远属于那些先烈。”

（儿子董汉荣）

我从小生活在外公、外婆身边，外公在世时，从未和我讲过自己在革命时的功绩和荣誉。小时候，外公经常教我唱歌，我会唱的第一首歌是《红军不怕远征难》。外公是安徽金寨人，有口音，我一直以为是“只

董洪国与外孙女胡丹丹

登险”，唱了十几年，直到后来上军校学《长征组歌》才发现，原来是“只等闲”。

外公于 2001 年 6 月 29 日拂晓随着第一缕阳光离开了人世。那个时候我正在军校读书。外公在去世前一段时间，向妈妈交代：“丹丹在军校上学，凡事要以学业为重。当一个好兵，做一名好学员。我要是走了，不要告诉她，不要让她请假回来，不要耽误她学习考试。”外公从小对我呵护备至，疼爱有加，他何尝不想在他离世的时候我能够在他的身边呀。可是，他直至生命将尽，都不愿耽误我的学业，无奈的内疚啮噬着我的心的同时，更是让我知道只有好好学习好好做人才是对他最大的回报。

每当我工作上遇到困难的时候，我总会想到我的外公。长征那么艰难的路他都走过来了，我们遇到的困难算什么呢。困难总是有的，只要不怕就无所谓了。每每想到他，我都坚信，外公没有走，他的红色基因正在我们的血脉里代代相传。

现在，我的怀中正抱着我的孩子。虽然他还不懂事，但是我已经开始给他讲述曾外公的故事。相信，他长大了，会知道，他的童年歌谣里有一首歌唱道：红军不怕远征难，万水千山只等闲……

（外孙女胡丹丹）

“忠魂化雨”周纯麟

周纯麟，湖北麻城人，1913年10月8日出生，1930年参加中国工农红军。1932年加入中国共产党。1935年，参加红四方面军长征，两次过草地。新中国成立后，历任华东军区炮兵司令员，南京军区炮兵司令员，南京军区副司令员兼上海警备区司令员。1955年被授予少将军衔。1986年9月2日逝世，享年73岁。

长征路上

1930 年 11 月，我们全乡有 20 多个青年参加了红军。当天下午，我们就由王俸嘴区苏维埃所在地集合出发了。

我参加红军后，没有立即上前线，而是先在红军补充团里进行政治学习和军事训练。不久，我叔叔周承继到红军来看我。他递给我一个小布包，诚挚地说："这是你母亲让我特意送给你的！"

我打开布包一看，里面有一双棉鞋、一双单鞋和两块钢洋，这可是我母亲多少年的积蓄啊！我双手捧起这双鞋子，望着上面密密的针线，仿佛见到了我母亲一颗纯洁善良的心，见到了母亲对儿子的一片深情。

我母亲是苦了一辈子，累了一辈子，哭了一辈子。她从小家里穷，到我家当童养媳，也一直受苦受累。婚后，她孩子多，生了七个，死了四个，每死一个，她都痛哭一次，我大姐婚后不久，丈夫就死了，我母亲也是大哭一场。而后，她娘家四个兄弟又相继死去，只剩下两个很小的侄儿，她也是死一人哭一回。后来，我父亲又贫病交加，活活饿死、病死，她更是哭得死去活来，昏过去好几次。

想到这里，想到自己离家当红军，没有事先告诉母亲，我深深感到对不起她老人家，不禁两行泪水簌簌而下。

叔叔好像看透了我的心事，安慰我说："你母亲让我告诉你，她对你当红军是同意的，很支持。她说，过去好儿不当兵，如今是好儿才能当红军。她要你在红军里好好干，一心一意为穷人打天下，不要欺负老百姓，不要抓夫，不要抽丁，不要挂念她，不要给她和穷人们丢脸，更不要想家而离开红军……"

1938年12月，周纯麟（前右）在八路军驻迪化办事处与曾玉良（前左）等战友合影

对于母亲的嘱咐，我一直记在心间。我叔叔看到我在红军里生活得很好，大家互相照顾，非常高兴。第二天一早，他就回家去了。

可是这次当红军，给母亲带来了欢乐，也使她老人家遭受了更大的痛苦。我走后不久，敌人就造谣，说我在外面死了。我母亲虽然半信半疑，但也少不了哭。第二年，我哥哥惨遭杀害，嫂子改嫁，敌人还说我家是“共党”，扬言要斩草除根。霜打雪压、夫死子亡的人间悲苦，都落在她一个人身上。为了躲过国民党反动派的追捕，她只好带着6个月的小孙子，外出讨饭三年多，最后眼睛都哭瞎了。

在当时苦难的旧中国，有多少像我母亲这样的受苦人啊！正是为了解放这千千万万苦难的乡亲和百姓，我才坚定决心：扛起钢枪当红军，一心跟党闹革命！

当时，我加入了红四方面军第11师31团。

当我们的部队进到漫川关的时候，杨虎城的部队已经守住关口，胡宗南、肖之楚、刘茂恩的部队也涌了上来，对我军形成了包围的局面。

漫川关是崇山峻岭中的一个小镇，周围都是千米以上的大山，仅有几条羊肠小道，地形十分险要。1932 年 11 月 12 日上午，我们正在一个河沟中行军，突然，听到前面机关枪打得很激烈。倪志亮师长、李先念政委便命令 31 团，立即占领右边的山头和河沟的右岸，同时，倪师长和李政委派我送一封急信去总部。

这次行动，红四方面军总部是跟着 12 师走的。我翻了两个山坡，在一个半山坡的老百姓草房前，看到了徐向前总指挥的通信员的那匹白马，才进到院子里去见徐总指挥。当时，徐总指挥脸上的表情很严肃。他在院里走来走去，似乎考虑着什么重大决策问题。他一见到我，便急切地问："小周，你们师打上了没有？"

我行了军礼后，立即回答："我们 31 团正在占领山卡子，并准备将 33 团也用上去，师首长要我来请示部队下步怎么行动，如何打法？"说完，我随即将师首长的信交给徐总指挥。

徐总指挥看完信，立即回到屋里，看了一下地图，说："现在前面好的地形被敌人占领了，后面的敌人也追了来了，我们被包围了！但是，今天晚上，我们一定要想办法出去！"这时候，警卫员端了一碗山芋进来，请徐总指挥吃，徐总指挥拿了一个山芋，边吃边看着地图，对我说："你们今天晚上要轻装，能减少的东西尽量减少，跟在12师后面，突围出去！"

徐总指挥略停了一会儿，又对我说："晚上突围，部队一定要肃静，一定要随时准备战斗！各级指挥员一定要到垭口去指挥！要有秩序地走！今晚，我让十二师在北山垭口先开一条通道，但你们过了山之后，就要打前卫，在前面打开一条路！"徐总指挥一面讲，参谋主任一面在给我们师首长写信。最后，徐总指挥把信交给我，又叮嘱说："你回去之后，一定要把我说的意思向你们师长、政委报告！"

我跑步回到师部，除了把信交给倪师长外，还把徐总指挥的指示向师首长做了汇报。全师人员立即轻装：部队能减少的东西全部减掉，过去从敌人手中缴获来的山炮和迫击炮，此时也不得不炮口对炮口炸成了废铁。

北山垭口的一条通道，是 12 师 34 团团长许世友同志受徐总指挥的重托，组织敢死队打开的，他们打得很勇敢，很顽强，在红四方面军生死存亡的关头，为部队杀出了一条生路！部队看到徐总指挥亲自指挥，通过垭口的速度很快。当敌人的两个旅重新合拢时，得到的只是一堆被我们遗弃的破烂。我军已翻越野孤岭，抢占了竹林关，又一次摆脱了险境。接着，我们又折西北，在曹家坪兵分两路过秦岭，一路走汤峪，一路走库峪，突然出现在关中平原上。

红色基因

我是家中的四子，1953 年 3 月出生，1969 年参军入伍。服役于驻皖红军师（隶属 12 军），后在解放军政治学院任教官。

父亲一生经历了许许多多的坎坷。印象中，古稀之年的父亲说话底气十足，声音洪亮，乡音浓厚，丝毫不失将军的威严。他一生中最伟大的事，就是他用自己的双脚，丈量了“长征”的长度。从长征开始到结束，其中的滋味，永远无法完全用语言来形容。他在写回忆录时，我会佩服父亲那惊人的记忆力，每每谈到某一次战斗经历，他总是能清晰地记得每一位在他身边牺牲的战友，经历了如何残酷的血拼，遭遇了如何艰难的境遇，他都能准确地说出。每次有记者或是媒

1984 年 9 月，周纯麟全家在上海延安饭店十二楼合影

体想要采访他，他总是将更多的讲述放在了战友身上，很少讲自己。他常说自己能有今天是多么幸运，战友为了事业牺牲了自己，绝不能忘记他们——他想让逝去战友的事迹为更多人所知。

父亲向我们表达的第一个家风，便是“正直，有情有义”。父亲晚年时，常常会利用空闲时间寻找烈士的遗属，一旦找到，便常常去看望他们，并尽力照顾烈士们的后代，完成烈士们托付他的一桩桩遗愿。有一次父亲回到革命老区捐助当地的一所小学，政府想以他的名字来命名这所小学，被父亲坚决拒绝。父亲就是这样的一个人，他对战友的感情，绝对不允许掺杂任何私人因素。

父亲也常常支持革命老区的工业建设，帮助老区修筑公路等，他想让老区人民的生活能够被改善得更好一些。后来，父亲生病期间，常常会有父亲带过的老战士、老部下来看望他。父亲的一生，真正做到了光明磊落、有情有义。我深深为父亲的正气所鼓舞。

（儿子周善伟）

我 1979 年 12 月出生，是家中的长孙。大学毕业后曾在国企、外企工作。

每次提起祖父，总是能让我肃然起敬。我的成长和祖父、父亲的言传身教密不可分。祖父的陪伴让我的童年生活充满幸福，而祖父也是我需要用尽一生去学习的榜样。祖父的长征历程，是我一直以来都想去学习和探索的传奇历程，这是高于一切的宝贵精神财富。

“勤俭朴素”是祖父让我明白的第一个道理。从小开始，祖父就严格要求我，按照部队的管理程序来管理我。我小的时候，每次吃饭，祖父都要等所有人到齐后，才会下一声口令让大家坐下吃饭，而我碗里的

1986 年 8 月下旬周纯麟在上海华东医院与全家人的最后合影

饭更是祖父所关注的重点，在饭桌上常常能听到祖父叮嘱我：“碗里有多少饭，你就要全部吃掉，不允许剩饭!”祖父是农村走出来的，他会用最朴实的话教训我，“农民是最辛苦的人，每一粒米都是农民用汗水换来的。”偶尔我会犯小孩子脾气不听话，祖父便会很生气地拿筷子抽我的手，让我懂得节俭的意义。

祖父的节俭朴实更是我们一直以来有目共睹的，在记忆中，一身泛白甚至已经落了补丁的衣服，几双磨坏了边的布鞋陪伴着祖父的晚年，在当时祖父的工作及生活水平来看，着一身体面的衣服，穿皮鞋接见外宾或出席正式场合都是合情合理的，而祖父却没有这样做，他害怕浪费而坚持选择穿旧的衣服和鞋子，这甚至让他的许多朋友都无法理解。

儿时的一天，祖父正在向我讲述他的战争岁月，而我却似乎没有听得那么认真。当祖父讲述着他的一位战友在一次战斗突围中为了营救自己，最终不幸负伤壮烈牺牲时，我竟因一时走神笑出声来，祖父的怒火被瞬间点燃，脸色也由慈祥变得严肃起来，他严厉地训斥道：“你忘记了吗？你是革命者的后代！你是这些为国牺牲的烈士们的后代！没有他们，你能过上现在和平的幸福生活吗？不要忘了本，忘本就等于背叛!”这段简短但如雷贯耳的话语，一直深深地印在我的脑中。什么是本？本，就是祖父他们这一代人，为了信仰，为了希望，为了天下的穷苦人，不惜牺牲自己的一切，创造了一个和平繁荣的天下，锻造的一种革命精神。有了这种精神，我们可以拥有最坚定的信念，打败一切敌人，克服一切困难，实现自己的梦想，成为一个纯粹的人。

作为一名优秀的职业军人的后代，最大的不同可能就是与生俱来的一种荣誉感、责任感和使命感。祖父教育我们，无论做什么事情，最大的原则——不得有辱国家、有辱人民、有辱家门。万事国为大，民为本，家为责。这是一位为了国家为了人民奉献了一生的老人，给他深爱的子孙后代留下的箴言。

这样的家风，我相信也会一代一代地不断传承下去，真正能让长征的精神在我们晚辈的身上得到继承，并能够在我们的精心呵护下发扬光大，为社会增添更多的正能量！

在 2013 年祖父百年诞辰时，为了深刻怀念祖父，以谢祖父培育之恩，我写了一首小诗：

浴血沙火战千里，
囚刑不折君豪气。
驰马斩鬼斗天机，
挥师渡河克顽敌。
执炮东关守乾坤，
扶枪申城保红旗。
将军行笔留铁忆，
忠魂化雨沐新泥。

祖父一辈的革命岁月已经成为历史，在繁荣和平的现代，我们不能忘记历史，更不能忘记他们用双脚一步步走出来的“长征精神”。这是红军的“魂”，是我们过去克敌制胜的强大精神力量，是我们党的一份宝贵的精神财富，我们必须十分珍惜。今天，在我们面前既有难得的机遇，又有严峻的挑战，我们面临着新的形势，肩负着新的任务，任重而道远。愿我们能够永远学英烈们的榜样，创英烈们的业绩，在建设社会主义现代化祖国的新的征途中，踏着英烈们用生命和鲜血开辟的道路继续前进！

（孙子周炀）

“敢死队队长”颜文斌

颜文斌，江西永新人，1915年出生，1932年参加中国工农红军，1934年加入中国共产党。1934年8月，随红六军团执行红军长征先遣队任务，为中央红军战略转移开辟前进道路。新中国成立后，曾担任第39军第115师师长，第39军、第40军副军长，黑龙江生产建设兵团第一副司令员，旅大警备区第一副司令员等职。1955年被授予大校军衔，1964年晋升为少将军衔。2014年4月1日逝世，享年99岁。

长征路上

1915 年，我出生于江西永新县新塘乡，6 岁时一场瘟疫夺去了全家 11 口人的性命，我也成了孤儿，靠给地主放猪为生，日子苦得连猪狗都不如。14 岁那年，红军打着小旗到村里来招兵，我听说红军是穷人自己的队伍，官兵平等不打人不骂人，我当即毫不犹豫地扔下放猪鞭当了兵。

由于作战勇猛，参军不到两年便入了党，当了排长。

1934 年 8 月，为了配合中央红军战略转移，我所在的红六军团作为一支先遣队，在萧克军团长和王震政委的率领下从湘赣突围西征，挺进湘西，转战五千里，到达贵州东部，与贺龙的红二军团会师，我担任红六军团十七师五十一团一营模范连尖刀排排长。

1935 年春夏之交，红二、六军团在忠堡地区包围了敌湘军张振汉司令部。敌人拼死顽抗，我方多次冲锋冲不上去。这时，绰号“拼命三郎”的贺庆吉营长急眼了，大喝一声：“排以上干部集合！”全营 42 名排以上干部组成了敢死队，营长第一个就点到我的名字，他要我担任突击排一班班长，站在全队最前边。

简短的动员之后，我们就进入了突击阵地。只听贺营长一声呐喊“冲锋！”42 名干部像猛虎下山一样扑向敌阵。我边冲边甩出三颗手榴弹，纵身跃过战壕，冲进敌群，“扑哧！”“扑哧！”我的刺刀一连捅进两个敌人的胸膛。突然，一颗手榴弹在我身边爆炸，我眼前一黑就失去了知觉。

不知过了多久，我朦朦胧胧地听见有人说话：“挖好坑了，埋吧！”

接着，我便被拖进了坑里，一锹一锹的土盖在我的身上……我脑子一下子清醒了：是自己人在打扫战场呢！猛地，我睁开眼睛坐起来，大喊一声："你们这是埋活人哪！"

在场的人全吓傻了！

这是我第二次捡了一条命。

我一生负伤11次，在红军长征和西征期间就负伤6次。

在一次战斗时，一块炮弹片从我的脑门正中嵌了进去，瞬时，血就流满了我的脸。我用手一摸，一大截弹片还露在外边呢！战斗要求，我顾不得处理。那时，容不得多想就继续参加战斗，直到战斗结束，我叫战士找来一把铁钳子，像拔钉子似的使劲往外薅，拔出来的时候，血滋出老远，溅了对方一脸！

1935年11月，为了摆脱国民党130个团的大"围剿"，红二、六军团撤出湘鄂川黔根据地，继中央红军和四方面军长征之后，继续举行长征。当时，我正在龙家寨红军临时医院养伤，我的右大腿伤口仍在溃烂，医生检查后认定我不能出院。由于战略大转移条件非常恶劣，不能携带重伤员，所以我只能被安置在附近的老乡家中养伤。部队撤离的当晚，一伙土匪武装就洗劫了这个村庄，隐蔽在老百姓家中的红军伤员多被杀死。我也被土匪把刀架在了脖子上，多亏我兜里有组织发给的养伤钱：一块银宝和三块大洋，我全部交出，再加上老乡苦苦相求："他还是个孩子，留下他一条命吧。"这样，才换了一条命。

次日早晨，我拄着树棍站在村口，一直等到红17师开过来，营长劝我还是留下养伤，再给我一些钱。我不要钱，只要求跟着队伍走，能挪一步是一步，能活一天是一天，直到走不动死掉为止！我们连战友们走过来，大家争着要背我、抬我，我拒绝了，这时候我决不能连累任何人。我们排的战士每人把亲手编的一双草鞋塞给我，含泪与我告别。

就这样，我拄着一支拐杖，背着30多双草鞋，随着逶迤的大部队一步一步地艰难地向前挪行。沿途不断有人劝我："算了吧，同志，别跟了！"部队途中休息，我继续赶路，部队晚上宿营，我不睡觉，再向前赶一二十里，为的是明天不被落下……我的伤腿痛痒难忍，有一天，我走到一条小河边想洗洗伤口。绷带打开，吓了一大跳！只见一片白花花的蠕动东西盖住了腐烂的伤口，瞬间，蛆虫满腿到处乱爬！按今天的医学常识，这样大面积溃烂恶化的伤口即使动手术也回天无术，何况在当时那种毫无医疗条件可言的恶劣环境中，肯定是必死无疑了。可人的求生本能和顽强的生命力有时是无法估量的。那时，我心中只有一个信念：只要还有一口气，只要还能挪动一步，我就坚决地向前走！我向沿途的部队要来一些盐巴和纱布，每天用一只铁茶缸煮开盐水，用纱布蘸着盐水洗伤口，伤口竟然奇迹般地愈合了。走到四川的时候，我就丢掉了拐棍赶上了自己的部队！

还有，我的右臂一直弯曲不能伸直。这也是在长征途中受的伤。一次，敌人的一枚手榴弹在我身边爆炸，一块弹片钻进了右臂，骨折筋断，肿如馒头，由于未及时处理，痛得撕心裂肺。为了拔出弹片，卫生员把我绑在一棵树上，用小刀割开皮肉，硬将弹片撬出。

总有人问我，受伤这么多次，痛不痛？其实，咋会不痛呢，只是战斗一打响，就忘记了痛。

爬雪山、过草地的时候，我们面临着更为严重的死亡威胁！由于打仗、严寒和饥饿，部队大批减员，好几个连变成一个连，我由连长变成副指导员，又由排长变战士。过草地末期，我们连就剩下22名战士和我一个干部。天天吃野菜，吃得脸发青，眼前发黑，浑身面一样的软。后来，野菜也被吃光了，我再也走不动了，躺在草地上，像睡觉一样等死。朦胧中传来一阵马蹄声。"喂，同志，起来走哇！"有两个人过来扶我起来，可是扶起来又栽倒了。

这时，一位首长骑马经过，他从马背的干粮袋里倒出仅有的一碗炒面，送到我手里："你这是饿的，快吃吧！"

望着这碗比黄金还要贵重的炒面，我的眼泪唰地一下夺眶而出："不，不，首长，我吃了，您吃什么啊？"首长亲切地说："我们都是阶级兄弟，生死要在一起啊！"听完首长的话，我像孩子一样地哭了起来。这碗救命的炒面，我是和着泪水吃完的。吃完就有了力气，当天晚上就走出了草地……

可是，那位首长我至今也没有打听到他的姓名，他把生的希望留给了我……在我们革命队伍中，这样的同志真是太多了，我们今天活得这么好，怎能忘记他们啊！

……

1955年授衔时，我因任现职时间与规定的时间仅差10天不能授少将军衔。考虑到我是经过长征的老红军，负伤多、战功多，组织上派人征求我的意见。"为了自己肩上芝麻绿豆大的星，伸手向组织要，是不光彩的。回想起长征过草地牺牲了的同志们，我张不开嘴啊，难道我爬雪山、过草地，吃苦流血就为了这颗星？"来征求意见的同志就这样被我打发走了。1955年11月，我愉快地接受了大校军衔，直到1964年我才晋升为少将军衔。

红色基因

我是颜文斌将军的小女儿，出生于1957年6月，2000年从正团级

颜文斌全家福

主治医师岗位上退休。

父亲文化不高，却格外尊重知识，尊崇“师道”。我的大哥小学四年级时在课堂上捣乱，将一把大鼻涕甩在老师的眼镜上，老师找家长告状，父亲暴怒之下，把大哥吊在树上用皮带狠狠抽打，吓得我们四个姊妹全都跪在地上求情！父亲气呼呼地告诫我们：“我从小想读书读不上，你们不知珍惜，我不能容忍你们这么不尊重老师！”我和爱人在兵团子弟中学读书时，正逢“读书无用”“白卷先生”吃香的年代，父亲不听邪，多次发脾气“放炮”：“学校不抓学习干什么？学生不学习怎么行！”他把兵团许多有真才实学的人调到学校当老师，“顶风”把教学质量搞了上去。1977 年恢复高考制度后，兵团子弟中学创造了当地升学率最高的纪录，我也是受益者，凭借扎实的基础从战士考上大学。而今，家族三代人中成长起十几名中高级军官和七八名世界名校留学生。

父亲从小是孤儿，却特别推崇“孝道”。我出嫁的头天晚上，父亲割舍不下父女之情哭得涕泪交流，可还一遍遍地叮嘱我：“咱们老颜家有两条家规：一个是师道，一个是孝道，你要好好孝敬公婆……”母亲则以自身为例叮咛：“我这辈子爱护你爸爸，就像爱护自己的眼珠子。所以，要做个好媳妇，心中第一位是丈夫，第二位是孩子，第三位才是自己。”有一次，我向父亲保证：“我对你们咋样，就对公婆咋样。”不料，父亲严肃地说：“错！你对父母好十分，要对公婆好二十分！”我爱人父亲癌症住院期间，我不分昼夜、擦屎擦尿伺候在病榻边。有一次，我去找保洁工要求更换弄脏的被套，保洁工很不耐烦地问：“你是他什么人哪？”我说：“我是他儿媳妇，他是我老公公。”保洁工惊讶地瞪大了眼睛，态度大变：“啊？我在这楼层干了七八年，没见过一个儿媳妇这么没白没黑地伺候老公公！就冲这个，以后你们家换被套，我随时给换！”

在大连“红星村”干休所，“老颜家家风好，子女都孝顺！”可谓有口皆碑，在子女们无微不至地照料下，父亲成了大连市最长寿的老红军。为了用“绿色治疗”取代抗生素，我们姊妹几个拜师学会推拿疗法，每天轮流给父亲推拿 3 小时以上，遇到老人发烧发热，我们就从晚到早推一宿，常常累得胳膊都抬不起来。6 年间，父亲多次发生病危险情，凭着我们兄妹几个悉心照料和他的顽强意志，屡屡从死亡边缘起死回生。

有一次，医院又报病危，请来的中医权威断定摸到了父亲的“死脉”，让家人准备后事。这一次，全家人都不抱任何希望了，正当大家悲哀地准备后事的时候，昏迷多日的父亲突然苏醒，睁开眼睛吼了一声：“我不怕死，阎王爷不敢收我！”顿时，在场的人都惊呆了！那位中医权威更是惊愕不已：“不可思议，不可思议！我行医 40 多年，今天第一次栽了！”父亲就是这样，一次又一次地创造了生命奇迹。

（女儿颜慧平）

我是颜文斌将军的外孙女，出生于 1984 年 6 月，毕业于美国宾夕

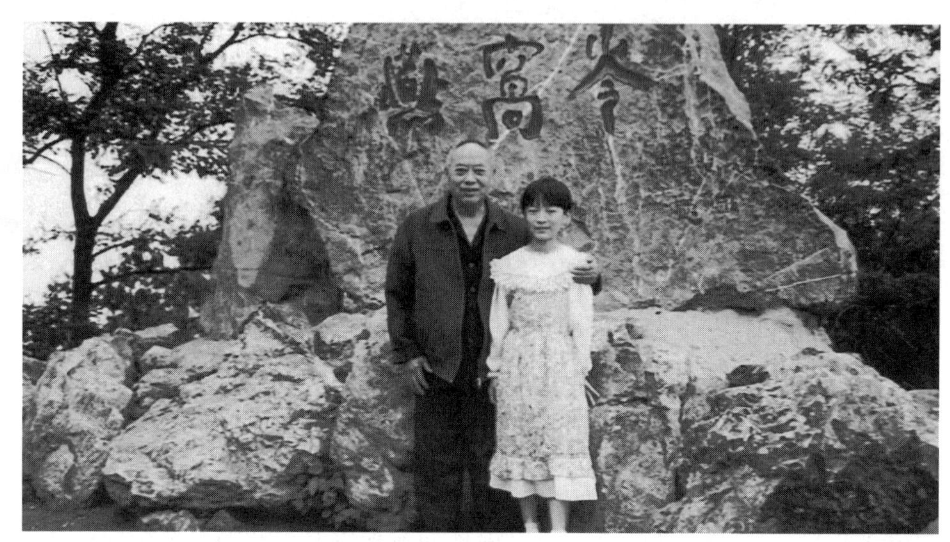

颜文斌与外孙女刘婷婷

法尼亚大学，法学博士。现在北京某律师事务所担任首席律师。

我从小很淘气，但最爱听外公讲故事。外公很喜欢我，但从不溺爱，他说现在独生子女身上的娇骄二气太重，人不能吃苦，就不能长进。在他的一手调教和潜移默化的熏陶下，我从小就很独立，有一股植入骨髓的自信自立自强的闯劲，小学时我就自己报名，不让家长陪同，还连续三年参加大连市枫叶杯英语讲演大赛，从铜奖、银奖，最终捧回了金奖。从小我就把外公当作偶像，外公 15 岁参加红军，17 岁参加长征，他的故事给我以深刻的启迪。在我考取香港大学法学研究生时，自己一人扛着比体重还重的行李过关出境，在香港求学求职打拼 3 年，用自己挣下的学费，又赴美国宾夕法尼亚大学深造，拿到了美国律师证书，并获得年薪 12.5 万美元的美国国际律师职位。我每次回大连探亲，一下飞机就去看望外公，和外公拉拉手、聊聊天中，仿佛就能获得源源不绝的正能量，外公就是我人生的“加油站”。

（外孙女刘婷婷）

情义将军张天恕

张天恕，湖北红安人，1913年11月27日出生，1927年参加革命。1934年11月，随主力部队长征，12月达到陕南。新中国成立后，曾任热河军区第一副司令员兼参谋长，辽宁省军区副司令员，旅大警备区副司令员。1964年晋升为少将军衔。1985年2月12日逝世，享年72岁。

红色基因

根据原沈阳军区档案馆资料，我的父亲张天恕1927年参加农民自卫军，土地革命战争时期历任皖西北独立团连指导员、红25军74师224团营教导员，1933年10月参加第五次反“围剿”作战，1934年11月随主力部队长征……父亲1956年从解放军政治学院结业后，历任热河军区第一副司令员兼参谋长、辽宁省军区副司令员、旅大警备区副司令员。1964年晋升为少将军衔。

父亲1985年因病在大连逝世，生前没有写过回忆录。关于父亲早年的故事，我近年来才偶尔从长辈那里听到一些。我的儿子出生于1992年，我与儿子谈起他的爷爷，也大多是我自己的亲身经历。

2013年，在父亲诞辰100周年纪念日，我与102岁的伯父（张天伟）相约，一起回红安省亲。伯父身体硬朗，虽年过百岁仍谈吐自如。席间，他当着大家的面，跟我提起革命战争年代与我已故多年父亲的那段真挚兄弟情谊。

伯父与我父亲是堂兄弟，老话讲，叫没出五服。伯父生来慈眉善目，所以常被地主家雇去做点细活，为此也就能捞着吃上些纯粮食的食物。因为与我父亲兄弟情深，伯父常把自己的食物夹带出来，兄弟两个分享。

黄麻起义后，伯父与我父亲都入了赤卫队，后来我父亲跟了红25军，伯父仍留在区里工作。那时候伯父的工作环境不如父亲，红军队伍想打就打、想走就走，地方党组织就不同了，要在武装割据的环境下生存，武器装备也简陋不堪。一次，伯父带着区里边的一些同志躲避白匪围捕，路上刚好与我父亲所在的红军部队相遇。两人相见好不亲热，短暂的交谈后，我父亲摘下肩上的驳克枪换下了伯父的汉阳造，又把自己的马缰绳塞到了伯父手上，然后，两人互相叮嘱了几句就分手了。

抗战期间，张天恕在 129 师 769 团

说到这儿，伯父激动地对在座的人们说，我弟弟给我的这两样东西，在那时候，对我来说可是无价之宝啊。我接过话来跟他老人家开玩笑说："伯父啊，我爸当年等于是送了您一台宝马车，另加一部苹果笔记本啊。"伯父听毕，大笑，一个劲儿点头，说："正是正是啊。"

20 世纪 60 年代，还处在童年时代的我很是顽皮，天天在部队的大院里变着法地玩耍。果树上的水果还没熟，我们这些个半大孩子就钻进果园里去偷出来吃……回首往事，当年的我可真算得上是一个不省心的孩子。

我 9 岁那年，有一次参与打群架，后果比较严重。母亲大怒，把我揪到储藏室，锁上门，命我趴在桌子上脱下裤子露出屁股，然后拿起笤帚疙瘩在我身后狠狠地挥舞起来。外婆来劝、警卫员和炊事员叔叔来说情，都不管用，直到那笤帚疙瘩断成两截了，母亲才罢手，并宣布这只是开始，从今以后要对我严加管束。熊孩子就是熊啊，一放出来，提上裤子跑回房间，趴到床上就睡着了。

1982 年 8 月，张天恕全家在大连

不知过了多久，熟睡中翻身，压着了肿起来的屁股，一下子疼醒了，睁开眼，竟看见父亲正坐在床边望着我。

那个年代，能见到父亲，对我来说是很不容易的。他每天总是走得很早，回来得很晚，还经常长时间外出。我刚会说话时，较早会说的词就是“出发”：因为，那时候我每每问到爸爸，得到的回答总是“爸爸出发了”。所以，看到爸爸就坐在我跟前，自然是受宠若惊。父亲晚年得子，非常喜爱我们，尤其喜爱我这唯一的儿子，从来没打过我们。每次母亲因我发火，事后他知道了总会跟母亲说他的那句名言——“枕免较乳”（湖北口音，“正面教育”的意思）。

那一刻，看到爸爸就在身边，我翻身两手抱着爸爸的腰，趴在爸爸的腿上，就像从老虎跟前跑到了大象怀里的小羊一样，感觉是那样的安全和温暖。爸爸的大手在我头上抚摸着，用带有几分责备的口吻对我说：“孩子啊，你该懂事了，爸爸像你这么大的时候，已经都给人家放牛了。你应该学着替家庭替爸爸妈妈分忧了。”接下来，爸爸给我讲了一个故事——

抗战时期，作为八路军129师385旅之一部，父亲经常带着部队转战于冀热辽的清漳河一带，那时候的父亲就特别喜欢孩子。刚好，团里的一个干部有一个四五岁的男孩，名字叫清漳，父亲一有空就把小清漳抱过来和他玩耍。有一次，部队受命转移，父亲直接就把清漳抱到了自己的马上，一边行军，一边逗着他玩。那次行军的路程不短，一路上这一老一小玩得很高兴。直到接近目的地的时候，小清漳的一个动作让父亲发现了问题：原来，因为他坐在马鞍桥的硬皮子边上，长时间的摩擦，裤子给磨穿了，屁股也磨破了，血把棉絮都染成了红色。父亲大惊，心疼地把清漳紧紧地搂在怀里，问到，好孩子，你怎么不吭一声啊？可让伯伯心疼死了啊！清漳却说，伯伯，不碍事的，我不疼，我要是一嚷，伯伯就要停下来，那后边跟着的那么多叔叔就也要停下来的，要是因为我耽误了大人们的事，爸爸妈妈会生气的。说完，他便强作笑脸，捂着屁股跑去找自己的爸爸去了。

说到这里，父亲深深地叹了一口气，接着对我说：战争年代的孩子，那么小，就知道为大人分忧，多懂事啊，你应该向清漳学习，做好自己的事。倒是不需要你给爸爸妈妈分忧，但求你不给我们添乱。从现在起就该给自己立个志向，长大了去做什么，除了玩，还要学着看看书，正是长知识的时候。总之，今后遇到什么事时，要先想想可能会给自己、给家庭、给爸爸妈妈带来什么影响，要三思而后行啊。爸爸希望你成为像清漳哥哥那样懂事的好孩子。

打那以后，我的野性收敛了许多，也是从那时起我开始喜欢看小说和一些历史书籍了。时光飞逝，一转眼我也已是50多岁的人了，父亲讲过的故事我也不止一次地讲给我的孩子听，让他也从中了解如何从小学会体谅长辈们，知道应该如何做人、健康成长的道理。

（儿子张维）

不畏艰险——视死如归的牺牲精神

将军农民甘祖昌

甘祖昌，江西莲花人，1905年2月23日出生，1926年7月参加革命，1927年加入中国共产党，1928年8月参加中国工农红军。参加了井冈山斗争、五次反“围剿”作战和二万五千里长征、抗日战争、南泥湾大生产运动和“南征北返”的湘粤边八面山、百熊锁等突围战斗，以及保卫陕甘宁边区历次重大战役和解放大西北数十次战役战斗。1955年被授予少将军衔。1957年8月辞职回老家务农。1986年3月23日逝世，享年82岁。

长征路上

我（龚全珍）所知道的甘祖昌的长征故事，都是从我老伴甘祖昌那里听来的，我把它转述给大家听。

1934 年 10 月，红军被迫大转移进行了二万五千里长征。我老伴当时在兵工厂，并不在随军修理枪械的人员名单里，我老伴想跟着部队走，就向上级反映情况，结果没有通过。他急了，就直接找到军区供给部领导说："我在兵工厂搞采购，常常一天挑着担子跑百多里，路上还和敌人交过手，在反'围剿'战斗中，我也送过弹药上战场，从没有感到过有啥吃不消的，让我跟部队走吧！"领导见他决心那么大，只好点头同意了。

部队从广东进入湖南省境，他调任红 6 军团 53 团司令部司务长。一天，团领导找他说："甘祖昌同志，部队所带的粮食早吃完了，天天行军打仗，没有东西吃可不行啊，你想办法去筹些粮食来吧！"

他接受任务后，带着一百多个随军工人和战士出发了。当他们走到一座山下时，突然遭到一伙敌人的伏击。老伴立即带领有枪的战士进行反击，掩护徒手的工人们分散撤离。战斗打得很激烈，忽然一颗子弹飞来，打进了他的左脑门上，也是原来被土豪用斧头劈伤的地方。他感到一阵麻木疼痛，如注的鲜血顺着脑门流下来，流得满脸都是。他伸手一摸，幸好子弹没有全打进去，有一半留在外面。战士们要为他包扎伤口，被他阻止了。这时，他感到头又痛又昏，来不及多想，用两个手指头捏住露在外面的半截弹头，一咬牙，拔了出来。他把鲜血染红的子弹头拿给战士看，诙谐地说："嘿嘿，一粒花生米！"

他从身上扯下一块布条，自己把伤口包扎了，继续与敌人战斗。等大家都到安全的地带时，工人和战士们都劝他回去找医生上药，他却依然笑着说："不要紧，死不了，筹粮要紧，我们赶快走吧！"

甘祖昌 1955 年授衔时的留影

他们边走边向村里的群众宣传红军是劳动人民的队伍，动员群众支持红军、参加红军，给红军提供粮食。不到两天的时间里，他们筹措到了两千多斤粮食，还有好多青少年参加了红军队伍。回去后，他找卫生员把伤口简单地处理了一下，没有休息一天，就又带着筹粮队伍出发了。

在长征途中，老伴的任务就是筹粮。也记不清是哪年哪月了，部队来到湘西和川、贵三省交界的地方，这里是崇山峻岭，人烟稀少。他领着筹粮队走在山间的小路上，连个人影也没看到，走了一天的路，大家又饿又累，便坐下来休息。一个工人出身的红军从身上拿出一小包不知哪弄到的蚕豆，给每人分了 8 颗。大家都拿着蚕豆左看右看舍不得吃，就像欣赏珠宝似的。老伴捏起一颗放进嘴里，含了半天才开始嚼，一点一点咽下去。我老伴开玩笑地说："它不是蚕豆，它是天上王母娘娘花园里的仙果！"大家都被他逗乐了。老伴叹了叹气说："可惜它炒熟了，要是生的，我真想留两颗做种，将来带回去种它一片！"

说着话，他站了起来，带着大伙继续赶路。此时，太阳快要下山了，还没有筹到一粒粮食，老伴还在发愁。突然，有人发现前面一座矮山的山脚下像有一块红薯地。他们跑过去一看，就是一块红薯地。他们用手扒开泥土，都是一个个大红薯。我老伴找了半天没找到人，只看到不远处的水溪边有两三栋茅草房，估计应该是种红薯的农民住的了。筹不到粮食，搞些红薯回去，大家也不会饿肚子，找不到田主也不是办法啊！他摸了摸脑袋对大伙说："把红薯挖走，将钱留在田里。"

天快黑了，大伙迅速动手挖红薯，有的用手扒，有的用树枝撬，不一会儿就把整块地的红薯全挖完了，装进了随身带来的布袋里。我老伴从衣兜里掏出记账本，撕下一页，用钢笔在上面工整地写上："老乡：我们是红军筹粮的，因天快黑了，来不及去找你商量，我们动手把你的红薯挖走了，非常对不起，特留下拾块银元，算是我们给你的红薯钱了。"他又从本子上撕下两页纸，把十块银元和字条包在一起，放在地头，做上标记，让田主容易发现。随后，他和大伙挑着或扛着红薯，踏着夜色赶部队去。

我老伴常对我说，长征路上最让人难受的事，莫过于眼巴巴地看着一个个战友被饥寒交迫夺去了生命！他对我说，过草地的时候，简直出乎人的意料，绿油油的草地，看上去一马平川，其实底下全是稀泥浆，只要一不小心踏上去，就会往下陷，如果没有人拖你上来，泥浆很快就会没过脖子，人就牺牲了。过草地时，天气也很奇怪，刚刚还是蓝天白云，阳光普照，转眼就乌云翻滚，风雨交加。爬雪山更是不敢想象，一会儿银装素裹，煞是好看，一会儿又狂风暴雪，无法前行。

他回忆起那段时光，眼睛都湿润了。他说，红军将士艰难地跋涉在雪山草地，每走一步都要付出很大的气力。我们饥寒交迫，许多人还有病有伤，走着走着，不少人就倒下了。老伴也多次眼巴巴地看着几个战士这样倒下了。他心里非常难过，心想这都是些多么好的同志哪，要是能给他们一些吃的穿的东西，哪怕一点点，也可能挽救他们的生命。可惜没有，甚至连可吃的草根树皮都搞不到。因为在红二方面军的前面，已有红一方面军和红四方面军先后走过，可吃的草根树皮都被找来吃得差不多了。他虽是管着伙食，但筹不到粮，也是心有余而力不足啊！

眼看翻过雪山就可进入陕北了，红军将士们都竭尽了全身的气力，想方设法要翻过去。老伴的一个受了伤的战友再也走不动了，他受伤的大腿里还有敌人的弹片没取出来，伤口大面积溃烂发炎。他有气无力地坐了下去，拉着我老伴的手说："老甘，我不行了，你走吧，革命一定成功！"

他一只手哆哆嗦嗦地从身上衣袋里拿出3只红辣椒，交给了我老伴，再也没说什么就倒下了。老伴知道，这是部队在到达甘孜时，他将搞到的一些红辣椒给每人分了3只，没想到这位战友一只都没有吃。他心情万分激动地从战友手上接过红辣椒，又眼看着战友安然地倒下了，他心如刀割，两行热泪夺眶而出。要在平时，给3只红辣椒是很平常的小事，可在过雪山草地的特殊环境下，它是可以救人性命的大事。这位战友，如果早把这3只红辣椒吃了，也许不会倒下，然而他宁肯自己牺牲，却一直把3只红辣椒揣在身上，这种生死相让的精神有多么高尚啊！老伴双眼噙着眼泪，深情地望着这3只长长的红辣椒，心想这哪是3只红辣椒，分明是比3根金条还宝贵的东西哪！

老伴把3只红辣椒分给战士，十几个人一人咬了一丁点，但这一丁点辣椒辣使每个人都浑身发热，脚下的力气也增了不少，几个眼看快要倒下的人，也奇迹般地振奋起精神，坚持着翻过了雪山。这件事，在我老伴心里留下了极其深刻的印象，使他无论在什么时候想起来，心情都久久不能平静，多年后他都用这事教育自己的子女。

红色基因

我是甘祖昌将军的三女儿，江西省莲花县工商银行退休职工。我小时候，就知道爸爸生活非常节俭。在我上小学的时候，我穿的鞋破了个洞露出了脚指头，许多人都说我，你爸爸妈妈都是拿工资的，怎么还穿双破鞋啊！我听了，感到十分羞愧，想让爸爸帮我买双新鞋子。放学后，我把鞋子脱下来偷偷地放在大门后面，不敢告诉爸爸。晚上放学回来，爸爸叫住了我说："公荣啊，你这双鞋子我帮你补好了，拿去穿吧。学校的事我都知道了，不要听那些人的话，生活要简朴，不能浪费。"我再也不敢提买鞋子的事了。

甘祖昌与女儿甘公荣一起插秧

爸爸一向非常节省，那时他给自己规定：不吃超过一块钱一个的食物，不穿超过一块钱一尺布的衣服。有一次，妈妈买了一斤甲鱼，开饭时，爸爸一筷子也没有动。他不吃，我们也不敢吃，在桌上放了好几顿，弄得妈妈吃也不是，倒也不是。后来妈妈就再也不敢买贵菜了。

爸爸是绝对不会利用自己的权力为我们找工作的。新疆解放以后，大哥去新疆找爸爸，以为爸爸可以给他安排一个好工作，没想到爸爸却说他没有文化，干不了什么技术活，还是让他在新疆开拖拉机，甚至经常加班，比在老家时还辛苦。大姐在吉安卫校读书的时候想当兵，知道爸爸不会出面帮她，因为爸爸说过女兵指标很少，有多少烈士的子女也想当兵，还是让他们去吧！大姐就去新疆报名，爸爸说，那也不行，新疆有新疆的指标，你插进去，不就打乱别人的征兵计划了吗？后来大姐只能自己在吉安报了名。那次正好赶上我妈妈在家里割猪草时摔断了手，爸爸带她去吉安看病。吉安军分区的领导听说爸爸来了，就赶去看望他，并跟他说大姐报名参军的事，想听听首长的意见。爸爸说："她想当兵我没意见，但是希望你们在体检的时候严格把关，看看她身体有没有什么问题。但是我知道，她的眼睛有点近视，是不太合格的。"大姐听了这话，当时就气哭了，说不指望你帮忙就算了，还到处宣扬我有近视眼。1975 年，我妈妈从教育岗位离休。按照当时规定可由一个子女顶替，本来打算让我去学校接班，电话打来了却被爸爸拒绝了，自此以后，谁也不敢提接班的事。

作为甘祖昌和龚全珍的女儿，我将继续践行爸爸的遗志，老老实实做人，勤勤恳恳干事，积极参加公益事业，做力所能及的事，多帮助人，绝不能给父辈抹黑。

（女儿甘公荣）

我是甘祖昌将军的外孙，甘公荣之子，1982 年 9 月 30 日出生，现为江西省莲花县审计局干部。

小时候，外婆和母亲经常给我讲外公甘祖昌长征的故事，让我在

甘祖昌与家人合影

青少年时期就对军人和外公产生了浓厚的情结。在我眼里，外公就是英雄，红军就是英雄的部队。外公长征时“一粒花生米”和“3只辣椒”的故事，我不知道听了多少遍，外公在那么艰苦的环境里与敌人战斗，受了伤中了弹，还戏称子弹是花生米，这多么让人敬佩啊！在爬雪山过草地时，战士们没有吃没有穿还受着伤，外公眼巴巴地看着自己的战友倒下去，但他们的精神还在，信仰还在，外公也是凭着这种精神和信仰，走完了长征，虽然他多次受伤，但他坚持着革命必胜的信念坚强地活下来，为我们留下一笔宝贵的精神财富。几十年前的长征，艰苦程度甚至超乎我们的想象，但其精神却永远激励着我们。

外公是普通农民，也是最高级别的农民。在外人眼里，外公是将军，肯定过着富裕安逸的生活；在我们家人眼里，他就是一个普通的农民，生活非常简朴。听外婆讲，外公从新疆回来后，就把自己当成了一个农民，不仅下田劳动，还带着我舅舅、姨妈和母亲劳动，自己种菜、种烟草。就这样，还舍不得吃好东西。

从小母亲就教育我，要按照外公的要求规范自己的言行，不能以将军的后代自居，要低调做人，高调做事，尽自己最大的能力为国家和社会出力。在生活中，我继承外公的遗志，老老实实做人，勤勤恳恳做事，做不了大事就做小事，干不了复杂重要的工作就做简单的工作，决不无功受禄，决不不劳而获。

我想，人生可以平淡，但不能虚度光阴，这是外公给我的最大感悟。

（外孙金锋）

爱民战将张铚秀

张铚秀，江西永新人，1915年7月出生，1928年10月参加革命，1933年参加工农红军，1934年加入中国共产党。1935年11月，随红6军团开始长征，任红6军团16师47团1营营长。新中国成立后，历任26军副军长、军长，68军军长，济南军区副司令员，山东省委常务副书记，昆明军区副司令员，云南省委书记兼组织部长，昆明军区司令员，中顾委委员。1955年被授予少将军衔。2009年8月14日，因病去世，享年95岁。

长征路上

1934年8月7日下午3时，我告别了生我养我的故乡，离开了红军以鲜血建立起来的湘赣苏区，随部队踏上了艰难的西征之路。

我们49团担任前卫，由黄坳、上下七地域突破。这里敌工事比较薄弱，突围比较顺利。一路上我们打掉了敌人好几个碉堡，让主力顺利通过了封锁线。我所在的7连在营的右侧，连长给我的任务是首先夺取前进路上右侧高地的敌碉堡。受领任务后，我带了一个班巧妙地摸到敌堡跟前，敌人竟毫无觉察。这时，我命令一班长用集束手榴弹将门炸开，乘着烟幕全班冲进敌堡，将敌一个加强排全部消灭。经过连续几昼夜的奋勇作战，我们突破了敌人的封锁线，将进攻苏区之敌主力甩到了后边。

我部迅速顺利地进到桂东县地区，在这里进行了简短的休整。这个地区是红军独立4团的游击区，有很好的群众基础。我们驻的这个村里的群众给我们腾房子、铺稻草。妇女们给部队洗衣服、补衣服。红军战士也争着扫院子、担水。年龄大一些的大妈把我们战士当成她们的儿子，问长问短，要我们在这里好好休息几天，说“有什么事、要什么东西尽管说，这里就是你们的家，不要客气”。大妈的话，句句暖在我们的心里，使我们终生难忘。

1934年9月上旬，我们进入贵州。这里少数民族聚居，由于国民党反动派的欺骗宣传，红军进驻时群众都跑进了深山，留下一些老人在家。经过我们耐心地做宣传工作、严格地执行群众纪律，老人们消除了顾虑，才进山把人叫了回来，还竖起大拇指说：“你们‘共匪’（老百姓不了解红军，沿用国民党对红军的诬称）比国军好，你们是真正的‘干人’（穷人）的队伍。”

1937 年 11 月，张铚秀在延安红军大学毕业后，被分配到新四军工作，图为 1938 年张铚秀在新四军茅山抗日根据地的留影

贵州是有名的高原山区，出门就是山，气候多是阴雨天，人烟稀少，人民都非常贫穷。有句谚语说这里“天无三日晴，地无三尺平，人无三分银”。部队在这里生活上十分困难。这时，国民党军队穷追不舍，我们在通道县以西杀了一个回马枪，把尾追我军的湖南军阀何键的两个团击溃，缴获了不少武器弹药和物资。这是我伤愈归队后打的第一仗。我排在战斗中抓了 18 名俘虏，缴获十几支枪和一匹马。从此，尾追我军的敌人不敢靠近了。

部队继续西进，在当地苗族、侗族兄弟的积极协助下，顺利地渡过了清水江，突破了敌人的包围，并攻占黄平县城。

甘溪突围后，我们艰难地翻过了梵净山，经过一个小村镇休息时，在街上看到红三军贴的标语，大家高兴得跳起来，都传呼着“快跟老大哥部队会合了”。

吃完饭继续向北开进，在行进途中，马连长告诉我说：“一排长，我们明天就要同贺龙的部队会师了，要好好地把部队整顿一下，不能丢我们红六军团的脸。”第二天我们就在木黄附近的一个村子里，同贺龙同志的红三军团派出来迎接我们的部队会合了。当时的场面非常热烈，大家紧紧地拥抱在一起，久久舍不得分开。

红三军团的同志看到我们都光着脚，就从自己的身上把草鞋解下给我们穿上。他们在很困难的情况下，买了猪肉、苞谷和盐巴来慰劳我们，兄弟般的情谊使我们十分感动！

渡过了金沙江，我们继续向中甸前进。因为要翻越哈巴雪山，凌晨1时多就出发了。哈巴雪山终年积雪，空气稀薄，行走每一步都非常艰难。我营过这座雪山时牺牲了七八位同志。下山后在小中甸宿营。我们来时藏民都跑了，留下一些老者。我们通过在丽江带来的通藏语的向导做宣传工作，说明红军是穷人的队伍。由于部队严格执行三大纪律八项注意，执行民族政策，使藏族同胞很快消除了误解回到村里。我们在这里休整了几天，筹集粮草准备再过雪山。喇嘛庙给我们送来不少酥油、青稞和牛羊、猪肉等物品。

从中甸出发，六军团为右纵队，经定乡、稻城、理化，又翻过了几座雪山，在理化附近与红32军（中央红军罗炳辉同志领导的红九军团）会合。几天以后又在西康的甘孜与红四方面军和朱德总司令会师。大家兴高采烈，像久别重逢的亲人一样。四方面军把自己织的羊毛、牛毛袜子送给们。

从甘孜出发前，每人准备了半个月的粮食和盐巴，每人发一个用牦牛皮做的斗笠和几双生牛皮草鞋，一张生羊皮。雪山、草地气候多变，要么太阳很毒，要么就下冰雹，或雨雪加狂风。河流也不少，水是从雪山下来的，特别凉。草地荒无人烟，到处是沼泽，行走特别困难，还没走到一半路程带的粮食就已吃光。

最后这一段路程是在绝粮的情况下过来的，把身上能吃的牛皮草鞋、牛皮带等都充了饥，最后没有办法我把自己的战马也杀了分给战士吃。战士们听说杀马，都不愿意下手，我只好忍痛朝马头开了一枪，战士们都为此流下了眼泪。

部队翻过腊子口到哈达铺。这是个回民地区，有了人烟就好了。

……

1936 年 10 月，我们结束了长征，与一方面军在会宁会师。每个同志都悲喜交加，喜的是我们经过千辛万苦终于胜利地完成长征，到达抗日的前哨阵地。悲的是许多亲密战友牺牲在雪山、草地，有的甚至牺牲在胜利会师的前几天。他们都没能看到这胜利会师的激动场面。不久，部队进行了整编，营以上干部和部分连排干部分别调红大和步兵学校学习。我开始在步兵学校“上干大队”任中队长，后调保安红大（到延安后改为抗大）学习。七七事变后，我从抗大毕业，党中央分配我到新四军工作。

1937 年 11 月，我又踏上了赴江南敌后抗日战场的征程。

红色基因

父亲一生，凡在他任职过的地方，都获得了人民群众的信任和拥戴，留下了好口碑。父亲生前交友广泛，每任职一地，他总是喜欢走访各阶层人士，只要政治和军事上需要，只要条件允许，他都愿意与之交往，几乎来者不拒。由于态度温和诚恳，言必有信，深受各阶层朋友的敬重。这为他搞好工作，赢得了许多有利条件。

1971年，张铚秀带儿子张政民（二排左一）、女儿张新星（前右二）参加山东平阴大桥通车仪式

由于长期在出生入死的战火中考验，父亲深深地懂得密切联系群众的重要性。他经常提醒部下，在我走上领导岗位后也时常告诫我，领导干部应当是群众中的一员，不能成为凌驾于群众之上的老爷。群众是大海，领导者只是沧海一粟。要摆正和群众的位置，放下架子，虚心向群众学习。只有做群众的知心朋友，群众才会信任你，才能取得真正的领导权。如果自以为是、高人一等、唯我独尊、官气十足，凭命令主义、承办主义办事，不仅不能调动群众的积极性，而且还会使干群关系紧张起来。这种领导者看起来威风凛凛，使人望而生畏，实际上是虚弱无能、无所作为，最终必将成为被群众唾弃的孤家寡人。

离休后，父亲没有忘记革命老区，也没有忘记联系人民群众。他常讲，“革命老区在过去战争年代为人民独立和解放作过巨大贡献，现在富裕了，不能忘记他们”。他经常到革命老区和边远少数民族地区搞调研，宣传党和军队的光荣传统，与这些地方的领导和人民群众一起分析研究发展中的问题，为他们出主意、想办法。他在中顾委工作期间，先后向中央提交各种建设性书面建议10多件，受到了中央的重视和地方党委、政府的尊重。他利用到老区调研得到的实际情况，先后帮助解决了“安徽泾县列为国家扶贫攻坚县”和“安徽无为县列为老区县”等问题。

（儿子张政民）

爷爷是一位谦逊低调的老人。爷爷为人处世很低调，从来没有看见爷爷以大军区司令的身份高高在上。爷爷常说：“如果没有中国共产党的领导，没有毛泽东思想的指引，中国不会是现在这样！我作为一名革命战士，只是严格执行党和毛主席交给我们的任务！”2007年建军80周年，爷爷也只是以“一名老兵”的身份讲话。原来跟随爷爷的工作人员经常跟我说：“你爷爷指挥打仗很厉害，从儿童团的小号手，经过多年战场的洗礼，最终成为指挥千军万马的大区司令，多了不起啊！你知道吗？《渡江侦察记》里的侦察英雄们，上海解放后露宿南京路的官兵，《英雄儿女》里王成的原型都是你爷爷的部队！”当时听了这话，我还半信半疑，跑去问爷爷。爷爷笑笑，没有正面回答，只是跟我说：“中国走到今天不容易，要好好珍惜现在的生活，不要让先烈们的血白流。好好学习，努力工作，为祖国多作贡献。”

在我眼里，爷爷是一位了不起的军人，是一位了不起的可敬可爱的爷爷，爬雪山过草地，打败日本侵略者，解放全中国，抗美援朝，指挥自卫反击战、轮战，战功显赫、成绩斐然！但是爷爷从来不在我们面前炫耀，这些事情都是我从爷爷的《军旅生涯》里看到的。有时候，真想听爷爷亲自讲给我听，但是爷爷常对我说的就是“做人要诚实可信，实事求是，脚踏实地！”爷爷严于律己，一直是我的楷模，我的榜样。

（孙子张磊）

我1991年10月出生，2012年6月军校毕业，现在已经是个带兵的人了。

听妈妈说，在我刚牙牙学语的年岁，爷爷就教我背诵“红军不怕远征难，万水千山只等闲”，教我唱“红米饭南瓜汤”“东方红”。上小学的时候，我读到过农村孩子写给爷爷的感谢信，感谢他的支持和资助；上中学的时候，我在网上看到了同龄人对爷爷的英雄事迹表示敬仰的留言。那时候，爷爷总是教育我们要学会勤俭节约，要有爱心，要珍惜今天的美好生活，要努力学习，做对社会有意义的人。

记忆中，爷爷爱给我讲长征故事，“当兵就要当红军，处处工农来欢迎……”一口浓郁的江西音韵中洋溢着喜悦和豪情，伴随着我的成长。尽管我生长在军队大院，可刚步入军校那会儿还是感到有些难以适应：

2004年7月，张铚秀夫妇与孙子辈、重孙辈在一起

每当我摔了、磕了、病了，仍要接受艰苦训练的时候，每当被别人误解而受委屈的时候，我就特别想家，特别想爷爷奶奶。然而，一想到爷爷的眼神、爷爷的嘱咐，想到爷爷拖着溃烂的伤腿、忍受着巨大痛苦走过草地那惊世之举，我就会咬紧牙关坚持——因为我是老英雄的孙女，我更是个军人。

我会永远铭记爷爷的教诲，努力传承艰苦奋斗、勤俭节约、无私奉献的光荣传统，誓做爷爷那样严于律己、实事求是、光明磊落的合格军人！

（孙女张丁洋）

我 2002 年 7 月出生，现在是个中学生。

我四岁时，我让奶奶给我买了一辆昂贵的遥控小汽车。正在我玩得起劲儿时，太爷爷从楼梯上下来，看到这辆小汽车，严厉地对我说："家豪，以后别买那么贵的东西了，你爸爸妈妈赚钱多不容易啊。"望着太爷爷严峻的目光，我不知道该说什么好，心里只觉得无限的愧疚。从那以后，我明白了："要节约，不要铺张浪费！"在我一年级的时候，我问太爷爷在军队里当的什么长，是连长、营长，还是掌握大权的首长。太爷爷严肃地对我说："当什么长并不重要，重要的是为祖国无私奉献。"当时把我吓坏了，因为太爷爷从来没有那么严肃过。可正因为这样，这件事情我就越发记得清楚，到现在回想起来，我才明白，太爷爷这是在告诉我不要贪图名利。

（重孙张家豪）

补记：我于 2001 年 9 月担任老首长的秘书，在老首长身边工作服务了九年。

在老首长身边工作的日子里，他经常给我讲当年长征的故事。老首长自1928年参加革命后，打了无数的大仗、恶仗，基本都以胜利为结点。老首长说，在他的革命生涯中，最艰难的是长征时期：他率领部队过雪山草地时，部队无粮无药，非常时刻，他忍痛开枪杀了自己的战马……老首长是一位爱兵的战将、爱民的战将。

老首长是一位令人敬重的慈祥老人，他有一位善良、勤劳的老伴。他的夫人丁亚华1939年参加革命，是北洋水师提督丁汝昌的曾孙女。他们二人于1942年12月19日在皖南抗日战火中结为伴侣，相敬如宾，风雨同舟67年。两位老人相互关怀、相互照顾，情深似海常相随，是典型的革命伴侣。2008年6月29日，我陪老首长夫妇在北京香格里拉大酒店参加由国家民政部、老龄委举办的“首届华夏盛世金婚大典”。在场的中央电视台记者采访老首长时说：“张老，你们现在已经是钻石婚之年，真是幸福啊。那下一个目标是什么？”老首长脱口答道：“我们向金刚钻奋斗！”顿时全场笑声、掌声不停，令人感动不已。这个动人场面，成为大家永恒的记忆！

在老首长身边工作的日子里，我边工作边学习，最大的体会是深感责任重大、使命如山、无上光荣。老首长虽然走了，他的光辉形象和崇高革命精神永远激励着我，永远激励着一代又一代人为实现中华民族伟大复兴的中国梦而奋斗！

（原总后勤部司令部编研室　徐福存）

“过来人”张绍德

张绍德，四川昭化人，1912年3月出生，1933年8月参加中国工农红军。随红四方面军参加长征，1936年加入中国共产党。新中国成立后，历任482团政治部主任、江西省上饶市玉山县人武部部长、玉山县兵役局局长、上饶市万年县人武部政委（县委书记兼第一政委）等职。1955年被授予中校军衔。2006年7月29日逝世，享年94岁。

长征路上

我是万里长征的过来人，我叫张绍德，1912 年 3 月出生于四川省昭化县（现广元市昭化区）的一个贫困家庭，1933 年 8 月参加中国工农红军，1936 年 8 月加入中国共产党。

1933 年 8 月，我 21 岁。听说有一支叫红军的队伍要从家乡经过，很多听信国民党谣言的乡亲都逃跑躲了起来，我的两个堂哥也跑得没了踪影。我家穷，觉得没什么好害怕的，就没跑。那时红军里有个冯排长鼓励我参军，两次来我家。我很清楚地记得，他对我说："红军保护穷人，专打土豪分田地给穷人。我是红军干部，愿意参加红军，就跟我走！"虽然我是家里的独子，可听了这话，心动了，决定参加红军。1933 年 8 月 19 日，我穿着破麻袋，成为中国工农红军光荣的一分子。

1935 年 6 月至 7 月，红四方面军与红一方面军在川西懋功地区胜利会师以后，在党中央和毛主席的直接领导下，走过了渺无人烟、一望无际的草地。可是由于张国焘擅自命令红四方面军从草地返回南下，红四方面军陷入被动，敌人增援了几十个团的兵力，在雅安、名山、邛崃、大邑一带构筑碉堡、工事，阻击我军前进的路线。当时，红四方面军经两次过草地，指战员的体质已经很差，且是孤军作战，如果再继续南下，极有可能全军覆没。在这种进退维谷的情况下，我们别无选择，只能与敌人对峙。然而，这种对峙对我们是不利的：敌人控制着广大的乡村和城市，后方有源源不断的粮草、弹药等物资补给，交通运输便利；而我们面对强敌，背靠雪山草地，兵源、物资补充困难。俗话说：人是铁、饭是钢。不吃饭、不穿衣是不行的。打前卫的部队情况稍好一些，打下一个城镇后，缴获敌人的物品还可以补充一部分。其他的部队在物资补充上就要更加困难些。

我所在的31军91师276团经常担负全军的掩护和守防任务。1935年10月，主力部队打下宝兴、天全、芦山后继续向雅安逼近，为了防止敌人从侧背夹击，上级命令276团到名山县河西山上担负守防和阻击敌人的任务。敌人守着县城，有充足的粮草、弹药，而我们守在山上和敌人对峙了一个多月。部队穿不上棉衣，粮食、油盐也没有，只好在山上挖野菜和毛竹笋用白水煮着吃。但就在这样恶劣的环境里，同志们仍然积极修筑工事，饿了就挖野菜充饥，渴了就喝几口山泉，累了就用歌声来解乏。我感觉，当时的歌声都震动了名山城，吓得敌人心惊胆寒，他们只好开枪开炮来壮胆。

我当时在重机枪连二排五班当副班长。一天晚上，连部通信员跑到各班住的竹棚里轻声把同志们叫醒："快集合，快集合。"同志们一骨碌爬起来，背着行李、扛着机关枪来到集合场。这时正下着毛毛雨，天黑得像锅底，站在队列里谁也看不清谁。二排长轻声问了问人到齐了没有，接着连长便下令：晚上行军，任何人不准吸烟，不准咳嗽，不准掉队。一路上大家谁也没有吭声，都觉得会去打名山城，因为打下了名山城就可以好好休整一下。天黑路滑，一不小心就会滑倒，弄得一身泥水，身上青一块紫一块。当时，我个子小，扛着机枪感到很吃力，好几次连人带枪一起摔倒，腿也被毛竹桩划了一个大口子，流了不少血。大快亮时，腿痛得实在受不了，才用一块毛棕皮当绷带包扎了一下。来到山下，天已经大亮，每个人都像泥猴似的。稍作休息，大家又继续前进。下午两点多钟到了宝兴，部队才停下来休息，大家都去搞柴草，准备烧开水、煮饭，有说有笑地谈论起昨晚行军时的情景。正谈得起劲，东面突然响起了枪声，大家都感到奇怪，怎么搞的？我们去打敌人，敌人反倒先来打我们了？原来，我军主力已经撤出了天全、芦山一带向西转移，是名山县城的敌人跟着我们的屁股追了上来。部队又出发了，从宝兴向西走了不远，进了大山。这时，我们才把打名山城的念头打消了。部队经过几天几夜的行军，翻山越岭，到了丹巴。在丹巴休息了不到三天，敌人又跟上来了，好像是特意来为我们第二次过草地送行。

1935 年冬天，红四方面军从宝兴、天全、芦山一带向西转移时，供给部门在宝兴一带搞到一批棕树皮，做了一部分棕坎肩发给部队。只听说过当地老百姓用棕树皮剥下来扎蓑衣、打绳子，从来没听说棕树皮能做衣服穿。这东西穿在身上扎肉，有的同志干脆把它给丢掉了。我也曾经也想过丢掉它，可毕竟是上级发的，不能轻易丢掉。但当时我还是犯了个错误：上级还发了一双棕做的袜子，非常粗糙，刚穿了一天，脚上就打起血泡，第二天再穿连路都走不了，我就悄悄地把棕袜子给丢了，被领导发现，受到了严厉的处罚。后来，进了草地，我才庆幸自己没有把棕坎肩丢掉：天冷时穿在身上御风寒，行军时垫在肩上扛枪肩膀不痛，休息时当坐垫，下雨时当雨衣，睡觉时铺在身上当褥子。这件棕坎肩从 1935 年冬到 1936 年冬一直伴随我，那时我们走出草地，到了甘南的哈达铺大草滩、临潭一带，大家的身体都很虚弱，脸色焦黄，浑身一点劲儿也没有，加上经常遇上敌人，白天要行军打仗、晚上要走路，为了减轻负担，我只好与那件珍贵的棕坎肩分别了。

虽然那件棕坎肩早就没有了，但是那段艰苦的岁月却一直激励着我保持和发扬艰苦奋斗的精神。

……

1936 年春，红四方面军准备从道孚、炉霍、甘孜地区过草地北上。开始，我们每个人都准备了一些青稞、糌粑当干粮，但由于数量太少，当走到草地的中心卓克基、大小金寺、阿坝、四门坝一带，干粮就吃光了。实在饿得没办法，我们只好在草地里找一种名叫牛耳朵大黄叶的野草回来，用水煮着吃。

有一天，我们走到阿坝，实在走不动了，就在阿坝休息了几天。可是没有吃的怎么办呢？经过一番努力，我们在喇嘛寺找到一些破烂的牛皮、羊皮，如获珍宝般的拿回来用火把毛烧掉，然后放在铁盆子里煮着吃，吃得津津有味。后来三营不知从哪里买来几头牦牛，分给全团。团里还专门下了一道命令：各单位吃了牛肉后，牛皮、牛骨头不能随便丢掉，要背着在路上吃。我们班分了一个牛头，行军时一个人背不动，就两个人轮换着抬。每到宿营地，大家就拾一些柴草，把牛头放在火里烧，烧得半生不熟，就用小刀把牛头上的肉割些下来分着吃。日子一天天过去了，牛头上的肉早已吃光，只剩下了头骨，大家便用斧子把骨头砍成一小块一小块的，放在铁盆里熬汤喝。有一天，大家正在煮牛骨头汤，班里一个叫宋平生的四川籍小战士不知道从哪里搞来一些硝牛皮的硝，放了一把在汤里当盐。煮好后大家一喝，苦得就像黄连一样。尽管很苦，但不吃东西哪行？大家还是咬着牙把这盆汤喝光了。宋平生还很风趣地说："苦点算什么，苦尽甜来呀！"就这样，这只牛头伴随着我们走过了草地。

后来，部队到了包佐一带，已经快走出草地了，牛头也吃完了，同志们只好去挖野菜充饥，那时藏族兄弟对红军不了解，都躲进森林里，有的还向我们放冷枪，宋平生就是在挖野菜时被冷枪击中胸部，哼了一声便倒在地上牺牲了。宋平生同志是在打天全时参军的，虽然他参军时间不长，但他那乐观的性格，满口的天全、芦山方言给大家带来了乐趣，在大家心里留下了深刻的印象。可是都快走出草地了，他却牺牲了，大家都为失去一个这么好的战友而难过。想起他，我时常落泪。

1936 年冬，当我们走出草地，看到地里的青稞、豌豆、蚕豆、山芋蛋等农作物时，就像久雨幸逢天晴一样高兴，要不是有严格的群众纪律，到地里去拔一把生的我们也能吃掉。有一天，我们实在饿得难受，就用班里保存的两块银元和群众换了一筐山芋蛋，洗好后煮熟充饥。

不管怎样，出了草地后，条件比过草地时要好多了。大家回想起过草地时的那只牛头，便把它编成歌来唱：

人是铁来饭是钢哟，不会错呀，三天不吃饿得慌呀，是真的。

牛肉本是个好东西哟，不会错呀，吃了能养人身体呀，是真的。

骨头脑壳牛足蹄哟，不会错呀，一点也不能乱抛弃呀，是真的。

进了草地无吃的哟，不会错呀，骨头熬汤也能喝呀，是真的。

红色基因

我是张绍德的大儿子，1953 年 3 月 1 日出生在江西上饶，1968 年参军入伍，1973 年 4 月退伍至德兴 701 厂（冶炼加工厂）当工人，1976 年 3 月调入上饶公路分局机修厂当驾驶员，直到 2013 年 3 月退休。

父亲是一位老红军，红军长征精神，影响着我们整个家庭。

由于一次误诊，我很遗憾没能在部队继续奋斗下去。1973 年 4 月，当了五年兵的我选择退伍。当时一些转业退伍的战友分到了离家近条件又好的县城，而我则被分配到了德兴山区的 701 厂，心里难免有点失落。父亲知道后，非常严肃地告诉我："服从组织安排！去艰苦的地方好好锻炼，学好技术！"

想到父亲常常讲起的长征时的艰辛，想到父亲不怕苦累的精神，我

张绍德与家人合影（左起：张绍德、妻子吴观梅、大儿子张晓饶和一名朋友）

决心听父亲的话，安心在 701 厂学技术。1976 年 3 月，我调入上饶公路分局机修厂当驾驶员，日常也做一些机械修理工作，一干就是 37 年。在我身边有很多干部子女，一个个都调到了机关，调到了环境比较优越的岗位，但最后只剩下我，还坚守在那个岗位上——虽然在机修厂当驾驶员，条件艰苦，只能享受工人待遇，但和父亲当年爬雪山、过草地，背着个牛头与死神抗争比，这不算什么！

类似的故事，在我弟弟和妹妹身上也一样。我的弟弟张小军，15 岁就参加工作进入兵工厂当工人，后来在父亲的鞭策和自己的刻苦努力下，被提拔当了工厂政治部的干事。“文革”期间虽然没读到什么书，而且参加工作又早，但他自己想办法找书看，最后还考上了大学。

我的妹妹张妙君，我们家七兄妹就她一个女儿，大家都很疼她。高中毕业后，她放弃了进工厂的机会，毅然选择到艰苦的农村，上山下乡当知青，热心帮助当地贫穷的农民。1977 年国家恢复高考，妹妹通过自己的努力，于 1978 年考上了师范学校，毕业后成为一名国家干部，后来参加成人高考，获得了大专、本科、研究生学历。

我常常想，父亲走过了二万五千里长征，而我握了 37 年的方向盘、弟弟妹妹在各自岗位努力拼搏，也算是一次长征。

无论在哪儿，我们都牢记父亲的话——听党的话，干好本职，报效祖国！

（儿子张晓饶）

我是张绍德的孙子，张晓饶的小儿子。1979 年 6 月出生于江西上饶，1998 年 12 月参军入伍到武警部队，2009 年 12 月援疆至今。曾参加太湖抗洪抢险、“5・12”抗震救灾和多项反恐维稳任务。

我和爷爷都是军人，不同的是，爷爷经历了战火纷飞的红军长征、抗日战争和解放战争。相比之下，在和平年代的我，是幸运的。所以，我没有理由不去用扎实的行动克服一切困难，听党话跟党走，爱岗敬业，坚决完成上级赋予的各项任务。

2008 年 5 月 12 日，汶川大地震牵动着每个中国人的心。我们接到命令，做好救援准备，于 5 月 16 日，乘专列赶赴汶川。当时，除了对四川人民的担忧之情，我还对家人特别是孩子产生了愧疚之心——那时，我的孩子刚刚出生不久。抗震救灾的日子是心酸的。看见那冒着尘烟的废墟，想到废墟里可能埋着的生命，我深深感受到了自己作为一名军人的责任。“有余震，你们赶紧下来！”正在废墟上搜索的我们，听到领导的高声呼喊，谁都不愿撤离。

那段日子，我常常想起爷爷给我讲过草地的故事时说过的话：“看见有战友陷入沼泽，我们却无能为力，非常痛心。所以要珍惜生命，咱

张绍德 90 岁时与家人合影

当兵的就要保护好人民。”救援那一个多月时间是艰苦的，但相比爷爷的二万五千里长征，至少，我饿了还能吃上一口压缩饼干、渴了还能喝上一口干净的水。

汶川地震之后，我申请增援边疆，2009 年 12 月成了援疆队伍的一分子。2015 年 4 月，我又主动申请到条件更艰苦的南疆去锤炼自己，相信爷爷一定会为我的选择点赞！

军旅时光，弥足珍贵，我会时刻牢记爷爷的话——听党的话，爱岗敬业，报效祖国！

（孙子张立凯）

“苦娃子”杨挺

杨挺，四川旺苍人，1921年2月2日出生，1933年参加中国工农红军，1937年加入中国共产党。随红四方面军长征。新中国成立后，历任广州市公安总队第二团政治委员，军分区副政委，广东省军分区政委，广东省军区后勤部政委，惠阳军分区政委，广州军区司令部管理局政委，广东省军区副政委。荣获三级八一勋章、三级独立自由勋章、三级解放勋章、二级红星功勋荣誉章。

长征路上

1921年2月，我出生在四川省旺苍县木门镇一个雇农家庭。家里穷，房无一间，地无一垄。一家五口人，就靠父亲常年给地主打长工维生。我5岁那年，家乡遭受了旱灾，为了活命，一家人只能外出乞讨。逃荒途中，刚满1岁的小弟因营养不良，生病夭折；姐姐送人后，被卖作童养媳；妈妈病死在乞讨的路上；父亲在饥寒交迫中身染重病却无钱医治……在一个寒冷的下午，我们父子搀扶着，艰难地翻过一座小山，于傍晚时分，躲到山冈上一个岩洞歇脚。当时，我感觉自己再也无力行走了，只想坐下一睡不起。父亲却吃力地唤着我的乳名，让我到山下的人家要根火柴来给他抽烟。没想到，当我第二天一早，趔趄着把火柴讨回来时，父亲的身体已经冻僵了！失去父亲后，我才渐渐悟出，父亲那时身上根本就没有烟。他用借火柴的因由把我支开，是一个濒临死亡的父亲，在用生命最后的气息，支招儿让我独自闯出一条活路来。小小年纪的我，领悟了父亲的用心良苦之后，就暗下决心，一定不辜负父亲的期望，无论如何都要活下去。

旧中国，像我这样的苦孩子遍地都是，想要活命谈何容易？是党领导的工农红军把我从死亡的边缘拉了回来。可以说，参加红军，是我最好的求生之路。

1933年，红四方面军的一支部队打到了我的家乡木门镇。我犹如看到了救星一般，义无反顾地参加了乡苏维埃儿童团，不久便被选为儿童团团长。一个偶然的机会，红31军医院一位总务科长看中了我的机智勇敢，推荐我去参加工农红军。就这样，年仅12岁的我，便正式成了一名光荣的红军战士，当上了医院警通排的通信员。从此，我把部队当成了我的家、把共产党视作再生父母，也由此把生命交给了党和部队。

1935 年 6 月，四方面军打到四川广元城下。为迎接中央红军，我所在的部队逐渐向川西少数民族地区进发，与中央红军在懋功一带会师。我所在的部队，在长征途中，曾三次跋涉雪山草地，可以说，在雪线以上区域停留时间最长。第一次爬夹金山时，我们走了 3 天才翻过去。爬越党岭山时，我不幸感冒发烧了，奄奄一息，当时没吃没喝、缺医少药，战友们都以为我活不成了，只能无奈地把我放在一个喇嘛寺的死人堆里。没想到，有着顽强生命力的我，第二天竟然苏醒过来了。睁开眼睛发现周围都是死人，吓得我一骨碌爬起来，跌跌撞撞地就去追赶队伍了。经过了几天的艰苦跋涉，大难不死的我，再一次回到自己的队伍中，更加坚定了必胜的革命信念！

1935 年 8 月，中共中央和红四方面军指挥部率领的右路军进入草地。过草地前，我们每人备足了 10 天的干粮，主要是青稞面。走到后来就没吃的了。我曾经尝过 3 天没有一点东西吃的滋味。最后，我被饿得头昏脑涨肚子痛，双脚肿得像发面馒头。收容队只好用担架抬着我走……我之所以能坚强地走完长征路，首先要感谢领导和战友们对我这个娃娃兵的关爱和照顾。长征途中，虽然条件艰苦，死伤不断，但全体官兵却始终保持着乐观向上、团结互助的精神，再苦再累，心中都坚信：跟着部队跟着共产党，就有希望走向胜利。

红色基因

父亲 90 寿诞时，我着手整理了父亲的档案和生平片段，并追随着父亲的革命历程制作了一个光碟。

长征胜利后，1937 年 7 月，父亲在八路军 129 师通讯排当排长时加入了中国共产党，1938 年底被选为全师青年代表去延安出席西北青年救国联合会第二次全国代表大会，亲眼见到了毛主席，并在会议期间，激动万分地聆听了毛主席等中央首长的报告，受到了莫大的鼓舞。1941 年初，党组织先后送我父亲到八路军陆军中学、抗日军政大学学军事理论和文化基础课。通过不断学习，父亲全面提高了军政素质和思想理论水平。从此，父亲开始在部队基层和机关主抓政治思想工作，在实践中摸索进步。

通过整理材料，我仿若回到了战火纷飞的年代，一张张老照片令我对父亲钦佩不已：父亲是一位忠于革命、忠于党的共产主义战士，他不论在任何时期都坚定信念跟着共产党走。

1971 年春节，杨挺的孩子们从部队回来探家时合影。前排左起夫人于淑娟、杨挺；后排左起：杨利华、杨献忠、杨捍忠、杨朝忠

父亲对我们兄妹要求极为严格。他强制性地相继把我们都送到基层部队锤炼，并再三警告我们，到了部队，要埋头苦干，不准公开自己父亲的姓名和干部子弟身份。“红二代不是你们的保护伞，而是激励你们进步的动力。”

父亲常对我说：我就你这么一个女儿，你要有当年那些女红军的艰苦朴素精神，要牢记自己的红色家世，为官要廉正，不要利用职权贪污腐败，要踏踏实实续写自己的红色档案。

于是，我遵照父亲的教导，从最基层做起，在广州军区第189医院任护士工作时，曾因工作表现突出，受医院党委通令嘉奖；1986年转业进入广州市地方税务局工作，曾因工作勤恳，被评为优秀共产党员；2007年退休后，积极参加广州八一艺术团各项活动，缅怀先烈，传承红军精神。目前，正在为纪念长征胜利80周年纪念活动积极排练节目。

我一直秉承父亲所倡导的家风——老老实实做人，踏踏实实做事。虽然我的人生履历很普通，但父亲的红军家风，却是我最大的精神财富！

（女儿杨利华）

还在我懵懂无知的时候，外公就告诉我：做人要正直有气节，生活要简朴拒奢华，做事要果断有谋略。这也是对红军精神的一种传承吧。

1984年，外公从广东省军区副政委的岗位上离休后，就参加了老年大学，和外婆一起开始了书画学习。在赖少其、何兆雄等一批著名书画家的指点下，他的作品先后在全国多地展览参赛。他以画寄情，也以画激励子孙。外公外婆曾联袂出版过一册装帧典雅的画册，上面收录的都是他们的得意画作。其中，第一幅是《瑞金旧址》，第二幅是《红军长征第一山》，画面大气磅礴、雄奇壮丽，从这两幅画中，不难看出外公对自己红军征战经历的无限追怀。

外公的晚年不仅潜心艺术，还热爱公益事业，心系家乡人民。2008年汶川地震时，外公迅速召开家庭会议，动员全家人说："汶川地震，灾难深重，我很遗憾不能亲赴前线去抗震救灾！长征年代，这一带老百姓，曾把自家省下来的粮食和衣物用来支援红军队伍，是当地百姓给了我这个苦娃子第二次生命；没有他们，就没有我杨挺；没有他们，长征就无法取得胜利。没有我，就没有你们！孩子们啊，知恩必报，贵在真诚，尽你们所能吧！我自己先捐一万元，算作特殊党费！”

外公的家庭会议结束后，母亲、舅舅异口同声说：“我们是红军的后代，要以实际行动支持灾区人民重建家园！”当时，妈妈已经退休，两个舅舅下岗后，自己做点小生意，也都并不富裕，可是一家人都齐心协力地要尽一份微薄之力。看到祖辈和父辈们都在慷慨捐款，我和表弟们也不示弱，把积攒的零花钱都捐了出来。那一次，我们全家向灾区人民共捐款 65020 元。

我就是在这样充满浓浓大爱的家庭氛围中，健康成长起来的。从小学到中学，我都是品学兼优的“三好生”；高中毕业后，我以优异的成绩考入星海音乐学院，又在大学里光荣入党。现在，我已经顺利通过了英国皇家音乐学院乐理最高级别认证，是中央音乐学院“国培计划”中国骨干教师项目成员、广州开展礼仪素养与钢琴教学的创始人，是达领（中国）精英学院雅然精英课程认证教师、达领精英少年营教师团队成员。

外公教会了我如何独立自主、心怀感恩地做人，才使得我有足够的资本入职达领学院，在世界舞台上，弘扬民族文化，继而把红军精神发扬光大。在以后的工作中，我会时刻以红军精神鼓励自己，寓教于乐，不断进取。

（外孙女董利）

模范夫妻张忠、梁金玉

张忠，安徽六安人，1910 年 7 月出生，1929 年参加中国工农红军，随红四方面军参加长征。新中国成立后，历任苏南军区直工部部长、后勤部政委，江苏省军区盐城军分区副政委、第二政委。1984 年 4 月 25 日逝世，享年 74 岁。

梁金玉，四川通江人，1917 年农历十二月十九出生，1934 年参加中国工农红军，随红四方面军参加长征。新中国成立后，历任苏南军区后勤部政治处组织干事、镇江军分区卫生部指导员、盐城军分区政治部组织干事。

长征路上

我（张忠）出生于安徽六安挥手乡华祖庙村一个贫苦农民家庭，自幼失去父母，从小在哥嫂家生活。那时，他们的生活也不富裕，哥哥对我还好，嫂子总是冷言冷语。冬天，我吃饭的时候就爱蹲在锅膛边，边吃饭边取暖。1929 年，家乡的红军闹得轰轰烈烈，我听说红军官兵一致，打土豪分田地。那时候我也不懂革命大道理，在家日子不好过，还要受气，就离开哥嫂，在那年 4 月投奔红军去了。

我第一天当红军，晚上就打了一仗，当天就缴了一支步枪。后来，因为个子高、直爽、勇敢，被调入总部手枪队。

长征中，我是营教导员，我们是前卫部队，供给稍微好一点。

茫茫水草地，除了饥饿、寒冷，最危险的就是不小心陷进泥潭里。我的通信员陷进去，正好旁边有一棵小树，我压断伸给他，拉了上来。还有一次，用马尾把一个机枪手拉了上来。有时马陷进去，越挣扎陷得越深，最后只露出两个大鼻孔在"呼哧、呼哧"喘气，甚至没顶。有不少战友就这样牺牲在草地里。一出草地就碰到一队国民党骑兵，我一个冲锋，打死不少，缴获了不少马匹和枪支弹药。

不久，我们过了黄河，向西，我们只知是为了打开国际线路。那时，我又到了战斗部队。刚过黄河，四方面红军主力武器好、战斗力很强，比如我们师就有老虎团、钉子团、锤子团（善于打夜战、阵地战、进攻战，无坚不摧），就连妇女团都是威风凛凛。妇女团女团长过来，也是骑着高头大马，12 个随从一色短枪，一溜烟儿就过去了，好不威风。马匪冲过来，一团红马、一团白马、一团黑马，而且他们站在马上，打着哨。我们一开火，倒下一片，呼哨的又全部逃回去。反复多次，部队消耗很大。西北地区贫瘠，无人烟，补充不了给养、弹药。最后在高台被敌人突破阵地，我们弹尽粮绝，大多也是筋疲力尽。我被二三个五大三粗的马匪抓住，动弹不得。西路军失败了，但西路军将士所表现的不屈不挠的精神，惊天地泣鬼神！

被马匪集中后就要清查干部。那时，干部战士从衣着上分不出，问我，我说是伙夫，就被送到一个大房间。每天都有人被拉出去问，查出干部就另外关押。我们的师长姓熊，就是被马匪用炮炸死的。马匪极其残忍和野蛮。

一次，押解我们大队人马往东走——实际上，是西安事变后国共合作，要把我们交给八路军，但当时我们并不知道。我跟着一个湖北人，也是大个子，约好趁刮风沙时，跳到路边地震形成的沟里，如被发现，就讲要解手；发现不了，就跑。结果我们成功了，一路要饭、扛活回到了西安，找到八路军办事处，送我们回到延安。

*

我（梁金云）出生在四川通江一户贫穷的农民家庭，祖祖辈辈都是地主家的佃农。我 12 岁就被逼到地主家侍候地主婆，整天是手脚不停地干活，不但拿不到一分钱，还天天挨打受气，吃的是地主家吃剩的饭菜，穿的是补丁加补丁的破衣服，还经常受到地主婆的毒打，打得再狠再重都不准我哭。有一次地主婆过生日，看我不顺眼，就打我，把我往后推。我一脚踩在钉耙上，脚板上穿了个洞，血流不止，还不许哭，捂一把香灰就算完事。现在脚上还能看见伤疤。

1933 年，红四方面军来到了四川省通江县，地主一家闻风而逃。不久我所在的村里建立了苏维埃组织，我的父亲当选为主席。我和村里的青年们一起打土豪、分田地，翻身做主人的自豪感使我渴望投身于革命的大熔炉之中。我主动帮部队做宣传、做后勤，打水、扫地样样都抢着干，我吃苦耐劳的精神得到了部队战士们的好评。我想当红军，但部队领导嫌我年龄小不肯收我，我就拼命地哭，追赶部队，一心要参加革命。我的执着打动了领导的心，终于如愿了。1934 年 11 月，我参加了红军，之后随部队离开了四川，和另外 11 名女战士编入了红四方面军运输队。从此，我走上了光辉的革命旅途。

战争年代，红军部队的条件十分艰苦，部队供给不足，一路上不断精减人员，年轻体弱的女战士当然成了部队劝留后方的首选对象。我们看着一批批战士陆续离开部队，暗地里又担心又不服气。班长常玉琴就给大伙鼓劲说："只要我们不怕苦、不怕累，部队会留下我们的。"一天，指导员给运输队开会，问大家："三大纪律八项注意第一条是什么？"女战士响亮地回答："一切行动听指挥。"指导员说："好，现在部队交给你们一项紧急任务。"把一批数量不多的电台、电话线、电话机等通信器材送到后方兵站去。临行前，指导员和男战士都来为女兵送行，指导员有些依依不舍地说："祝你们一路平安，以后再会。"我们总觉得指导员的神情有些异常，但是任务不能不完成，当我们将器材送到兵站后才得知，部队领导打算让我们通过送器材留在后方。得知这个情况，我们放下器材就急急忙忙返身去追赶部队，整整走了一天一夜，才回到部队原来的驻地。但是已经不见一名红军战士了，一问当地群众这才知道部队已经向西开拔了。原来我们班送器材去的兵站与部队出发的方向相反，部队和我们几乎是同时出发，相隔已经两天了。我们顾不上休息，昼夜兼程追赶部队。深夜的深山老林里不时传出野兽的啸叫，听群众说密林里还经常有土匪出没。12 个女同志胆战心惊，在班长的带领下，越跑越快，腿划伤了、衣服刮破了，都全然不顾，一心只想赶快追上部队。当天蒙蒙亮时，我们隐隐约约听见远处传来军号声，循声而去，边走边打听连队位置，终于找到自己所在的连队。

指导员看见我们班女战士都回来了，很惊讶。那时，部队已经在准备过雪山了，物资已按人头全部分配完，没有多余的干粮。指导员只好对连队的男战士们说："女同志要和我们一起过雪山草地，现在的最大问题是……"指导员故意停顿了一下，但战士们很快明白了他的意思，纷纷解开自己的干粮袋，拿出一部分干粮分给我们这些女同志。长征途中，我们要翻越的大雪山叫党龄山。山上常年积雪不化，空气稀薄，呼吸困难，天气说变就变。一下雪男同志的胡须上都是冰，而女同志的头发上结成了冰线团，呼口气嘴巴都张不开。雪山上寸步难行，常常是跌倒了刚站起来又跌下，口渴了就抓把雪放进嘴里。我们班有一名女战士因为劳累过度，身体极度虚弱，没到山顶就倒下了，再也没有站起来，同志们含泪把她埋葬在雪山上。部队下山后，在道孚扎营休息，忙着打草鞋，准备斗篷和青稞面——五天后，部队要穿过一望无际的大草原。草原上气候异常，狂风、雨雪、冰雹常常是轮番而至，半人多高的野草挡住了人的视线，无法看清地形，水草地里有许多旋涡、沼泽和深水潭，一不小心就陷进去，许多人因此牺牲了。干粮吃完了就把皮带、皮鞋剪成小块在火上烤了吃，连野草、树叶、树皮都吃光了。我的班长常玉琴也在草地上牺牲了。在过草地的42天里，我不幸患了细菌性痢疾，发烧腹泻，拉脓血便，腹痛难忍。虽然因为缺医少药，我只能咬紧牙关，但我决不掉队。凭着顽强的毅力，我终于战胜病魔，跟着部队一步一步走出了草地，踏上了长征的胜利之路。

红色基因

我是家中的次子，1945 年 3 月出生，1969 年毕业于南京航空学院，1987 年入党。大学毕业后，我带头去了“大三线”，一直在军工企业工作，陪老母亲来苏前，是某型警戒雷达的主持工艺师，为军工事业作出过一些被有关部门认可并表彰的贡献。

我父母共有九个子女，我有一个哥哥，三个弟弟，四个妹妹，现在哥哥、大弟和三妹已不在了，其他五个弟妹都已退休了。

妈妈对我们的管教很严格，从小就教育我们应该好好读书、好好做人，一定要成为国家的有用之了。妈妈以身作则，言传身教，在她的用心培养教育下，我们九个子女都不负父母重望，在各自不同的工作岗位

张忠早期全家福

上积极努力地为国家建设作出了贡献。

我们的妈妈是热心公益事业的楷模。她在离休后，虽然年事已高，但仍然十分关注党和国家的公益事业，关心下一代的健康成长。身为女红军，从20世纪60年代起至80年代，她应邀到机关、部队、院校、厂矿作革命传统报告近百场，听众达两万余人。她以自己参加革命的亲身经历，激励大家要继承和发扬红军的优良传统，世世代代相传下去。多年来，只要报纸、电视上报道我们国家哪个地区受灾了，她都以对党对人民的无限爱心，积极带头捐款，每次都是干休所第一名，受到大家的一致好评。她曾多次被干休所评为优秀共产党员和先进离休干部。

（儿子张晓明）

我1970年6月出生，现在建设银行苏州市分行工作。我的爷爷奶奶都是参加过长征的老红军。爷爷1929年参加红军，奶奶1934年参加红军。我小时候就在爷爷奶奶身边长大，耳濡目染，从小就经常听爷爷奶奶讲他们自己经历长征的故事，讲参加红军干革命的故事，我对打土豪、分田地，八年抗战打日本，解放战争打国民党，抗美援朝打美帝的故事都知晓许多，对爷爷奶奶的军旅经历十分感兴趣。听故事多了，受的教育多，也对我的人生起了很大作用。那时候我就下决心，将来一定要向爷爷奶奶学习，做一个对党对国家有用的人。高中毕业我就积极报名参军入伍，当了一名解放军战士，奶奶十分地高兴，希望我在部队好好干。只可惜，那时爷爷已经不在了。两年后我从部队退伍，分配在银行系统工作，并入了党、当了干部。我们家是一个大家庭，四世同堂，共有六十多口人：奶奶是第一代，年近百岁；第二代现在都已退休了；第三代是主力军，都在各自不同的工作岗位上，积极为党和国家建设作贡献；第四代正在茁壮成长。几十年来，在爷爷奶奶的言传身教下，我

1985 年冬，张忠全家在苏州合影

们的父辈以及我们第三代孙子辈，都能自觉严格要求自己，做到政治坚定、思想进步、工作努力、团结和睦。这与爷爷奶奶传下来家风是密不可分的。在这样的革命家庭中，父母就是家庭的核心，父母就是子女们的榜样，时时处处，潜移默化，家风于是逐步养成。久而久之，无形之中，大家心中都自觉形成了一个共识：要永远继承和发扬爷爷、奶奶的红军精神和优良革命传统，爱党爱军爱国爱人民，一辈子老老实实做人，清清白白做事。这是爷爷奶奶对我们的家训，也是我们的家风。

（孙子张亮）

“两个方面军”赵汉卿、唐成芝

赵汉卿，湖南新化人，1903年12月3日出生，1930年3月参加红一方面军，同年9月入党。参加过南昌起义，五次反“围剿”，二万五千里长征。荣获二级八一勋章、独立自由奖章、解放奖章。1980年1月8日逝世，享年77岁。

唐成芝，四川南江人，1913年4月10日出生，1933年3月参加红四方面军，1937年6月入党。荣获三级八一勋章等奖励。1989年6月20日逝世，享年76岁。

长征路上

我叫赵汉卿，长征时，是红一方面军侦察科副科长。我 3 岁丧母，6 岁丧父，从小就是一个孤儿。12 岁就到江西安源煤矿当童工。1930 年 3 月，我参加红军后，我觉得红军队伍就是我的家，党就是我的再生父母。

1934 年 11 月下旬，我在湖南道县征召来五名民夫，请他们帮助红军抬伤员、挑粮食，每人每天一块银元。湘江之战时，这五个民夫，有三人死于敌机轰炸，两人受伤。我见一民夫身负重伤，肠子外露，急忙将他背至一棵树下，为其包扎伤口。民夫脸色苍白，掏出一块银元递给我，用微弱的声音对我说："红军同志，我不行了，你用这块银元另请民夫吧。"他刚说到这里，头一歪，就牺牲了。我接过银元，上面有他的鲜血和体温，不禁泪流满面。

1935 年春，我随红一军团两进遵义，有三件事终生难忘：第一件事，我和红一军团侦察员小分队化装入城，探明了敌情；第二件事，遵义会议期间，我和红一军团保卫局的同志，夜夜在会场外围站岗。会后，我有幸聆听了毛主席给我们红一军团保卫局干部传达遵义会议精神，倍感光荣和自豪；第三件事，我凭着一笔好字，在遵义街头书写张贴红军宣传标语数十幅。

1935 年 5 月下旬的一天，中央红军强渡大渡河的前夕，我化装成当地农民，戴着草帽，在安顺场卖柴，收集敌情。红一方面军政治部保卫局局长罗瑞卿走到我的身旁问路，说："老乡，这里河面有多宽？距离泸定城还有多远？"我一一回答。此时，站在罗瑞卿局长身旁的侦察科科长刘忠悄悄耳语说："首长，他是自己人。"此刻，我摘下草帽，罗瑞卿轻轻拍着我的肩膀，笑着说："好样的！"

1935 年 8 月下旬，过草地的第四天，我在一个草丛中拾到了一根无肉无筋的牛骨头，扔了又觉得可惜，露营时，我架起柴火烤牛骨头，待牛骨头烤黄了，我用刺刀刮骨粉，用骨粉煮野菜汤充饥、一连两三天，我们七八个侦察员竟把一根牛骨头刮光吃尽了。

*

我是参加过红四方面军长征的女战士，我叫唐成芝。1913 年 4 月 10 日出生于四川省南江县的一个贫苦家庭。1933 年 3 月参加红军，1937 年 6 月入党。

1935 年 4 月的一天，我与四名女红军轮流抬一名红军重伤员，路过旺苍一道高山悬崖时，石板路又陡又险，十分难走，头顶上是岩壳，不能站立，只能跪着抬伤员，到达战地医院时，我的裤子和膝盖被石头磨破了，鲜血打湿了我的裤腿，伤员拉着我的手说："我受了伤，你一个女同志为我抬担架，流了这么多的血，我忘不了你。"

长征途中，我曾两次翻越夹金山。1935 年 10 月 29 日，我第一次翻越海拔 4000 多米的夹金山时，爬至半山腰，见排里 17 岁女战士李月香一脚踩空，摔倒在悬崖边缘，身体悬空，大呼："排长，救命！"她双手所抓住的小树根松动欲脱，情况非常危急。我不顾个人生命危险，站在悬崖边上，弯下身子，一只手抓住石头边的灌木，一只手抓住李月香的手，使出全身的力气，拼命往后仰，脚下的石头和积雪滚滚下落，我死死抓住李月香不放，额头冒汗，呼吸急促，终于将李月香从悬崖边上拖了上来。

1936 年 3 月 13 日，我随红四方面军总部翻越党岭山，山上积雪终年不化，当地藏民称其为"万年雪山"，海拔 5470 米，横在川西北丹巴县和道孚县之间。翻雪山前，我让大家把两件单衣缝在一起，衣内缝入了少量牛羊毛御寒，并用布片、棕皮包住双脚，带领全排36名女红军于当晚11点多钟翻越党岭雪山。为了不让一个姐妹掉队，我让全排女战士把绑腿取下来，连成绳子，一个挨着一个，拉着绳子，一步一步爬雪山，三步一喘气，五步一歇息，后面的同志摔倒了，前面的同志就把她们拉起来，终于在第二天上午9点左右，翻过了党岭山。一位红军宣传员赞扬我们说："女红军、爬雪山，个个不输男子汉。雪山高、腿不软，红军巾帼意志坚。"

……

1936年8月的一天，我随红四方面军总部过草地，在一个叫麦洼的地方露营，当时天已大黑，我们的干粮都吃完了，只好采了几把野菜，煮了一锅汤，每个人都碗里只有几片野菜叶子，连盐味都没有。第二天醒来时，我一摸毛毡下鼓鼓的、软软的，揭开毛毡一看，吓了我一跳，竟发现了三名红军战士的尸体，我和全排的女战士，掩埋了战友的尸首，又踏上了北上抗日的道路。

红色基因

我是赵汉卿、唐成芝的幺儿子，1956年12月出生在河北安国县。1974年下乡当知青，1976年2月入伍戍边，2003年退役，上校军衔。中国散文学会会员，陕西省作协会员，已出版散文集《生命的绿色》《独步长征》。

我的父亲是红一方面军的老红军，母亲是红四方面军的老红军，我称自己为“两方面军的儿子”。

红军家庭、长征骨肉血，是我生命中的红色基因，影响了我的人生之路。

我的童年，是听着爸爸妈妈的长征故事长大的。

因为父母的长征，我也圆了两个人生梦：

第一个梦是当兵的梦。我从小就听父母说：“如今的解放军就是当年的红军，解放军和红军都是党和人民的队伍。”我从小就立志当一名解放军战士，接过父母的钢枪，接父母的班，走好新的长征。

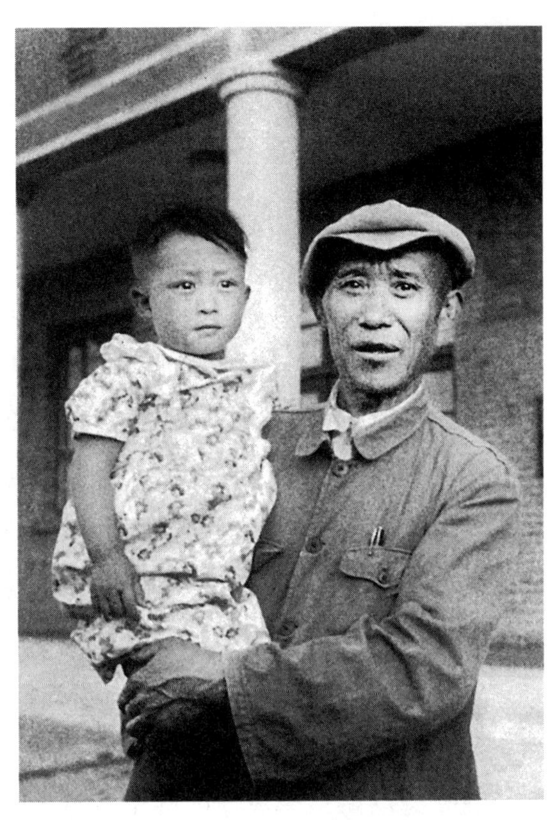
赵汉卿抱着儿子赵太国

1976 年 2 月，在父母的支持下，我参军入伍，成了巴丹吉林戈壁大漠的一名戍边战士。在自己 28 年的军旅生涯中，父母亲先后病逝于南江，为了不影响我安心服役，报效祖国，都没有通知我。父母病重，卧床不起，我未能侍奉一天；父母去世，作为儿子，我未能见双亲最后一面，留下了终身遗憾。同时，父母的高风亮节，让我深刻理解了舍小家顾大家的内涵与道理。

我将自己的军旅人生视为人生的长征。先后荣立三等功四次，多次被兰州军区、二十一集团军、甘肃省军区评为优秀党员、优秀机关干部标兵、先进党务工作者。

我的第二个梦是长征梦。退役后，我于 2005 年 3 月至 10 月 19 日，重走父母长征路。从江西瑞金出发，途经 11 个省、自治区，历时 212 天，走五岭、入遵义、渡赤水、过金沙江、走泸定桥、爬雪山、过草地，一路上渴饮山泉井水，饥餐干粮野果，夜宿民舍村寨，沿途采访健在老红军 21 人，祭扫红军墓 170 多座。重走长征路结束后，我又耗时 5 年时间，完成了 46 万多字的纪实散文集《独步长征》，2011 年 5 月，由解放军文艺出版社出版，同年被列入解放军出版社优秀读物。

父母常说："长征就是一次信仰的考验，人生也是一次长征。"

无论是在部队服役，还是退役回到地方生活；无论是逆境，还是顺境，我都会想起父母的教诲："生活只比下不比上，精神上只比强不比弱。"父母亲留给我的长征精神，永远是我取之不尽、用之不竭的红色财富。

（儿子赵太国）

我是赵汉卿、唐成芝的孙子，赵太国的儿子。1983 年 7 月出生于陕西宝鸡，2003 年毕业于西安科技大学，现任宝鸡市诚泉财务咨询有限公司总经理。

我没有见过红一方面军的爷爷，我出生时爷爷已经去世三年多了。我一岁多的时候就随父母亲回南江，见过红四方面军的奶奶。1989 年 6 月 23 日，我参加奶奶的追悼会，看着奶奶身穿军装的遗像，听着爸爸声泪俱下的悼词，5 岁的我，跟着爸爸妈妈，也伤心地哭了。

爷爷奶奶虽然没有给我们这个红军家庭留下什么金钱和物质财富，却给我们留下了无穷无尽的精神财富。

我上大三时，父亲沿着爷爷、奶奶的足迹重走长征路，给了我很大的影响和激励。我作为红军的第三代传人，也意识到自己的肩上也有一

1982年10月，唐成芝与儿女合影

份传承红军长征精神的责任。

我大学毕业后，先后在西安、南京、武汉等地工作过。我一边工作，一边复习，考取了中级会计师，自己创办了公司，我觉得自己每一次人生的转变和成功，都是长征精神激励的结果。

我坚信：人生也是一次长征。长征精神永远是我人生长征的强大动力。

（孙子赵忆）

“小胖子”邓志云

邓志云，四川江油人，1922年7月27日出生，1935年4月参加中国工农红军，随红四方面军长征。新中国成立后，先后在上海、南京、重庆等地工厂工作。1991年7月18日逝世，享年69岁。

长征路上

我叫邓志云，出生在四川江油青莲镇的苟家院子，因为家境贫穷，我 8 岁时就去给地主家放牛，经常挨打受骂。1935 年 4 月初，红四方面军来到江油，穷苦人看到了翻身解放的希望，纷纷报名参加红军，我也报名成了一名“红小鬼”。

12 岁的我参加红军离开家乡后，父亲母亲和弟弟全家人被还乡团杀害了。从此，我没有了自己的家，我的家就是红军部队。在部队这个革命大家庭中，首长和战友的关爱，让我感到温暖，有几个故事一直留在我的记忆里：一块小木牌、一斤米、一只温暖的手的故事。

小木牌是我们用来识字的。

在红军队伍里，像我这样年纪的红小鬼很多。我们不怕艰苦，作战勇敢，可是就有一条不行，不识字。部队重视学习文化，开展了识字运动。老战士告诉我们：“打仗要靠枪杆子，也要靠文化哟。”我是在长征路上开始识字的，可以说，长征就是我的学校。行军作战，风餐露宿，识字很困难。但是，我们克服困难，想方设法，见缝插针地学习。部队里那些有文化的人，自然就成了教员。

我们的学习方法叫作“看后背”。出发前，战士们事先找一块树皮、小木牌或斗笠其他可以写字的东西，写上几个字，比如“中国”“工农”“红军”等，挂在战士的背包上。行军时，走在后面的战士，正好看到前面战士背包上的字，一个跟一个地“看后背”，日积月累，识的字就多了。

我们知道为什么学习，为谁学习。行军打仗间隙学，宿营搞活动也

1935年，邓志云参加红四方面军长征

学。比如，把生字写在类似卡片的树皮上，谁抽出哪一张，就要读出上面的字；如果读不出，就要唱一首歌，或者刮几下鼻子。经过半年多的"看后背"，我们这些红小鬼认识了不少字。

长征途中，有无数的红军战士倒下了。我们清理他们的遗物时，看见有的背包上还挂着"小木牌"。

我的文化基础，就是在长征路上打下的，直到现在每天读书看报，有不认识的字，就查《四角号码新词典》。我会活到老，学到老。

长征中，粮食稀缺，我们经常饥肠辘辘，吃草根树皮、粪便里没有消化的米是常事。可以说，那时候粮食就是生命。

有一天，全体集合。排长说，现在有的战士已经断粮了，希望大家把自己的米都拿出来调剂一下。排长拿出一块布放在地上，先把围在腰间米袋里的米倒在上面。战士们一个个跟着把米倒在布上，我也把我的米倒了上去。排长说，估计这些米的分量总共一斤左右，到宿营地时烧一锅米汤，大家一起喝。

我们行军到了山脚下，过一条大石滩。谁也没有想到的事情发生了，背着米袋的战士在跳过石滩时，不慎将围在身上的米袋划破了，一斤米全部散落在石滩上。

排长见状，立即命令把散落的米全部捡起来，一粒不能少。

在石滩上捡米，很不容易，移动石子，米就往石子缝里掉。战士们找来棍子往下挖，一粒一粒地捡，捡了两天。

就在这两天中，又有两名战友因为饥寒难耐，倒下了。

我至今都有节约粮食的习惯，是和长征经历分不开的，我觉得节约粮食，就是珍爱生命。

我随部队来到川西北高原，要翻越海拔4500米的雪山。天空飘着雪花，一片银白色的冰雪世界，刺得人睁不开眼睛。红军官兵是在食不果腹、衣衫褴褛的情况下爬雪山的。部队把注意事项，编成便于记忆的顺口溜，让我们背诵：

大雪山高又高，
注意事项要记牢。
裹脚要用布和棕，
不紧不松好好包。
到了山顶莫停留，
坚持一下就胜利了。
病人走不起，
帮他背东西。
大家互助想办法，
一定帮他过山去。

上山没有路，摔倒了，要立刻站起来。不然，就会永远躺在雪山的怀抱里。我脚上的血泡磨破了，鲜血把草鞋染红了，我一瘸一拐地坚持着。越往山上走，空气越稀薄，我胸口堵得慌，咬一口揣着的朝天冲红辣椒，还是喘不过气来，浑身无力。

我刚坐下来休息，红军总部二局蔡威局长看见了，大声喊：“小胖子，不能坐下，要勇敢地向前走啊！”他过来拉着我的手向山顶爬去。我感觉到他的手热乎乎的，很温暖。我跟着蔡局长翻过了雪山。但是，这位对战士关怀备至的首长，却长眠在长征路上了。

长征是艰苦的，但是战士们对解放全中国充满了必胜的信念，这信念支撑着我走到了延安。

时间可以淡化记忆，但长征路上的首长和战友，还有那些牺牲的战友很难忘，随时间的推移，他们的形象越来越清晰，越来越让我怀念。

我把长征故事告诉子女，告诉更多的年轻人，希望在和平年代，红军的优良传统和长征精神能够发扬光大。

红色基因

在我的记忆里，父亲的脸上始终挂着笑容，旧军装的风纪扣，无论春夏秋冬，永远像战士那样扣紧。家里的被子，无论布面缎面，都被他叠成有棱有角的“豆腐块”。他经常像招呼战士那样呼喊我们：集合了！于是，我们姐弟四人听他讲那讲不完的长征故事，他说他想去长征路上祭奠那些牺牲的战友。

父亲会织毛衣，他用饲养的兔子的毛，捻成毛线后，为我们每人编织了一件款式新颖、花案不同的兔毛背心，那是他在长征路上学来的手艺。

看到父亲每晚临睡前，拿着酒瓶，咕咚咕咚地空腹喝白酒，年幼的我好奇地问：“你为什么总在睡觉时喝酒呢？”

“我整夜都睡不着觉，靠这酒，稍微迷糊一会儿。”睡不着觉，多难受，父亲一辈子都是在“迷糊一会儿”的状态下度过漫漫长夜的，而天亮后，他又满面笑容地去工作了。

“我是人民的勤务员，只有努力工作才对得起那些牺牲的战友。”这

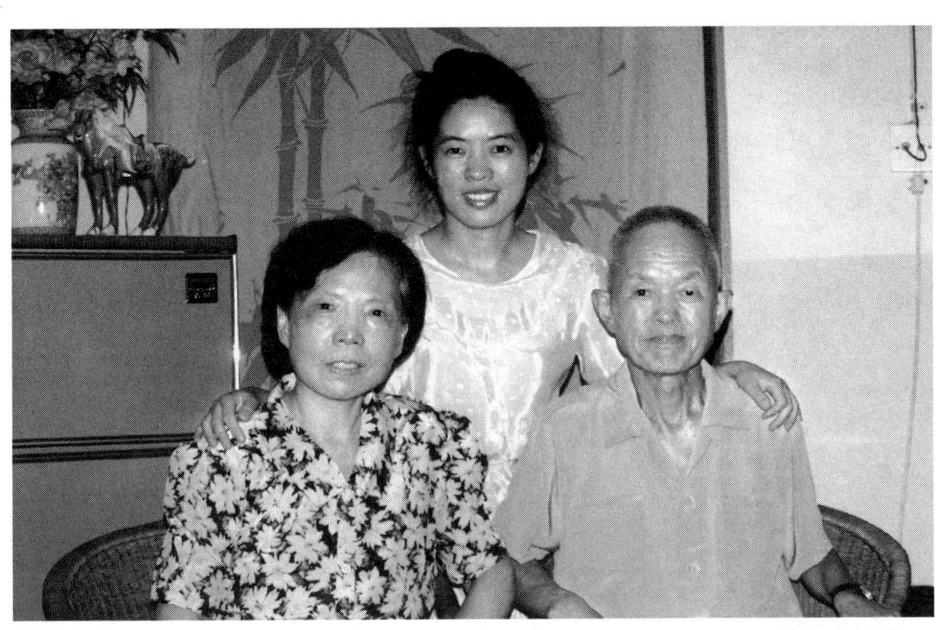

1990 年，邓志云与夫人莫秀珍、女儿邓玉平摄于南京

是他常说的话。

他多次把厂里为他加工资的机会，让给困难职工；他每天从顶层的六楼楼梯扫地到一楼，而我们家住在四楼；他不顾大雪造成交通中断，踏雪步行五六公里路，也不落下业余大学的学习；他经常到机关、学校进行传统教育，小学生时的我，曾坐在下面听过他的长征报告；他离休后义务工作 10 多年，直至生命最后一刻。

忠诚、无私、豁达、奉献，一生一世走长征的父亲远去了。

似乎弥补揪心思念的方式，就是追寻父亲的长征足迹。

2004 年已是历史教师的我，寻根“苟家院子”，徒步松潘草地，才解开多年的疑惑，知道了在部队朱德总司令、蔡局长为什么叫父亲“小胖子”：原来这个绰号不是指健康的“胖”，而是指浮肿的“胖”，是浮肿病！老红军孟克告诉我，他的几个战友，过草地时变成“胖子”，几后后就长眠在那里了。来到包座战斗遗址，知道了父亲长期失眠，是炸弹掀起的泥土把他埋在土里，导致脑震荡！来到岷县，从《党史资料汇编》中，寻找到父亲首长蔡威局长的线索。后来，我前往福建宁德在蔡威塑像前凭吊。

我 11 年来 11 次重走每一条长征路，拜谒无数座红军墓，拜访 240 多位老红军，作长征讲座 100 余场。

记得父亲以前上长征讲座回来，都会与我们分享他的快乐。而现在，每当我上完长征讲座回到家，儿子自然会问："你今天感觉怎么样，打多少分啊？"于是，我也会说起自己的体会。时光荏苒，主题不变，情境也如此相似。

2016 年春节，我回到父母亲住过的老屋，默默地拿起扫帚，也从六楼楼梯扫地到一楼。

父亲和他们那个群体把毕生的信仰和追求、品德和精神，传递给了我们和千千万万的人们。

（女儿邓玉平）

在我儿时的印象中，听说过红军长征，那是外公告诉我的。

我从小就是外公的"小尾巴"，外公笑眯眯的，很喜欢我，他到哪里去，都会带着我。听到熟悉的人称呼他"老红军"时，我真为外公自豪！外公多次带我去河边钓鱼，看见钓到活蹦乱跳的鱼儿，我们真开心。回到家后，外公先把"战利品"分送给左邻右舍品尝，再把余下的交给外婆烹饪。外婆告诉我："有了好东西，大家一起吃，是外公在长征路上养成的习惯。"

我喜欢听外公讲故事，印象最深的，是他讲的"长征路上看后背"的故事。外公把着我的手，教我写字，叮嘱我要好好学习，将来报效祖

邓志云外孙徐昉送母亲邓玉平重走长征路

国。我记着他的话，上小学一年级时，作文就贴到了学校的橱窗里。

外公一生保持红军本色，勤勤恳恳，为民服务，平凡而崇高。点点滴滴，耳濡目染。

也许是受外公的影响，我的母亲成了历史教师，也对长征一往情深。她带着我参加上海纪念红军长征胜利70周年活动，带着我观看《长征组歌》的演出。

母亲患有腿疾，可是她拄杖继续她的长征。我理解并支持她，在她每次出发前，我把红军歌曲录进便携式音响，把她喜欢吃的巧克力，一起塞进她的行囊，再送上一程。“加油啊，我们的心跟随你走遍万水千山。”就这样，她11次重走红一方面军、红二方面军、红四方面军、红25军、西路军、红军北上抗日先遣队、红六军团等各条长征路。

长征归来，母亲和我们分享路途中的收获，从不说遇到的艰辛。在社区支持下，母亲举办了“重走长征路图片展”，为社会各界作了100多场长征讲座。那些她寻访来的红军故事，感动了无数的人们。

亲历，追寻，传承，弘扬。穿越 80 年的光阴，不变的是我们祖孙三代浓浓的长征情结。我工作已经 10 年，一直谨记外公的教诲，用长征精神激励自己，老老实实做人，踏踏实实做事。

（外孙徐昉）

紧密团结——顾全大局的集体主义

五省书记谭启龙

谭启龙，江西永新人，1913 年 1 月 3 日出生，1928 年参加革命，1933 年加入中国共产党。1934 年起，任中共湘鄂赣苏区主要领导。红军长征期间，积极参与敌后作战。新中国成立后，历任第七兵团兼浙江军区政委，中共浙江省委第一书记、省人民政府主席，中共中央山东分局书记、省委第一书记、省长，济南军区第一政委，中共中央华东局书记处书记，中共福建省委书记，中共青海省委第一书记，中共四川省委第一书记、省顾委主任，成都军区第二政委。第十至第十三届中央委员，十四届中顾委委员。2003 年 1 月 22 日逝世，享年 90 岁。

红色记忆

从 1935 年冬天到 1936 年上半年，是湘鄂赣苏区三年游击战争最艰苦的时期。麦市突围后的失利及随之而来的严酷冬天，给苏区各项工作带来极大的困难。

1936 年初，湘鄂赣三省国民党军召开“剿共”联席会议，调集大量正规部队和三省保安团，向湘鄂赣苏区疯狂“清剿”。他们强迫移民，把群众从山区赶到碉堡底下或城镇敌人力量强的地方居住，企图断绝我们与人民群众的联系。他们实行保甲连坐法和联防制度，五家一联、十家一保，一家“通匪”、十家“连坐”，一家“窝匪”、十家“同祸”；他们大肆砍树烧山，烧毁山区村庄，制造无人区，企图迫使红军无处藏身；他们派特务和小股敌人在山区建立瞭望哨，找烟火行踪，偷袭我各级机关及后勤部门。更可恨的是，他们利用叛徒进行招抚、诱降活动，诱胁革命队伍中的不坚定分子投敌。由于这些叛徒知道我们的底细，对我们造成了很大的威胁。

在敌人的残酷“清剿”下，许多老苏区房屋全部被毁、田园全部遭到破坏，长满了杂草，山林被烧，整个根据地呈现出一片凄惨景象，老百姓流离失所，无家可归。

面对敌人极其凶残的“清剿”，英雄的湘鄂赣苏区人民没有被吓倒。省委领导同志开始从几次大的失败中醒悟过来，在指导思想上懂得，在敌强我弱的情况下，必须实行战略转变，不搞部队大集中，分散开展广泛的游击战争，才能粉碎敌人的“清剿”，保存有生力量。

在这段最艰苦的岁月里，我们省级机关为躲避敌人、保护自己，整

1938 年 3 月中旬，坚持南方三年游击战争的部分同志在南昌合影。前排左起：刘英、刘树山、曾山、涂正坤；后排左起：陈丕显、黄知真、谭启龙

天在平浏长、平修铜地区的黄金洞、徐家洞、辜家洞等山山洞洞和深山密林里转来转去，有时一天要转移好几个地方。生活十分艰苦，既无衣，又无粮，还无房，可以说过的不是人的生活。为了生存，有时派出小分队到敌占区敌人的碉堡底下打土豪，搞点米、盐等生活必需品来，可这非常危险，许多同志去后再也没有回来。派人到敌占区去买米，要走百八十里路，往返要四五天时间，路上常常遭到敌人的伏击。

好不容易搞到一点粮食，又没有锅做饭吃，只好用脸盆代替，下面支上三块石头，点火做饭。可做饭又怕冒烟，怕被敌人设在山上的瞭望哨发现，就采取低洼地烧干柴，或趁着雾天、阴天煮饭的办法，以减少暴露目标的机会。米少人多，不够吃怎么办？就磨成粉，掺着野菜煮着吃，仅仅依靠这个维持最基本的生活需要。大家过的是平均主义生活，吃饭每人一份，官兵一致，很少有人破坏这个规矩。如果有人不遵守，大家便纷纷去制止。

最苦的是没有盐吃。人长期缺盐，会全身无力，严重的可使毛发变白。我们吃的盐，主要是靠打土豪搞点，或者群众送点。这些都没有了，就吃墙上的硝盐，把硝土刮下来放在水里，溶解沉淀后，在盆里熬干，代替盐用。这种盐味道不好，但总比没盐吃要强得多。

有时敌人封锁得很厉害，我们搞粮食的小武装出不去，生活就更苦了，只有靠吃山里长的东西充饥。山里长什么就吃什么，冬春两季山里长竹笋，我们把竹笋挖出来煮着吃，或烤着吃；夏秋两季，吃山里长的苦菜、蘑菇、野芹菜、山杨梅、野百合等野生植物。长时间吃不到粮食，我们的同志都被折磨得面黄肌瘦，身体很虚弱，有些同志被饥饿和病魔折磨得离开了人世。我们一起到湘赣苏区后，任湘鄂赣军区司令员的严图阁同志，就是因枪伤加肺病得不到很好的治疗而病逝于辜家洞山区。

由于游击区内的房子已经被敌人烧毁，每转移到一个新地方，我们就自己动手，用随身带的刀子砍些竹竿或树枝搭个架子，割些茅草盖起来用以栖身。我们都学会了造这种棚子，这是最好的住处。更多的时候是钻进潮湿不堪的山洞里休息，或是在大树下宿营，过着“天当被，地当床，深山密林是营房”的生活。这种地方，我们常常被蚊虫叮咬得难以入睡，更可怕的是有时遭到毒蛇的袭击。我亲眼看见一个战士在行走时腿被蛇咬了，不一会儿，这个战士就被夺去了生命。长期住在潮湿的地方，许多同志身上长湿气、生疮，奇痒难熬，又没有药物治疗，致使许多地方被手抓破。我也长过这些东西，现在身上还留有疤痕。

这年冬季，天气异常寒冷，北风呼啸，大雪纷飞，树上挂着长长的冰凌，山上山下，到处雪白一片。可这时我们身上却只穿着单衣单裤，缩在山洞里，冻得发抖，许多同志的脚冻肿了，裂开一道血口子，一走路就往外滴血，只好找些树枝，在山洞里点火取暖。晚上也是围着一堆火睡觉，每晚都要被冻醒几次。钟期光从鄂东南突围回来时，行李丢光了，又没有办法补充，冬天就更难过了。我把仅有的一条单被展开，我们共同盖着，相互依偎着取暖，度过了一个又一个寒冷的夜晚。我们这段患难与共的生活，钟期光一直没有忘记，解放后，他多次跟我和别人讲起。

在敌人灭绝人性的烧杀抢面前，我们密切联系群众，与人民群众同甘苦、共患难，同呼吸、共命运。只要代表人民群众的利益，人民群众就会始终冒着生命危险支持我们。敌人为防止我们搞到米、油、盐等生活必需品，对群众实行定期限量供应，群众拿"良民证"才能买到一点。即使这样，群众宁愿自己不吃、不用，也要设法秘密送一部分给我们。敌人为防止我们到白区活动，强迫群众组织守望队，在村边路口守望。我们通过当地党组织做守望队的工作，使守望队为我们服务：我们打土豪，他们替我们放哨、带路；我们走了后，他们才虚张声势，鸣枪报警。有的保甲长经过我们做工作，表面上应付敌人，暗地里帮助我们，成了"白皮红心"式的人物。我们利用保甲长的合法身份，想办法买粮食药品等急需物资，解决了许多困难。我们的战士负伤后，群众冒着全家被杀的危险掩护他们，有的认伤员做儿子、丈夫和兄弟，给他们送饭、买药、放哨，使伤员得到精心的照顾。如果没有人民群众的舍命帮助和支持，我们在那样的环境里是根本无法坚持下来的。

我们在荒山、丛林里，不管环境何等艰难困苦，敌人何等凶残强大，我们的同志始终没有气馁，没有动摇，在对敌斗争中磨炼了意志，增长了战胜敌人的勇气和信心。“留得青山在，不怕没柴烧”，这正是涂正坤同志鼓励我们时，常说的一句名言。就这样，我们互相鼓励着，团结一致、抖擞精神，时刻准备迎接新的战斗考验。

红色基因

我是谭启龙同志的表妹，江西省民政厅退休干部。

1913 年，我的表哥谭启龙出生在永新县象形乡黄塘村一个贫苦农民家庭；1929 年，他随红军队伍离开了家乡，从此我们之间就再没有见面——直到 1973 年，我和丈夫刘华林从新疆调回江西工作，路过上海，见到表嫂严永洁同志，她说：“你们的表哥明天要去北京开会，你们要见他，今天就去。”我们立即买了去杭州的火车票，踏上了去和表哥重逢的火车。在火车上，我们一直嘀咕：表哥离开家 40 多年了，现在是党的高级干部，我们能见到他吗？我们怀着忐忑不安的心情走进他家时，表哥即迎面走来，和我们紧紧地握手。这种人世间亲人重逢的自然流露的情感，和他那平易近人的作风，使我们的紧张心情，顷刻间放松了。他微笑着说：“我估计你们快来了。你们怎么到新疆去了呢？工作生活都好吧？”得知我们 1953 年参军去的新疆，他详细了解了我们的情况后，微笑着用严肃的口吻说：“很好，你们当了解放军，又是保卫延安的老三五九旅部队，很光荣啊，你们要保持发扬这革命传统，回到江西，要服从组织分配，全心全意为人民办事。”话虽不多，但句句铭刻在我的心里

2003 年 1 月 22 日，是我们全家永远难忘的日子。获悉表哥不幸逝

世的噩耗，我们悲痛万分，心里总觉得表哥没有离开我们。看到家里客厅挂着的“夕阳无限好，人间重晚晴”条幅，就感觉表哥的音容笑貌、坦然人生的风范又展现在我们面前——这是他在 1994 年 81 岁高龄时亲笔勉励我们的题词。表哥虽然离开我们走了，但他对我们的谆谆教诲，我们是永远难忘的。他那高尚的品格、革命的人生，永远是我们学习的榜样！

（表妹贺福莲）

作为一个经历过革命战争血雨腥风的共产党员，爸爸无数次眼见自己的战友在身边倒下，从参加革命那天起，就随时准备为自己的理想献身，早把生死置之度外。正因为那个年代不知什么时候就会牺牲，他分外珍惜活着的每一天，尽力为党和人民多做些工作。

1946 年底，正是解放战争山东野战军进行宿北战役和鲁北战役时。

1970 年，谭启龙夫妇与五个子女在福州合影

两个战役首尾相连，仅用一个月的时间就全歼了敌军三个整编师和一个快速纵队（机械化装甲师）。宿北战役最紧张时，爸爸劳累过度，吐血了，但面对瞬息万变、繁重的任务，他不顾劝阻坚守在自己的岗位上，照常工作。宿北战役结束，我军不怕疲劳，连续作战，稍事部署调整就投入鲁南战役。战役结束，爸爸又累得吐了血，这次吐得厉害，他终于支撑不住，下马靠在战场的一棵大树下，闭目喘息。警卫员江祥康叔叔看到爸爸吐了血，面无人色，周围无人，急得团团转，眼泪籁籁地流。爸爸反倒安慰他："没有关系！"又指着战场说："你看多少同志牺牲啦……打了这么多年仗，不知道多少同志今天还在、明天就没有了！红军时期，中央派了我们46个干部去湘鄂赣苏区工作，现在还在的没有几个人了。我能看到今天，够本儿了。"战役结束，他仍坚持工作，旋即投入莱芜战役。

1992年，在爸爸身边工作了47年的战友江祥康叔叔去世了。收到他的病危通知，爸爸立即赶到他床前。叔叔对爸爸说的最后一句话是："首长，我够本儿了。"

爸爸每每提到叔叔的这句话，都会热泪盈眶。爸爸没有想到，他的一句"我够本儿了"会留在这位战友心中几十年！

江祥康叔叔是抗战时期参加新四军的，1945年起成了爸爸的警卫员，之后的大部分时间他们一直在一起战斗和工作。解放后，爸爸和江叔叔在浙江工作，考虑到今后主要是搞建设，要有本领，爸爸和叔叔商量，送他上了工农速成中学。叔叔学习期间，爸爸调到山东工作，叔叔毕业后则留在浙江。1960年，山东大灾，爸爸累倒了，希望江叔叔来山东协助他。叔叔二话没说，就从鱼米之乡赶到了困难重重的山东，担任爸爸的警卫秘书，形影不离地跟着爸爸下乡救灾。

我初中二年级时，叔叔第一次领我到他家去玩儿。进门我就愣住了：一间房子，除了床几乎没有家具，所有的行李、油盐酱醋和炊具都放在一张床板上，屋中间是一个煤球炉，煮着一锅萝卜。这就是江叔叔、邵阿姨和小华、小弟的四口之家！叔叔带我回家的路上，我忍不住问："江叔叔，杭州的家是不是比这里好？"叔叔没有回答。快到家门口时，叔叔冷不丁说了一句："你爸爸打仗从来在前边。"我当时并没有意识到这是他对我的回答。叔叔与爸爸诀别时的那句"我够本儿了！"却使我一下子想到了这个场景。

不需要课堂，没有说教，革命就是这样，一代一代传下来的……

（儿子谭大新）

我是爷爷的孙女，因为爷爷一直希望孙辈中有个女孩，所以他对我疼爱有加，呵护备至。我从小就跟着爷爷，有时很乖，跟着爷爷在园子里散步，陪爷爷看电视；也有时不乖，抱着、缠着爷爷玩儿。一年一年过去，我们爷孙俩的感情越来越深。

长大后，我离开爷爷去北京上学，更令人无法预料的是，我 13 岁那年跟着妈妈去了美国。因此，我离爷爷更远了，就算过春节也不能每年回国探望，而爷爷对我的关心、问候、爱护和担心也只能随着一张张小卡片儿和一封封信，漂洋过海地传到我手里。那时，年幼的我却并不能完全理解这份深情，也没能好好多写几封信，回去安慰他老人家。每次我回国探望他时，爷爷总会牵着我的小手，轻轻地唱："小燕子，穿花衣，年年春天来这里……"我很想留在爷爷身边，多陪陪他，可爷爷总是告诉我完成学业才是最重要的，我于是在心里暗暗发誓：等毕业了，我一定回国，多陪陪他，好好孝敬他。可我终于拿到证书、走出校门，爷爷却看不到了。

此时此刻，我所能珍惜的只有那些卡片、信件、照片和藏在我心中与脑海中的永不磨灭的身影。在我的印象中，爷爷是一个正直无私、坚强不屈的人，但这并不代表他是一个严肃冷酷的政治家。相反，他对家庭、事业、人民和国家有着一份深深的爱和责任感。他常常告诉我，要做一个人、一个正直的人，要爱老百姓、爱国家。几年前听到这些话，我只会笑着点点头，可现在我懂了，这是爷爷几十年来不变的原则，是他的心得和深深的体会：是国家和人民塑造了他，给他机会和帮助，让他从一个放牛娃，成长为一个令人尊敬爱戴的领导人，他能不感激他们吗？能不希望他的后代为国家和人民作贡献吗？

现在，我终于明白爷爷的想法了，这也让我更加敬爱爷爷，更加为能成为他的孙女而骄傲和自豪！

（孙女黎嵋）

西南民族教育先驱张天伟、杨琴

张天伟，湖北黄安（今红安）人，1911年农历腊月初三出生，1927年2月参加黄安农民运动，1931年12月参加中国工农红军，随红四方面军长征。新中国成立后，服从组织命令从事高等教育事业。分别在西南人民革命大学、西南民族学院工作50余年，培养干部人才5万余人，是西南民族大学的创办人之一。2015年6月5日逝世，享年104岁。

杨琴，四川通江人，1921年农历三月初三出生，1932年12月参加中国工农红军，随红四方面军长征。新中国成立后，服从组织命令从事高等教育事业。分别在西南人民革命大学、西南民族学院担任组织科长、生活指导科长、系主任等职务，是西南民族大学的筹建者之一。1992年9月16日逝世，享年71岁。

长征路上

对于长征，我们红军战士要写的东西很多很多。为了纪念它的胜利，我觉得自己更应该写些东西。查阅自己保存下来的资料，欣喜地翻出 1936 年长征时的几篇笔记，记录的是我在四川省的甘孜、阿坝州地区为了长征而学习藏语的情况。那每个字，每句话，都反映了当年藏族老大爷以及藏族人民与工农红军息息相关、休戚与共的深厚革命情谊。一页一页翻读这些笔记，一件件值得记叙的事情，涌上心头……

语言是交流的工具，是各民族相互沟通的工具。汉族红军指战员不学习当地民族的语言，就不可能严格执行红军的民族政策，就不可能得到少数民族群众支持。正因为如此，长征途中，我们红军部队一到藏民族地区，首先就是请通司（即翻译）来帮助我们指战员与藏族群众交往，请通司教我们红军指战员学习藏语。学习藏语，是一关，极为重要，不然的话，在藏族地区就会寸步难行。请到通司，还要做好通司的工作，讲清楚红军是什么样的军队、要干什么，如若不然，许多情况和问题还是搞不清楚。即使通司翻译的水平不错，我们指战员如果工作没有做好，招待不周，他们心有疑虑，我们也是办不成事的。通司工作做好了，才学习藏语，开始了解情况，开展群众工作。语言是沟通思想的基础，融合感情、开展工作的重要条件，是通行证。语言不通，谈不上交流感情，谈不上与群众打成一片。当然更谈不上宣传群众，动员群众，得到群众的支持。到了藏族地区，一见到藏族群众，问起话来，只是“哈马各”（藏语意思是“不懂”），再问还是“哈马各”，怎么能办成事情？千着急、万着急，也无办法。所以，需要认真地、恭恭敬敬地、狠下功夫向通司、当地藏民族学习语言。

1936年12月，张天伟在甘肃庆阳府照相馆拍摄的穿着红军军装的照片

1936年初，我们红四方面军长征在四川省藏族地区时，我在红四军军部做侦察参谋工作。这对我来说，请通司和学习藏语，懂尽可能多的藏语，尤其重要，成了我完成任务的基础。否则就会像盲人摸象，对情况一无所知，而这又是军事行动绝对不允许的。那时我千方百计，不知疲劳，忍饥挨饿、少睡觉，随时随地了解情况，即刻汇报情况，没有失过职。很重要的一个原因，就在于我不耻下问向藏族老大爷、老大娘及许多群众学会了很多藏语。

我们红军在藏族地区，与在汉族地区或其他民族地区一样，见到藏族同胞，首先问声好，再问叫什么名字，或到哪里去，或请他到自己这方来玩，或请吃茶。然后才宣讲我党和红军的政策、红军的性质和任务，宣传红军的民族政策，红军与藏族人民是一家，都是打蒋介石国民党反动派等道理。

我保存的笔记反映出，自己当时为了便于记忆，便于复习，是用汉字给藏语注音的方法来学习藏语的。如自己学习藏语的笔记，有着这样的记录：

汉话的"请他来""问个话"，藏语是"外，吼拿采学，知觉吉月"。

"你好？叫什么名字"，即"得么暧印，阿啰名其大"。

"你到哪里去"，即"格那着"。

"请到我这来玩，喝茶"，即"吼荣堆，呛学，贾同稽粑撒"。

“我们藏汉是一家人”，即“加博默吉印”。

“我们红军与藏人是一家人”，即“马马洞默色默吉印”。

“红军主张各民族一律平等”，即“马马格默地扎娘些巴热”。

见商人背着皮口袋卖什么东西时，即问：

“着瓦，弄那其约”，“察”，即“盐巴”。

“是卖的多少钱”，即“总几嗳唉”。

“喀马”，即牦牛。

“热”，即羊子。

等等。

记得那时，我每天都向藏族通司、老百姓学习藏语，收获不小，对进行侦察工作很有益。

我们工农红军第四方面军长征北上抗日，在原西康省和四川省的藏族地区，即现在四川省的甘孜、阿坝地区的茂县、理县、松潘、大金、小金、丹巴、道孚、炉霍、新龙等地，先后待了一年多时间。这一地区，多大山，地广人稀，是藏族、羌族聚居的地区，也还有回族等少数民族居住。在这一地区，红军指战员很多都学会了一些藏语，根据党的民族政策，开展了广泛的宣传红军，扩大红军的活动，宣传群众，发动和组织群众的工作，并在这个基础上在这些地区赶走了压迫和剥削各族人民、实行反动统治的国民党反动派，帮助藏族、羌族人民建立自己的博巴政府、民兵组织、少先队组织、妇女会等各种革命组织，各族人民当家做了主人，与红军指战员建立了鱼水情谊。

当时，有不少藏、羌族青年自动地参加到红军队伍中来。这些人，后来，有的为革命事业流血牺牲了，有的成为坚强的革命战士，有的至今仍然是我们党、我们国家和人民解放军的各级领导者。

甘孜、阿坝地区，虽然地广人稀，但耕地很少，粮食产量不高，主要出产青稞、玉米一类的作物。收下的粮食，还不够当地老百姓吃，多数是吃牛羊肉。就是在这种情况下，藏族和羌族群众，宁肯自己少吃，也要将青稞、麦子、苞谷米、瓜菜、水果以及酥油糌粑、牛羊肉送给红军吃，慰问红军，无微不至地关怀。特别是那些老大爷、老大娘，慈祥、宽厚，对红军指战员无微不至地关怀，视红军指战员为亲骨肉。

那时候，由于工作关系，我经常同群众打交道，每到新地区，一到一家，便要搞调查研究，受到热情的款待。天气冷，主人就请进屋，围坐在火炉边，问寒问暖，用热气腾腾的酥油茶、糌粑或者煮好的牛羊肉，大碗大块地端来款待。你要是客气不吃，那老大爷、老大娘准会不高兴，认为你瞧不起他们，你接受了款待，他们便会开心地笑起来。不仅如此，藏族、羌族群众还关心红军的穿用，看见红军战士穿得薄，穿的草鞋，则办法给换换。有一天，天很冷，我到一位藏族老大爷家访问，了解情况。这位老大爷热情地接待了我。在交谈中，他一双眼紧盯着我的脚，看见我在大冷天脚上穿的是草鞋（那时我们红军指战员都是这样），嗨了一声：“你的脚冻坏了！”随即就脱下自己的皮靴让我穿。我很感动，站起来，握住老大爷的手说，我们红军有纪律，不能拿老百姓一针一线，恭恭敬敬婉言谢绝穿他的鞋。他瞪了瞪眼，好久不说话，然后又去拿出一双新皮靴，硬要我换下草鞋穿这双新鞋。我明白了他的意思，于是双手伸出大拇指，笑颜表示万分感谢，反复说明红军的纪律，不能够拿群众一针一线，我要遵守，再三感谢他，说：“老大爷的情，我领了，靴子不能穿。”经过再三做说服工作，老大爷确实明白了红军的纪律，才高兴地收回了靴子。

我们红四方面军在瞻化县（现新龙县）驻扎了半年时间。我跑遍了城内城外。因为语言的沟通，我们调查情况时，不少群众特别是老年人，都认熟了，什么家常话、心里话，都对我讲。他们问我当红军多少年了，家在哪里，在这里生活习不习惯，说“红军都是好人，处处为穷人做好事”“要是不走就好了”等等。使我深深感到，藏族、羌族以及其他少数民族群众，对红军已由不了解到了解、信任，逐步与红军建立起了深厚的感情。这使我了解藏族、羌族群众淳厚的心灵，看到了他们把希望寄托在了中国共产党和中国工农红军的身上。这一切的一切，使我久久不能忘怀，时至今日，仍然记忆犹新。

红色基因

我是张天伟和杨琴的二女儿，1970 年参军，退伍后是一个普通的

张天伟二女儿张苏红一家

档案管理工作者，现在已经退休。

记得小时候，父母工作非常忙，很少能见到他们的面，童年记忆里印象最深的是晚上他们回来给我们盖被子。父亲话不多脾气好，从不打骂人，母亲性格豪爽、热心肠，说话有一句是一句。

一家人有时间在一个桌子上吃饭的时候，父母总说起长征路上的故事，经常听到的字眼是“饿”。父亲说长征路上过草地用钉子钓鱼解决饥饿，母亲又说那些鱼都是生吃，腥味让人作呕，但是为了充饥还是得吃，因此记忆中母亲是不吃鱼的。革命岁月是艰苦的，但是父母始终乐观，他们说那时候总爱唱《八月桂花》和《国际歌》，和他们的战友一起苦中作乐。我的童年也是国家不太富裕的时候，家里孩子多，有啥吃啥，我们从不抱怨，想想父母我们已经很幸福了。

想想和父母一起度过的岁月，“艰苦奋斗、省吃俭用”八字相随，好衣服送给有困难的下属，自己的衣服补补缝缝，营养品先紧着学校里生病的人用，有时候看见学生病了，就把家里煮好的酸菜面给学生送去；工人病了，就把家里的红糖、挂面送给他们。那时候什么东西都是定量供给，我们也只有眼巴巴地看着流口水。

几十年如此这般林林总总深深地影响着我。生长在这样的家庭，我从小对自己的要求就是以他们为榜样继承他们的精神。父母要求我们多干事少说话，服从组织安排。因为他们从参加革命开始就是一切以遵从组织需要。记得父亲总说新中国成立后，他和母亲被从部队借调到地方创建西南民族学院，学院建成后他要求回到部队，组织说民族教育也是战线，需要他们继续攻坚，没想到这一留就是几十年，直到 20 多年后办理转业手续，父母才遗憾没有授衔——不想当将军的士兵不是好兵啊。

西南少数民族众多，民族教育工作艰巨复杂。父亲在长征途中担任过作战参谋，在甘孜阿坝藏族地区与当地少数民族打过交道，有些经验。要把各地区各民族的学生团结在一起，首先是要平等不歧视，互相尊重，和睦相处，新中国刚刚成立，历史遗留的民族隔阂还存在，为了做好这些工作，爸爸妈妈呕心沥血。记得有一次爸爸在工作中累昏倒在厕所，被人发现后抬到医务室打针，打完针立即回到工作岗位。妈妈每天天不亮就到学生宿舍带领大家出操，深入到学生中间了解他们的心声，一直到学生都睡下了才回家。毛主席说过，国家的统一，人民的团结，国内各民族的团结，这是我们的事业必定胜利的基本保证，民族团结是我们伟大祖国走上独立、自由、和平、统一和强盛的前提条件和政治基础。父母也是秉承这样的信念无怨无悔地工作着。他们经常说，一个人一生要做到问心无愧！这就是他们对祖国对党对人民无限忠诚的博大胸怀。

受到父母的影响，我前后也扶助了民族学院的几个大学生，希望承接父母遗志，为民族教育尽绵薄之力。

（女儿张苏红）

我毕业于西南交通大学，现在是一名律师，是张天伟和杨琴的外孙女。

关于姥姥：用现在的话来说，我的姥姥杨琴在我心目中就是“女神”，是一个情商很高的女强人。谁都爱戴她，这句话一点都不夸张。以前西南民院有个特别大的公用自来水台，姥姥离休后经常在那里洗拖布打扫卫生，找她帮忙的老同事、老学生、新同事、新学生都去那里“偶遇”她，那里显然变成了她的第二办公桌。有一次，一个姓瑶的阿姨来找姥姥，她丈夫是本校毕业的学生，后回校任教。那时候教书先生工资不高，国家物资短缺，她没有奶水，孩子生下来就没有吃过奶，好

张天伟与各民族学生在一起

几岁了，因为营养不良经常生病。她在自来水台旁边泣不成声地向姥姥哭诉，小小的我现在还能想起她的眼神。姥姥听后当即表态帮她解决，亲自跑到郊区的农场，联系给她孩子送牛奶。后来，姥姥还经常带着我去她家，给他们送吃的用的，给她孩子看病。

多年后，我在律所实习，负责一个法律援助的案子，当事人是个山区农村老大爷，孙子因为医疗事故夭折。看着那个老大爷的眼神，想起当年的那个阿姨，追忆姥姥，我将一盒暖暖的牛奶递到了这个没钱买水喝的老大爷手中，帮他拿回了应得的赔偿。

至今我的抽屉里还放着一张老版的 100 元人民币，那是姥姥去世的时候给每个孙辈留的唯一的遗产。一个老红军、老干部、伤残军人，省吃俭用一辈子，走的时候存折上就有 1200 块钱，12 个孙辈一人一百……这份遗产将伴我一生，一生受用。

关于爷爷：我虽然是张天伟的外孙女，但是我叫他爷爷。在他72岁那年，我这个全家最小的孙女出生，他视我如宝，倍加爱护。小时候，我总和他、姥姥睡在一个房间，清晰地记得他身上百雀羚、花露水、中国牙膏的清香。他是一个特别爱干净的老人，喜欢阳光。出太阳的时候他总念叨逛街、出去玩，有新事物的时候他总要多看两眼、摆弄两下。爱动爱学习是他长寿的秘诀。

电脑才开始在家庭普及那几年，爷爷就让妈妈给他弄了一台放在他书房，电还没通他就在按按这里摸摸那里的，把键盘敲得“啪啪”作响。我看他好奇的眼神，忍不住笑出声来，要知道那时候他都90岁了。几次回家，看着他拿本拼音书或者英语书在那里敲键盘，或者在本子上写英文字母，我心里可带劲儿了，家里有个这么爱学习的老头儿真是自己的动力源泉啊。爷爷对所有新生事物都感兴趣，而且善于接纳和利用，自从家里有了电脑、打印机和扫描仪，他写的文章都是让妈妈录入电脑打印出来备份，还有一些他写书需要用的老照片也让我帮他扫描。他觉得打印出来的文字看起来清晰很多，修改也快捷，照片在电脑里放大起来看更方便，爷爷对于现代办公这套东西的优点“门儿清”。

2015年，爷爷身体状况不如往年好，但在临走前仍然生活自理。我知道，住院期间他特别想我们去看他，可是每次看见我却总是说“你工作忙，不能耽误你工作”，招手让我回家。在他心目中，我是在为国家为人民工作，国家和人民的利益高于一切。

其实我没有那么高尚，读书的时候不甘人后，是因为我生在这样的家庭；工作的时候坚持正直，是因为我生在这样的家庭；遇到挫折的时候不妥协，是因为我生在这样的家庭；遇到新挑战的时候不断求知，是因为我生在这样的家庭……

（外孙女张蕊）

“三实”老红军胡守富

胡守富，湖北江陵人。1917年11月出生，1931年6月参加革命，后随红二方面军参加长征。新中国成立后任安庆军分区司令员、上海警备区副司令员等职。1955年被授予大校军衔。曾获二级红星功勋荣誉勋章、三级八一勋章、二级独立自由勋章、二级解放勋章。

长征路上

我出生在湖北江陵的一个贫苦农民家庭，那是个兵荒马乱、民不聊生的年代，我的童年生活非常凄惨，以给地主放牛为生——因为很小就成了孤儿，我连自己的生日具体是哪天都不知道。

1931 年，我得了重病后，地主怕我死在他家，就把我赶了出来，幸亏贺龙领导的红三军（后恢复红二军团番号）救了我。红军成了我的救命恩人，也让我深深地明白，只有跟着这支队伍，才有翻身做主人的希望。

病好后我报名要求参军，但是部队说我年龄小，不收我参军，当时真的很着急。很快，听说一个年龄比我还小的人参加了红军。于是，我又撒腿跑到部队去。

这次惊动了贺老总，他亲自批准我参军，并把我留在红三军军部当司号员。现在回想起来，这是我人生中最荣耀、最难忘的时刻。从此，我守着一颗红心跟党走，跟着这支队伍一路南征北战，建立了新中国，过上了幸福的生活。

参加红军一年后，由于表现出色，我被选为红三军警卫营通信员，不久又担任通信班长、排长，几乎天天与贺龙、关向应等军部领导在一起。现在还清楚地记得，贺老总一高兴，就用烟斗敲我的头。

生命中第一次经历这么欢快的时光，但欢快总是那么短暂。后来，我跟着大部队参加艰苦卓绝的五次反“围剿”，历经无数大大小小的战斗。最终，踏上了长征之路。

长征的苦，永远都说不完。过草地时，我们每个人身上只带了三五斤干粮，基本都是用水煮过的麦子。干粮很快吃完了，牛皮斗篷、皮带，前面部队啃光的牛羊骨头、野菜，凡是能吃的东西全部吃光了，饥饿成了过草地半个多月最大的“敌人”，后来连军团政委关向应都饿晕了。

革命年代的胡守富

为救命，贺老总把他心爱的枣红马都杀掉给战士们吃了。为了给关向应补充营养，贺老总奇迹般地钓了几条小鱼，并把鱼做成汤，让警卫班给关向应送了过去，而他自己却嚼了 3 天的牛皮。很多党员都把他们最后一口救命粮留给年老体弱的战士、留给伤病员，倒在草地上的大多是共产党员。

过雪山的经历更加难以忘怀。山上空气稀薄，由于穿得少，好多战友被冻得鼻青脸肿，有的人搓耳朵，一搓就把耳朵搓掉了。艰难爬行的过程中，我看到一些走累了的战友，坐下来休息后就再也没有站起来，有的走着走着身子一歪，就倒进雪堆里。

面对凶恶的大雪山，是党员给了队伍勇气和力量。当时一路上到处都是党员的身影，持续鼓动大家往上爬，组成多个帮扶小组，帮助年纪小的、体弱多病的，而他们却个个负重，毫无怨言。

我年纪小，体力也不够，爬着爬着就有一双坚强的手，把我往雪山顶上拽。当时大家都怀着一个信念：一定要战胜雪山！长长的队伍或手拉手，或拄着棍，或双手着地，拼命往上爬，党员殿后收拢，一个都不落下，就这样相互搀扶着过了雪山。

长征中的一次战斗中，一颗子弹从我的左大腿根部打进去又穿出来。当时，有人打算把我寄放在老乡家中。贺老总知道了，说这个小鬼不能留下，要抬走。途中，有一个抬我的年轻战友不幸牺牲了，我还不知道他的名字，每次回想起来，总是无比伤心、无比悔恨、无比痛苦，如果我没受伤，如果他还活着，那该多好啊！

爬雪山、过草地，一路打仗，走过二万五千里长征，我们终于走到了延安。但我的很多战友却牺牲在皑皑的雪山、茫茫的草地上了，新中国也没看上。越是和平、幸福的时候，越不能忘记无数革命先辈付出的巨大牺牲、作出的杰出贡献，我想，这应该是每个中国人都要做到的。

新中国来之不易。我跟孩子们讲起这些长征故事，每次都会要求他们做到“三实”，即“对党老实、工作踏实、做人朴实”。我的子女中大都是党员，第三代中也有两个党员。

红色基因

我是家中长子，我们兄弟姐妹五人，我是老三，上面有两个姐姐，下面有两个弟弟。我是 1954 年 11 月出生，退休前在民航华东地区管理局工作。

父亲一生对党老实、工作踏实、做人朴实，对待子女不搞特殊。留给我记忆最深的，就是我的工作问题。我于 1970 年参军入伍成为一名汽车兵，后来才知道父亲专门交代部队领导，不让战友知道我的身份。带着父亲“好好学习、刻苦训练、不搞特殊”的嘱咐，我在部队勤奋刻苦，第一年就成为技术尖子，年底当了副班长，并在同年兵中第一个入了党。

20 世纪 60 年代末，胡守富全家福

经过部队四年的摔打磨炼，我迎来了提干的机会。回家探亲时，我跟父亲提起这事，问他能否提干后把我调回上海。记得父亲当时脸一沉，很严肃地告诉我："三儿啊，别想这事，虽然我是警备区的副司令员，但是给你开后门的事绝对不能办。你自己的路自己走，不要寄希望于我出一点力。"

后来，我放弃了提干的机会退伍回到上海，进入一家工厂工作，从最底层干起，一步一个脚印，凭借自己的努力调入机关，没有一次动用父亲的关系，甚至多年后同事们才知道我是干部子弟、老红军后代。

父亲大公无私，是一个纯粹的共产党人，毕生秉持对党老实、工作踏实、做人朴实的纯朴家风。在他的教育影响下，我们五个子女的路全是自己走的。他经常了解我们工作、生活、思想情况，要求我们严格按照“家教家风”约束自己的言行。

父亲还经常教育我们不要拿他“吃老本”，要干一行爱一行。我工作几十年，从来没有休过假，不到万不得已几乎不因私事请假，一心扑在工作上，因为我深深地感到，只有责任发扬好父辈的好传统好作风，没有权利躺在父辈的“功劳簿”上。

（儿子胡新华）

我是家中的大孙女，现在中国东方航空股份公司工作。从小听着爷爷的故事长大，他是我最崇拜、最心疼的人。爷爷对我们孙辈抱有很大的期望，一直教导我们要勤奋刻苦、多学知识，做对国家有用的人。

从小，父母就教育我明事理、守规矩，要求我勤奋上进、不乱花钱、不搞特殊，我也很懂事，一直刻苦学习。2008 年，我以优异的成绩大学毕业，并在毕业前光荣地入了党。在一步一步成长的过程中，我体会到那份规矩就是我家的家风啊。

2016 年春节，家人在胡守富的病房吃团圆饭

印象最深刻的，是大学毕业时爷爷对我说的那番话："你是党员，以后走上工作岗位，要严格要求自己，学习、工作都要起带头作用……"

我过五关斩六将，凭借过硬的素质应聘进入中国东方航空公司后，始终坚持工作上绝不含糊，从来没有因为私事请假，满怀着热爱之情踏实工作，到目前为止没有被一个顾客投诉过。

在生活上，我一直奉行爷爷教导的朴实家风，坚持做到艰苦朴素、勤俭节约，从来不买奢侈品、高档用品，平淡生活，以勤养性，以俭修身。

我喜欢我们家的家风。

（孙女胡畔）

我是家中长孙，现在中国东方航空股份公司工作。

每个家庭都有自己的家风。我爷爷是老红军，经过长期艰苦卓绝的革命斗争，因此，我们家纯朴真挚的家风，饱含着对党和对祖国的热爱。爷爷的一生都在忠实践行对党老实、工作踏实、做人朴实的家风，并以此影响我们、教育我们。每年春节吃年夜饭，爷爷都会给我们上政治教育课，让我们一定要发扬艰苦奋斗精神，不要乱花钱乱买东西。

我们从小听爷爷讲那些传奇故事，看父辈不搞特殊、靠着自己努力奋斗，从小被严格要求，自然而然走进了爷爷的内心、接受了我家的家风。

传承好家风，多为社会作贡献，是我们胡家后代的责任。

（孙子胡珀）

双枪女团长王泉媛

王泉媛，江西吉安人，1913年7月12日出生，1930年3月参加革命，1934年加入中国共产党，参加长征，曾任四川省委妇女部部长，红军西路军妇女抗日先锋团团长。西路军失利后被俘，饱受严刑凌辱，脱险后与党失去联系，沿途乞讨回乡，自食其力。新中国成立后，先后当过生产队队长、妇联主任、敬老院院长、江西省政协委员。被国家确认应享受老红军战士待遇时，已76岁高龄。2009年4月5日去世，享年96岁。

长征路上

我的母亲王泉媛生前收养过6个孤儿，我(肖扬凤）是其中的一个。我几岁的时候就跟着母亲生活，一直待在她的身边。平常，母亲经常跟我们提起她过去当红军的故事，所以，但凡有记者来采访我都听得很认真。听得多了、看得多了，对母亲更了解，也更敬爱。

1934年10月，我母亲当时并不知道参加长征。只知道同事刘英让她去卫生部体检，结果被编入由30名红军女战士组成的妇女工作团，成为中央红军红章纵队的一部分，跟着中央卫生部走。后来才知道，这次行动就是举世闻名的二万五千里长征。

1934年12月，我母亲所在的部队冲过湘江封锁线，来到广西西延山脉。一天，抬着受伤的红军师长陈洪转移的时候，一个民夫不小心摔伤了腿。我母亲当时体重不足90斤，直接接过担架继续前进。

途中，一群国民党匪兵拦住了我母亲她们的去路。就在这千钧一发之际，一支队伍从山谷中冲杀了过来，为首的正是红章纵队（中央军委第二纵队）第二梯队队长兼政委何长工。他骑匹骡子，带着几个警卫员，很快就把国民党匪兵打跑了。何长工问我母亲："你这小鬼，怎么在这里?"我母亲说："报告政委，我们抬陈师长，民夫跌伤了脚，没有办法，只有自己抬。"他说："你们快走，前面有一座大山，山上有洞窖，一定要小心!"

我母亲上山时，何长工不时地拿手电筒从后边照路。到了洞口一看，果然有不少大洞，要是跌下去就上不来了，据说当时已跌下去几十人了。那天晚上，要是没遇到何长工打手电，我母亲可能就跌下去摔死了。在长征路上，处处都有这样的危险。由于行军紧张，卫生条件差，女红军们经常不洗脸、不洗澡、不脱衣睡觉。住处也不定，草垛、墙角、野外，什么地方都睡过，她们的头上长满了虱子。

说实在的，我母亲走过那么多路，又打了那么多仗，但都挺过来了，我母亲常说她是个不死鬼哟！当初参加共产党的队伍，是发了誓才当兵的。发誓说，当兵不怕死，怕死不当兵。真的不能怕，在战场上就是你死我活。

我母亲一行抬着陈洪师长走了五天，两天一夜没吃饭。一行人翻过几座大山，躲过苗人的疯狂追杀，终于追上了红章纵队和妇女工作团。

毛主席见到气喘吁吁的母亲，惊讶地问："小鬼，你怎么才走到这里？"我母亲向主席报告了我们为什么掉队的情况，毛主席表扬说："好，小鬼，你很能干！来，把东西放到我的马上。"

早在中央苏区时，我母亲就与毛主席熟悉了，所以当时她也没有客气，就把两个伤员的枪从自己身上摘下，放到了毛主席的马背上，而那时，毛主席的马背上，一共驮了大小 11 支枪。之后，我母亲才知道，长征中，毛主席很少骑这匹马，总有伤病员或年龄很小的红军战士骑在上面。即使没人骑它，也总有一些伤病员的枪放在马背上。并发现，毛主席每次行动都走在纵队最后，经常落在妇女工作团后面。毛主席是故意走在最后的，为的就是帮助那些走不动的伤员，或者是其他需要帮助的同志们。

我母亲随中央红军长征到达四川的两河口后，毛主席下了命令，让我母亲和吴富莲到干部连工作，跟红四方面军进行交流，就归张国焘管了。

张国焘走到阿坝下了个命令，后面的部队全部南下，我母亲也跟着南下，再一次翻雪山、过草地。

我母亲一共翻了四次雪山，过了三次草地。夹金山就翻了三次，过夹金山的时候，看到有水桶粗的冰凌，石头都砸不动。那时候的雪，一年到头都不化，冷得很。上山是驼着背上去的，几千米的高度，下山的时候就往下滑。她们穿得又少，冻得直打哆嗦，就靠吃辣椒御寒。当时，发了大辣椒，还有生姜，看每个人的口味。辣椒都用绳子串着，吊在身上。在山上冷得受不了了，就从身上拽一个辣椒，放在嘴巴里一咬。这样就辣得全身发热，继续往上走。

草地上最苦的是没吃的，天天吃草。又没处睡，就睡在草地上，一倒下去就睡着了。刚睡下去，雨就噼里啪啦落下来……一身是水，没干过。男人好一些，女人因为赶到月经来的时候真是很苦，月经往下流都没裤子换。从白天到晚上，体质不好的人得了毛病，很少能走过草地。所以，过草地死了很多人。后来，长征路上不少女红军停经。我母亲在过雪山草地的时候，也落下了病根，终生不能生育。

后来，我母亲被任命为西路军妇女先锋团团长。先锋团由四方面军1300多名女红军组成，跟随大军西征。西路军在河西走廊与马家军经过40多天的血战后，损失惨重。西路军总指挥部、九军、三十军和妇女先锋团被围。此时，2万多人的西路军，只剩下不足5000人，伤病员又多。

为此，我母亲主动请缨，要求让妇女先锋团打掩护。

为了迷惑敌人，我母亲命令全团官兵剪掉长发，一律男装，并改用30军286团番号。在每人得到5发子弹、2颗手榴弹的补充后，我母亲率领这支不足1000人的队伍，进入了梨园口阵地。一个小时过去，子弹打光了，手榴弹所剩无几，连石头也扔得差不多了，500多名女战士献出了宝贵的生命。

当马匪发现担任阻击任务的红军全是女兵时，便从马上跳下来，想活捉她们。眼看着敌人一步步逼近，我母亲命令战士迅速往山上撤退，自己则带领一小部分人作最后的阻击。

这时，我母亲通过渐渐稀疏的枪声判断出总指挥部和主力部队已突围出去，妇女独立团的任务完成了！但全团仅剩不足 300 人。

当时，我母亲躲藏在一孔破窑洞里，但很快被马匪搜了出来，当了俘虏。期间，我母亲趁上厕所的机会跳下城楼，昏死在墙根下，又被抬了回来……

1939 年 3 月，我母亲和另一名女战士王秀英终于翻窗逃了出来，一口气跑了 90 多里，到了兰州，找到了八路军办事处。但是，当时为了适应严酷的战争环境，党组织对失散人员的收留作出了严格的规定。后来，八路军办事处给了我母亲五块大洋。这时候，是我母亲最痛苦的时候……

母亲用双脚不止走完了两万五千里——沿着当年长征的路，靠乞讨，她于 1942 年 7 月回到了家乡。那一年，她 29 岁。而她被确认享受老红军战士待遇时，已 76 岁。

红色基因

我是母亲的养子，现为江西省泰和县城建局环卫所工人。

我母亲是个十分坚强的人，敌人打她，她没有哭，敌人侮辱她，她没有放弃。可是当自己历经艰难回到部队时，却得不到党组织的信任，只是给了她五块大洋让她回老家时，母亲眼泪哗啦啦地流了下来。那是母亲一辈子中最痛苦的事。在“文革”期间，母亲还多次被作为“叛徒”“逃兵”挨整批斗，她仍然坚强地活着。乡亲们都知道母亲去参加革命了，但没有人知道她是红军中远近闻名的女团长。母亲一直过着平静的生活，和一个普通农村妇女一样耕作收获，下田种地，养牛养猪。解放后，先后担任了村生产队长，保管员、大队妇联主任，公社和乡的敬老院院长，在当院长的14年时间里，她从未拿过一分钱的工资。母亲还收养了包括我在内的6名孤儿，几十年的生活让我看到，母亲一生都在全心全意为人民服务。

王泉媛和她的家人

从母亲那里，我学会了坚强。小时候，经常帮母亲做事，挑不起一担水就挑半担，扛不动一袋粮就扛半袋，感觉到自己是个男孩子，就应该为母亲分忧，吃这点苦算什么，比起母亲还差得远呢。说实在的，母亲是当过团长的人，都能像平常人一样，下田干活。如果我吃不了苦，做不了事，怎么能对得起母亲，怎么做红军传人呢？更何况，母亲经常给我讲长征的故事，激励我自立自强。这么多年来，我一直是名环卫工人，但我也是一名红军传人。我一直秉承母亲的精神，严格要求自己，脚踏实地、自力更生，不给政府添麻烦，不给母亲丢脸。

（养子刘祥仁）

我是王泉媛的孙子，刘祥仁的儿子，现在是江西省泰和县自来水厂的工人。

我小的时候，奶奶经常教育我们要珍惜时光，趁年轻好好读书，长大后为国争光。她是一个乐观且信念十分坚定的人，听人说，奶奶刚回到村里的时候，一边侍弄庄稼，一边老老实实地接受监督和批判，乡亲们像躲避瘟疫一样躲避着她。尽管如此，奶奶心中仍旧期待着有朝一日能恢复自己的党籍，相信迟早有一天组织会承认她、接受她，会给她一个公正的待遇。那时候奶奶最常说的话就是“我生是共产党的人，死是共产党的鬼啊”。终于，奶奶在76岁高龄的时候，被国家确认应享受老红军战士待遇。

在此之后，全国各地的媒体采访络绎不绝。大概2000年之后，奶奶的身体就大不如前了，我们都建议奶奶暂停接受采访，可是每次有媒体过来采访，奶奶还是很高兴地接受。奶奶说，大半辈子了，以前没人愿意听她说，现在有人愿意听了，她得把长征路上那些正能量传播出去，要告诉大家现在的生活来之不易，要好好珍惜。

奶奶经历了战争的腥风血雨，是一步步走过了二万五千里长征的老红军，深深地爱着部队，爱着军装，所以，我成年的时候，她决定把我送到部队去锻炼，但由于种种原因，没能如愿。县里相关领导得知这个情况后，提出安排我去城建公司工作，却被奶奶委婉地拒绝了，她说：“我是从一名红军战士一步步成长起来的，只是想着要一心一意为人民服务。需要帮助的人还很多，我们不能给政府添麻烦。”我理解奶奶，更要维护奶奶的决定。作为红军传人，我应该自食其力，凭自己的能力谋事做事。

（养孙刘本质）

回民支队司令员马良骏

马良骏，陕西西安人，1910年出生。1931年宁都起义后，先后在红五军团、红一军团、红九军团和红八军团担任团长，任四方面军红军大学上级指挥科军事教员、科长，红四方面军骑兵师师长，红四方面军甘肃省抗日救国军回民第六路军司令员，红西路军回民支队司令员等。长征途中，所在红五军团担负全军殿后任务，以巨大牺牲掩护全军，被称为“铁流后卫”。1937年底回到延安，后下落不明。

长征路上

编者按：因为历史原因，目前没有发现马良骏留下的任何文字。本篇的“长征路上”由编者将相关史料摘录如下，供读者参考。

据《中国人民解放军组织沿革和各级领导成员名录》：

红军红一方面军……第14师（1933年6月组成）……第41团团长马良骏……

第9军团（1933年10月，由第3师、第14师和独立营第1、2团组成）……第14师……第41团，团长马良骏……

第5军团……第13师……第39团团长王彦斌（代）、马良骏（后）……

第8军团（1934年9月，由原第21师和第23师组成）……第21师（1934年8月，由原21师第61、62团、教导第2团及赣江独立团组成）……第62团团长马良骏……

甘肃省抗日救国军（1936年9月，由原四川抗日义勇军组成）……回民第6路司令员马良骏……

据《周恩来军事文选》第一卷：

红八军团并入红五军团的决定及其办法〔1〕

（一九三四年十二月十三日）

董李周黄：

甲、军委决定八军团并入五军团，其办法如下：

1. 八军团全部人员除营以上干部外应编入十三师各团，为其作战部队。如三十九团尚未归还主力，则应以八军团较强之一团为三十九团，而编散其余的两团及军团部。

2. 八军团之工兵连、排，补入十三师各团加强其各工兵排，其余则编入步兵分队。炮兵与五军团在所属炮兵排合为一迫炮连，辖两排、炮四门。机关枪连、排并入十三师各团，使每营仍附有机枪排，团有机枪连，轻机枪则给十三师各团及军团直属队，每一连队配轻机枪一支。

3. 十三师师部取消，五军团司令部直辖十三师三个团。十三师师部全部人员及直属队应编入各团，其工兵排、机枪排如二项办法。

4. 五军团后方部，应依军委四日电令〔2〕立即缩小为师的编制，编余人员亦应编入各团。

5. 凡八军团及十三师师部下级指挥员及工作人员，应尽量编入作战部队，其余不能编入作战部队的，再另行编入五军团直属各部，或送军委四局及总政处理。

6. 多余步枪，最坏的应即毁弃，全部工作人员应发动背枪。多余轻、重机枪及子弹应即送军委。

7. 电话队留五军团，电台则拨归军委。

乙、刘伯承调回军委，陈伯钧为五军团参谋长，周、黄〔3〕待改编完后即回军委，罗荣桓为五军团政治部主任，毕占云调回军委，马良骏留五军团为团长，其他军政人员除加强五军团各团外，余应送军委四局及总政。

丙、五、八军团应利用行军中的间隙执行此电令中一切规定，限十八号前全部完成。首先须进行解释，并将结果电告和用书面报告军委。

朱周王

十三号二十时

根据中央档案馆保存的抄件刊印。

注释

〔1〕这是周恩来、朱德和王稼祥给红五军团军团长董振堂、政治委员李卓然和红八军团军团长周昆、政治委员黄甦的电报。

〔2〕指 1934 年 12 月 4 日《军委命令》，命令规定缩编各部队后方机关。师、团的卫生队各缩小一半（即团三十人、师九十人）。取消兵站。军团医院：一、三军团缩编为二个所；五军团为一个所。一、三、五军团后方部内只应有教导队、军团医院和供给部附运输队；八、九军团取消后方部保留师后方机关。将后方机关、直属队编余人员补充到作战部队。抛弃、毁灭不必要的担子等。

〔3〕周、黄，指红军第八军团军团长周昆，政治委员黄甦。

据《张宗逊回忆录》：

……敌人平均每天前进四五里，凭借堡垒线和优势兵力，消耗红军的有生力量。红 14 师的团以下干部多有伤亡，团长马良骏负伤，我的警卫员小李也阵亡了……

据《张宗逊回忆录》：

……红军大学干部队的学员都是团营两级军政干部，组成上级政治课和上级指挥科两个队，上级政治科科长彭绍辉，教导员李井泉；上级指挥科科长周子昆（后为陈伯钧、曹里怀、马良骏）……

据《中国工农红军西路军·回忆录卷（上）》李新国著《骑兵师重建与出击永昌》：

……8 月，长征走出草地，许世友同志调到红军大学学习，师长由马良骏担任，一直跟四方面军行动，后又西渡黄河进军河西走廊。

据《甘肃穆斯林［内部资料］》2006年第1期《抗日救亡运动中的临潭西道堂》：

……当年，中国工农红军长征途经甘南，在临潭驻留期间，西道堂教主马明仁率领教民们迎接红军到来，并且选派10多个厨师宰牛宰羊、蒸馍做饭，盛情款待红军将士，并邀请红四方面军马良骏师长带领的十师进驻西道堂，还打开了西道堂的所有粮仓为红军供粮……

据《〈星火燎原〉未刊稿》第5集陈宜贵著《从祁连山到延安》：

……各部突围出来的人都集结在凌冰河畔，总政治部主任李卓然和总部保卫局长曾传六同志来到我们这里，把我们100多名干部组成了一个游击大队，总政治部胡同志任工委书记，回民支队司令马良俊（编者注：原文即为“俊”）同志任大队长，我任政治委员（当时为九军保卫局长）。给我们的任务是：相机回延安，把这里的情况报告党中央……

据《谢觉哉日记》：

9月22日　晴

上午李剑华来谈。

从青海来六人：魏素清、徐洪才（四局管理长）、刘瑞龙（政宣部长）、惠子明（政油印科长）、李孔发（五军管科员）。

由凉州来：马良俊（编者注：原文即为“俊”）（回民司令）、石建武（战斗员）、李安保（政地科员）、徐明山（骑兵团长）、曾广澜（妇女团指导员）、蔡萍迹（小女）、祁骏山（战斗员）。

青海的八人来了四个，扣留四个。函省府再去电。

……

9月26日　晴

刘瑞龙、马良骏（编者注：原文即为“骏”）、吴建初等15人今日回陕。

……

红色基因

我1938年8月生，是西安工程大学退休教授。

我从未见过父亲。幼年在母亲的呵护下成长，我对父亲的存在观念淡薄。十岁（1948年）懂事，问母亲父亲的去向，母亲才告诉我，父亲马良骏是红军，红军就是现在正和国民党打仗的共产党军队，并且告诫我要严守秘密。所以，少年时期，在国民党统治下，我有虎穴栖身的危机感。

新中国成立后，母亲通过组织多次打听父亲下落，皆无结果，直到她1967年去世。

1985年4月初，我通过时任农林渔业部领导人曹冠群，向曾任全国政协副主席康克清和时军委炮兵副政委谢良打听父亲的下落，他们分别在4月26日和5月17日回信说“认识马良骏同志”，但对我父亲后来的情况不清楚。

2007年4月，甘肃西路军研究专家麻琨同志当面告诉我，他当年在甘南临潭县调查资料时，听说有位红军马师长在当地很有名望，不知是否是马良骏？得知这一信息后，虽然已经年近70岁，但我还是不顾疲劳和路途遥远来到临潭县，找到清真西道堂负责人丁士惠先生。丁先生听了我的来意后表示，对马师长在临潭受欢迎的传说很有印象，并很

2011 年，马良骏的遗腹子马广彦（前排右）率全家合影

快找出一份记载当年红军到临潭时，回民领袖马明仁率领教众热烈欢迎马良骏师长及红军的资料。

通过对几百份书籍资料的搜集整理，我终于弄清了父亲艰苦卓绝的革命历程：他坚定不移地参加了宁都起义；他身先士卒地率部转战于中央苏区，先后在红军一、九、八、五等四个军团中担任团长，受到中革军委的器重；他参加了水口战役、广昌保卫战、湘江战役、西路军战役，两次为革命负伤；1937 年底，他在党的营救下从兰州回到西安家中养伤待命期间，动员并介绍堂弟去延安参加革命。接到组织归队通知，立即毅然诀别痛哭流涕的老父和妻子，在长征后党和革命力量损失最惨重、处境最艰难时刻，义无反顾地奔回延安坚持革命事业……

在我心目中，父亲是一位为了党和革命事业，放弃小我服从大我的职业革命家，是一位特别能打仗的红军将领。他和所有的经历了长征考验的官兵一样，是革命的中坚。

虽然从未见过父亲，从未享受过父爱，但走过30多年的“寻父长征”，我对父亲满怀敬仰、热爱和怀念。

（儿子马广彦）

我少年时看革命电影，对红军长征精神无限钦佩。父亲告诉我，爷爷就是经历长征的老红军，只可惜对爷爷的事了解太少。于是，我决心当父亲的好帮手，在搜集爷爷的资料上出一把力，陪着他利用业余时间到旧货市场翻检书刊资料，到书店寻觅与爷爷行踪有关的党史、军史书籍，通过网络查阅相关资料、回忆录……只要发现同爷爷有关的，我们都千方百计买到手或从网络下载，如今已有数百本（件）之多。正是通过这些第一手的原始资料，我看到了爷爷从宁都起义、中央苏区反“围剿”、二万五千里长征到西路军的全部革命经历，看到了他英勇战斗和对党的事业无限忠诚。

此外，为了缅怀先烈、了解西路军英勇惨烈的战斗历程，我还驱车千里，陪同父亲遍访河西走廊西路军战斗遗迹和纪念馆，并在西路军史专家安永香同志的引导下，经过崎岖的山路，登上石窝山顶，祭奠了西路军先烈们不朽的英灵。

这个过程于我而言，又何尝不是一次“长征”？一路辛苦的寻觅与探索，渐渐地，在我心里，爷爷已成为我虽未见过但却深情爱戴和怀念的至亲！

（孙子马平）

“拼命三郎”李庆三

李庆三，河北平山人，1921年11月23日出生，1935年参加革命，1936年加入中国共产党。红军长征刚刚结束，部队还未整编，即加入红二方面军。新中国成立后，曾任广州军区工程兵副主任（副司令员）、省军管会副主任、省政协第四届委员、解放军体育学院正军职顾问。2009年3月16日逝世，享年88岁。

红色记忆

我是李庆三的老伴儿陈士英。

李庆三出生于河北平山县焦家庄村一个贫苦家庭。平山是一片涌动着生命激情的红色热土，还在读书期间，李庆三便充满激情地配合当地的地下党散发革命传单、张贴革命标语。于 1936 年 1 月加入中国共产党，1937 年 7 月，17 岁的李庆三，正式加入到红二方面军六军团的革命队伍中（后改为八路军 120 师 359 旅）。红军第六军团全体官兵引以为傲的战斗历程，是激励他勇于进取的最大动力。

革命年代的李庆三（前排中）

虽然李庆三没能亲历过长征，但他缅怀所在部队的历史，无限崇尚红军精神。身边那些从长征路上走过来的战友，也时刻用发生在长征路上的英雄故事鼓励着他。他把这些鼓励都化作了动力，在抗日战争和解放战争以及抗美援朝中不怕牺牲，奋勇杀敌。在八年抗日战争中，他曾先后负伤三次，被战友们称为战场上的“拼命三郎”。

1938 年 1 月，李庆三所在的 359 旅进行整编，他被编入 359 旅 718 团即闻名遐迩的“平山独立团”。三、四月间，359 旅会同第 358 旅等部反击日伪军对晋西北抗日根据地发动的首次围攻，收复 7 座县城。5 月，开赴恒山地区，在晋察冀军区指挥下，开展桑干河两岸的游击战争，开辟抗日根据地。暑期，在桑干河边的一次偷袭敌人的战斗中，他奉命与旅部作战科长去侦察敌情时，需要穿越一片高粱地隐蔽侦察。可刚走出高粱地，他突然发现别在军装兜里的钢笔不见了，于是，便不顾生命危险，原路折回高粱地去寻找钢笔，任敌人的子弹在他的耳边“嗖嗖”横飞。虽然颇费周折，但最终还是成功找到了钢笔，很多战友都取笑他这个傻子，要笔不要命，其实，钢笔对于他，就如武器一样重要——因为，他在部队是负责作战训练工作的。当时物质贫乏，钢笔属于很稀有的奢侈品。另外钢笔也是他的武器之一，首先，要用钢笔写作战计划、记录战斗总结，其次，他还要利用战斗间隙撰写宣传文稿，通过政治宣传，让当地百姓懂得为什么抗日，从而让青壮年自觉投身抗日，继而唤起民众的抗日激情，壮大抗日力量。

从 1940 年底开始，李庆三所在的 359 旅进驻南泥湾，开展大生产运动，并在战斗中出色完成了保卫陕甘宁边区党中央、毛主席的任务。在南泥湾大生产运动中，他曾荣获“劳动模范”和“贺龙投弹能手”的称号。

在解放战争中，李庆三随队伍转战东北与国民党军队作战，参加了北满剿匪、辽沈、平津等多次战役，其中，还亲自参与了活捉谢文东的著名战斗。1949 年 2 月，359 旅随大军南下解放河南新乡，之后，攻克宜昌突破长江进入湖南湘西剿匪，李庆三在湘西剿匪中再立战功。

1951 年，李庆三随中国人民志愿军雄赳赳气昂昂地跨过鸭绿江，远赴朝鲜，参加抗美援朝战争。战争中，曾荣获朝鲜人民共和国独立自由勋章二枚。

解放后，李庆三曾先后荣获过中华人民共和国三级独立自由勋章一枚、三级解放勋章一枚、二级红星勋章一枚。面对党和组织授予的各种勋章，他常常对我说，共产党人坚定的革命信念和红军精神是鼓舞他战胜一切艰难困苦的最强大动力。他的军功章都是先辈们用鲜血染红的。他说，我们要铭记历史和牺牲的英烈，只有这样，红军精神才能生生不息，世代相传。

红色基因

我今年 63 岁，是家中的长子。

父亲的一生，是奋斗不息转战南北的一生，就连我们三兄妹的姓名都带着父母南征北战的烙印：我——李平江，是为了记住父亲的故土革命老区平山和母亲的故土黑龙江，不忘本，不忘根；弟弟——李南浩，是为了记录父母在海南浩瀚大海边的战斗岁月；妹妹——李湘涛，则是为了记录父母在潇湘剿匪的那段艰苦岁月。

在父母给我讲过的所有故事中，记忆最深刻的，是父亲与战友们一起活捉国民党第十五集团军总司令谢文东的战斗故事。

1946年冬季里的一天，为了剿灭国民党中将谢文东匪帮，时任359旅718团一参谋（作战股长）的父亲，奉命进入牡丹江的深山老林之中。当时，大山深处已经冰封雪裹，气温零下三十多摄氏度。那天中午临近午饭时刻，官兵们正就近原地休息、在一个避风的坡下生火，忽然，放哨的战士跑来报告，说在前面发现了几个人的脚印和粪便。父亲与战友们经过分析断定：如此寒冷的天气，老百姓是绝不可能到山里来的，这脚印一定是谢文东等土匪留下的，于是命令部队分散搜索。大约过了二十分钟，父亲他们找到一个小庙，里面有几个衣衫褴褛的人，其中一个胖子正迎着太阳抓虱子呢。父亲和几名战士喝令这几个人举手缴械，可他们不但不听，还开枪射击。经过一阵枪战，两个土匪被击倒，剩下一个胖子，躲在一棵大树后面负隅顽抗。父亲和战士们分几路包抄过去，活捉了那个胖子——那个胖子，就是匪徒头目谢文东。

1971年，李庆三全家福。前排左起：陈士英、李庆三；后排左起：女儿李湘涛、长子李平江、幼子李南浩

关于这段历史，在所有的史料中，都不曾记载父亲李庆三的姓名，我对此一直心存遗憾，几次想通过媒体找到曾经与父亲一起参与这次的剿匪战斗的老战友，实事求是地还原那段历史，以便在父亲李庆三的履历上添上这真实而难忘的一笔，却被父亲很严厉地制止了："能参与围剿谢文东的战斗，是我一生的荣幸。参与那场战斗的并不仅仅是我自

己，还有为此牺牲的战友呢！为啥就必须要有我的姓名？红军爬雪山、过草地，不知道牺牲了多少红军战士，好多都成了长征途中的无名英雄。与那些为了共和国献出了生命的战友们相比，我能身经百战而保住生命，一路见证共和国的发展壮大，这本身就是一种莫大的幸运。不要再有所求。”

受父亲影响，我从小就有浓厚的爱军情结。1969 年，我还不满 16 岁便应征入伍，来到了 47 军某炮兵部队。1970 年，我所在部队调防到大西北，条件非常艰苦。当时，父亲已经是副军级干部，时任中国人民解放军广州军区工程兵副主任（副司令员）。如果，父亲稍稍肯动用一下他手中的权力，把我调到机关单位是很容易的事情。可是，父亲却愣

1995 年，李庆三全家福。后排居中李平江、右李凡

是狠心地把我抛到了最艰苦的部队。新兵训练结束分到连队时，面对大西北的风沙，以及高强度的强化训练和专业训练，小小年纪的我的确是有些吃不消，便写信央求父亲把我调到他身边，当个机关兵。可是，父亲在回信中所写的跟我们指导员的教导很一致："你想轻松享福？当初就不该选择从军！你是军人的儿子，你就要有军人的血性和担当，不能遇难而退！军队只赋予了我保家卫国的使命，并没给我为子女谋福利、求安逸的权利。你既然选择了当兵，就要甘于奉献，勇于进取。在部队里，你就是普通一兵，你没有任何特权可以随意调动。"于是，我在野战部队一干就是 16 年，直到 1984 年转业，我才从大西北转业到广东省汽车配件公司。

至今，我依然骄傲，我有这样一位廉洁奉公的红军父亲！

（儿子李平江）

我出生后 9 个月，就被奶奶从大西北的野战部队接到了广州。我是听着爷爷等革命前辈的故事长大的，从小，爷爷就教育我，不要忘记自己是红军后代，要继承优良传统，发扬红军精神。

我在国外求学时，生活的艰苦、学业的繁重以及勤工俭学时遭遇的辛劳，是在国内从来不曾体会过的。每每遭遇困难想要放弃时，耳边便会想起爷爷在我出国前嘱托我的一段话："在任何艰难困苦面前，坚忍不拔的奋斗精神都是宝贵的精神财富。出国求学可以，但是，你不能忘记自己是炎黄子孙、是红军的后代。所以，你永远不能丢失红军自强不息的精神。"

只要想到爷爷的嘱托，我便会立刻充满信心向困难挑战。最终，我克服了语言关，战胜了各种生活困难，逐渐让自己进入到最好的学习状态中。现在，我已经拿到了双硕士学位。未来的日子里，我将热心公益文化事业，做一名文化使者，尽一个红军后代的社会责任，弘扬红军精神和中国悠久灿烂的历史文化，让世界了解中国的伟大和强盛。

爷爷的一生是艰苦朴素的一生。我的血管里流淌的是红军的血液，此生，我最值得自豪的事情，便是爷爷的严厉家教。爷爷虽然不曾给我留下什么万贯家产，但却留给了我厚重的文化遗产——那就是坚忍不拔、勇于进取的红军精神！这是我受益终身的一笔精神财富。

（孙子李凡）

补记：曾经，我是一名军嫂，如今是一位兵妈妈，就职于中国人民解放军特种作战学院图书馆。就在采访老红军之前，我正谋划着要去请求院领导，把儿子大鹏从艰苦的野战部队调到我所在的院校，以方便一家人享受天伦之乐。

第一次去拜访陈阿姨时，阿姨正在午睡，是李平江夫妇接待的我。他们示意我不要大声说话，以免影响老人家休息。

礼节性的寒暄后，我一眼便看到了在饭厅的角落里放着一块还带有干面粉的面板。于是我的话题便从家长里短开始：“如今的都市里，都崇尚快节奏的速食，你们家还有面板实属难得！”

“北方人的生活习惯就是喜欢面食，婆婆尤其喜欢吃手擀面和手工馒头，我曾经也是军人，年轻时一心扑在事业上，如今，退休了，终于有时间烹饪面食，与家人共享天伦之乐了。”嫂子细声说，“我不想说什么家风传承，我只知道，如今公公去了，剩下孤独的婆婆，我们理当照顾。公公婆婆照顾了我的儿子，如今，我伺候婆婆的晚年，这就是生命一代又一代传承吧。”

最后一次去拜访陈阿姨时，得知她刚从老战友王天一夫妇家回来。陈阿姨腿脚不方便，但却还是坚持定期去看望老战友。王天一夫妇俩都是抗战老干部，汪阿姨老年痴呆，王老双耳零听力。但是，陈阿姨每次去看望他们时，都别出心裁地用板书来与老战友交流，给他们带去笑声一片。每次临走时，陈阿姨还会在黑板上写一句话：老王，拿出红军的长征精神，坚韧不拔、百折不挠地与疾病抗争。

这些曾经叱咤风云的战斗英雄，如今面对疾病，依然不畏艰难、顽强而且乐观，这不就是对红军精神最好的诠释吗？

至此，我无颜再提给儿子调动一事——再苦能苦过二万五千里长征吗？

（中国人民解放军特战学院图书馆　孔昭凤）

“吃亏是福”李仕保

李仕（世）保，四川巴中人，1907年9月17日出生，1932年参加中国工农红军，1935年参加长征。因百仗关一战受伤、部队被打散，于1936年回到家乡务农。先后在巴州区文物管理所、晏阳初博物馆工作。任博物馆馆长、巴中市文物局负责人、副研究员，巴中市政协第三届委员会委员。1989年2月18日去世，享年82岁。

长征路上

我 1907 年出生，1932 年参加红军，红 12 师 36 团，团长余天云、副团长韩东山。

我两次翻越藏区夹金山雪山。第一次翻雪山，上面的口号是“北上抗日，保家卫国”。翻过雪山走进草地，部队走得很慢，走到草地中间，上面忽然命令停止前进。“到成都平原，回四川过年”，后方部队变先遣队，返回四川。部队进入宝兴、天全、芦山一带，翻雪山时，太阳照在雪地上，光线强烈，刺得人睁不开眼睛，直流泪，还晒得眼睛红肿。我和其他战友一样得了雪盲，是巴中玉井寺的一个叫梁尚文的小老乡用腰带当绳子牵着我过了雪山。按照当地老百姓的方法，我们用雪水擦洗治愈了雪盲，但也从此落下了病根，太阳照射下，我的眼睛会止不住发胀、流泪。翻雪山的头一天，上面传下来指示，雪山的水不能喝，喝了拉肚子、四肢无力走不了，只能自己带水。第一次过雪山我们没经验，用竹筒子装水，上了雪山水就冻成了冰，竹筒涨破了。后来就用猪尿泡

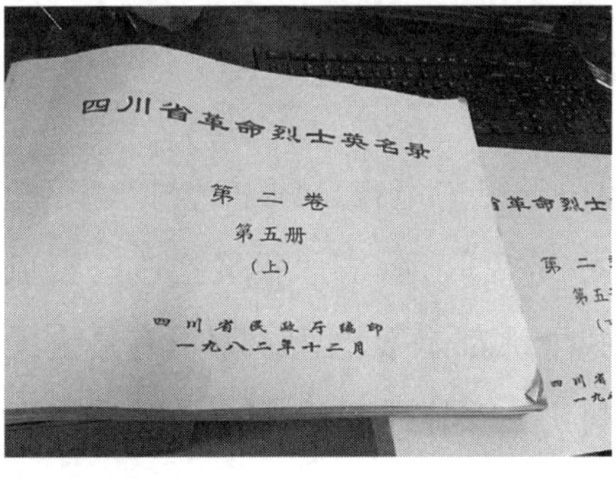

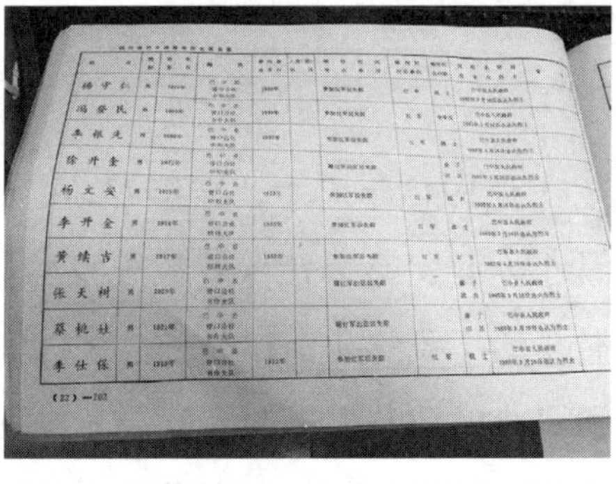

《四川省革命烈士英名录》中关于李仕保的记载

装半袋水，抱在怀里，又保温又防冻。

百仗关战役，部队打散了，我在战斗中负伤昏迷，伤势痊愈后于1936年回到家乡巴中曾口。

“吃亏是福”，我用行动把在红军战友那里学到的优良作风传承给我的家庭和儿女。解放初期，我在自留地槽槽田种了一田棉花，那个年代缺衣少食，棉花非常珍贵，棉籽成熟时为防止有人偷花，我每天晚上都住在地边临时搭建的窝棚里守护棉花。一晚半夜，我发现有人偷花，悄悄潜入“盗花者”身后，看清对方是本村的一户穷苦人家。我当即趴在田沟里一动不动，直到“盗花贼”走远我才回到窝棚继续守护棉花。我想，虽然偷盗行为很不好，但人家是实在没办法才偷的。“大跃进”时期，百姓生活异常困难，由于平时注重节俭，我们家中稍有余粮。邻村有个村民半夜潜入我家中偷米，我明明看到了却假装睡着。因为我知道他家老母生病、好久没吃米。猜想他家旧账未还再添新账，不好意思借了，没办法才冒险行窃。这种情况，要是揭穿了，既伤了别人脸面又伤了和气，不值得。

红色基因

我1943年出生，今年73岁，住四川省巴中市曾口镇书台村李家湾。从小，我父亲李仕保就教导我们“吃亏是福”，后来，我又把这些家风传承给了我的儿女和孙子。在村里，我干活都是很巴适，哪里有最重最脏最难的活儿哪里的人就会来找我。村上上千亩地没有哪个旮旯我没犁耕过。村里几百户人家里修房造屋啥的我都去帮过忙，去了基本都是干最重的活儿，抬石头、扛树木、筑墙等。张道元和我最卖力，也是配合最好的搭档。1989年冬天，在李六德家里帮忙修房子被手杆碰损了没养好，至今还性天晴下雨。这不，还有一道疤。农闲，我就到外地，主要是秦岭，如陕西太白、甘肃的魏子山，挖草药。一方面换钱补贴家用，二方面救济父老乡亲。土地下放后，我就到旺苍县石洞沟、金溪、三江等地背煤，老乡的娃儿上学没学费和孤寡老人我都资助了的。“做人要干干净净，本本分分”是父亲教育我们的时候，说得最多的话。

（儿子李贵德）

爷爷常说“吃亏是福”，给我们讲了很多这方面的故事和道理。他常说“借米赶一指，还米多一把”（向别人借一平碗米，但拿走的时候要再抓出来一些，抓出来的有手指平放的深度；而还米的时候，装满一平碗米之后，还要再抓一把米放在碗里。就是“借少还多”的意思）。有爷爷和父辈的榜样，耳闻目睹，我无论在工作中还是生活中都受益很多。在教育我孩子的时候，我也将从祖辈、父辈那里学到的这些传家宝传承给他们，希望一代代传承下去！

（孙子李永红）

虽然我爷爷已经去世20多年了，但是爷爷“吃亏是福、无私奉献”的家风我们一直在传承。作为红军后代，作为创业者，虽然近年来企业效益有所下滑，但是应该承担的企业担当和社会责任我一点也不敢减少，还把爷爷留给我们的“淳朴厚道”家风融入了企业文化建设之中。

（孙子李永胜）

补记：我出生于1961年10月，现年55岁。1980年10月至1985

李仕保的后代

年元月，在原昆明军区35211部队服役，1983年12月入党，1984年参加老山、八里河东山对越自卫反击作战，荣立二等功。退伍后先后在巴州区文物管理所、晏阳初博物馆工作，现为巴中市文物局负责人，巴中市政协第三届委员会委员。2014年10月被国家人社部、国家文化部表彰为“全国先进文化工作者”。

2016年5月7日，我到巴中川陕苏区将帅碑林参加“纪念红军长征胜利80周年”活动，在红军烈士英名纪念碑的入口处，李永胜给我说，他的爷爷李仕保也是红军。我在英名碑左下角看到镌刻有“李仕保”的名字。6月12日上午，我专程又到南龛坡川陕苏区将帅碑林纪念馆资料室查阅了有关红军烈士相关档案资料。在四川省民政厅1982年12月编印的《四川省红军烈士英名册》第二卷第五册（22）—202查到有关李仕保的记载。档案资料显示：李仕保，男，1915年出生；籍贯，四川省巴中县曾口公社书台大队；参加革命年月：1933年；牺牲时所在单位：红军，战士；巴中县人民政府1982年3月16日追认为烈士。

2016年6月12日夜，我和杨记者（杨燎）专程到曾口镇书台村调查了村里的退休老师张克金（70岁），村民李元国、李元孝，村主任李万清。他们都证明村里仅有一人叫李shi宝，曾参加过红军，因为打散了，回家务农。

需要特别说明的是，历史档案资料记载与实际情况不相符合的现象确实存在，主要体现在出生日期、死亡日期以及姓名谐音。造成这种现象原因有三：一是部队或地方政府根据当时参加红军的幸存者的回忆口述整理，未（无法）进行实地核实，所以登记的出生日期与实际情况有不相符合的情况；二是因为很多红军战士不识字，名字出现谐音情况；三是战争时期凡是失踪又未投敌的一律追认为烈士，所以死亡日期会与实际死亡有出入。

我们的走访调查为李仕保正了名，为红军烈士正了名，这是我们对先烈最好的缅怀。

（汪信龙）

供稿人及参考文献

1.《前敌总指挥徐向前》：北京红西路军研究会筹委会供稿；徐向前著，《历史的回顾》，人民出版社 2016 年版。

2.《“军人学者”萧克》：胥得意供稿；萧克著，《萧克回忆录》，解放军出版社，1997 年 6 月（北京）第一次印刷。

3.《“老一辈中的小字号”伍修权》：承志供稿；伍修权著，《伍修权回忆录》，中国青年出版社，2009 年 7 月北京第 1 版。

4.《红军唯一女将领张琴秋》：北京红西路军研究会筹委会供稿；谢燕著，《张琴秋的一生》，中国纺织出版社，1995 年 4 月第 1 版。

5.《五省书记谭启龙》：徐福存供稿；谭启龙著，《谭启龙回忆录》，中共党史出版社，2003 年 10 月第一版。

6.《“杜坚决”杜义德》：北京红西路军研究会筹委会供稿；杜义德著，《一代名将杜义德》，解放军出版社，2012 年 9 月第 1 版；《杜义德文集》，长征出版社，1997 年 8 月第 1 版。

7.《机要先驱张天华》：张黎明供稿；根据张天华生前手记整理。

8.《“虎将”萧新槐》：曹玲供稿；中国人民解放军《中国人民解放军高级将领传》编审委员会、中国中共党史人物研究会《中国人民解放军高级将领传》编撰委员会，《中国人民解放军高级将领传·第 35 卷》，解放军出版社，2013 年 8 月第 1 版。

9.《“红小鬼”谢振华》：谢振华夫人王煜供稿；根据谢振华生前接受《解放军报》记者采访的资料整理。

10.《“年轻的军政委”陈宜贵》：北京红西路军研究会筹委会供稿；根据陈宜贵生前手记《执着的信念》整理。

11.《“铁匠将军”董洪国》：胥得意供稿；董洪国著，《从铁匠到将军——董洪国回忆录》，解放军出版社，2016 年 5 月北京第 1 版。

12.《“忠魂化雨”周纯麟》：姚顺雨供稿；周纯麟著，《周纯麟回忆录》，中共党史出版社，2005 年 1 月第 1 版。

13.《“敢死队队长”颜文斌》：蒋德红、刘永路供稿；根据颜文斌生前讲述整理。

14.《情义将军张天恕》：张维供稿；根据张天恕儿子张维回忆。

15.《将军农民甘祖昌》：曹先训供稿；根据甘祖昌生前讲述整理。

16.《爱民战将张铚秀》：徐福存供稿；张铚秀著，《军旅生涯》，解放军出版社，1998年12月第一版。

17.《“过来人”张绍德》：潘政供稿；根据张绍德生前手记《过草地的岁月》整理。

18.《“苦娃子”杨挺》：吴倩倩、孔昭凤供稿；根据杨挺及其家人，和杨挺的老战友、新四军老战士、原解放军体育学院副院长孙辅臣的口述整理。

19.《模范夫妻张忠　梁金玉》：张晓明供稿；根据张忠生前口述、梁金玉口述整理。

20.《“两个方面军”赵汉卿　唐成芝》：杨青中、赵太国供稿；根据赵汉卿生前手记《我的长征回忆》、唐成芝生前手记《我的长征往事》整理。

21.《“小胖子”邓志云》：邓玉平供稿；根据邓志云生前录音资料整理。

22.《西南民族教育先驱张天伟、杨琴》：张苏红供稿；根据张天伟生前手记《历史的光点》整理。

23.《“三实”老红军胡守富》：倪大伟供稿；根据胡守富口述整理。

24.《“硬骨头”寇庆延》：北京红西路军研究会筹委会供稿；根据寇庆延口述整理。

25.《双枪女团长王泉媛》：曹先训、闫尚丰供稿；根据王泉媛生前讲述整理。

26.《回民支队司令员马良骏》：北京红西路军研究会筹委会供稿；军事科学院军事图书馆编著，《中国人民解放军组织沿革和各级领导成员名录》，军事科学出版社，1990年9月第2版。周恩来著，《周恩来军事文选》第一卷，人民出版社，1997年11月第1版。张宗逊著，《张宗逊回忆录》，解放军出版社，1990年10月第1版。李新国著，《骑兵师重建与出击永昌》，刊于《中国工农红军西路军·回忆录卷（上）》（兰州红西路军研究会编著，2006年11月），冯岩、徐德华著，《抗日救亡运动中的临潭西道堂》，刊于《甘肃穆斯林（内部资料）》2006年第1期。陈宜贵著，《从祁连山到延安》，刊于《〈星火燎原〉未刊稿》第5集，解放军出版社，2007年8月第1版。谢觉哉著，《谢觉哉日记》，人民出版社，1984年4月第1版。

27.《“拼命三郎”李庆三》：孔昭凤供稿；根据李庆三生前讲述整理。

28.《“吃亏是福”李仕保》：李果供稿；根据李仕保生前讲述整理。

后　记

《军嫂》杂志社于2016年年初策划启动了《跟着信仰走——我们家的长征故事》一书。通过中央军委政治工作部老干部服务管理局、北京红西路军研究会筹委会以及部分老红军所在地驻军宣传干事，征集并确定了31位老红军（共28篇）长征家风故事，汇编成书。

书中每篇由“长征路上”“红色基因”两部分组成。“长征路上”的内容由老红军生前回忆录、手稿、口述录音、采访记录等整理而成；“红色基因”的内容由红军家庭亲属口述、回忆而成。

本书稿件图文均由口述人或整理者校阅过，为便于读者理解，注释附于文末。

编者

2016年10月

责任编辑：陈佳冉

图书在版编目（CIP）数据

跟着信仰走：我们家的长征故事 /《军嫂》杂志社 编著. —北京：
人民出版社，2016.10
ISBN 978 - 7 - 01 - 016637 - 7

I. ①跟… II. ①军… III. ①中国工农红军长征 - 通俗读物 IV. ① K264.409

中国版本图书馆 CIP 数据核字（2016）第 205245 号

跟着信仰走

GEN ZHE XINYANG ZOU

——我们家的长征故事

《军嫂》杂志社 编著

人民出版社 出版发行
（100706 北京市东城区隆福寺街 99 号）

北京汇林印务有限公司印刷 新华书店经销

2016 年 10 月第 1 版 2016 年 10 月北京第 1 次印刷
开本：710 毫米 ×1000 毫米 1/16 印张：19.5
字数：250 千字

ISBN 978 - 7 - 01 - 016637 - 7 定价：40.00 元

邮购地址 100706 北京市东城区隆福寺街 99 号
人民东方图书销售中心 电话（010）65250042 65289539